体育赛事管理

张春萍　主编

北京体育大学出版社

策划编辑：佟　晖
责任编辑：佟　晖
责任校对：郝　彤

图书在版编目（CIP）数据

体育赛事管理 / 张春萍主编. -- 北京 : 北京体育大学出版社，2017.7（2025.7重印）
高等教育体育专业通用教材
ISBN 978-7-5644-2670-5

Ⅰ. ①体… Ⅱ. ①张… Ⅲ. ①运动竞赛－组织管理－高等学校－教材 Ⅳ. ①G808.22

中国版本图书馆CIP数据核字(2017)第176193号

体育赛事管理　　张春萍　主编

出版发行：北京体育大学出版社
地　　址：北京市海淀区农大南路1号院2号楼4层办公B-421
邮　　编：100084
网　　址：http：//cbs.bsu.edu.cn
发 行 部：010-62989320
邮 购 部：北京体育大学出版社读者服务部 010-62989432
印　　刷：三河市龙大印装有限公司
开　　本：787mm×1092mm　　1/16
成品尺寸：185mm×260mm
印　　张：13.25
字　　数：481千字
版　　次：2017年9月第1版
印　　次：2025年7月第7次印刷
定　　价：50.00元

教材编委会

主　编： 张春萍

前言

近年来，我国体育产业大力发展，2015年，我国体育产业总规模达1.7万亿元，增加值为5494亿元，占国内生产总值的比重为0.8%。体育竞赛表演业作为体育产业的核心部分，也不断呈现政策利好和资本布局的发展趋势。2014年9月2日召开国务院常务会议认为，发展体育产业要简政放权、放管结合，取消商业性和群众性体育赛事审批，放宽赛事转播权限制，最大限度为企业“松绑”。体育赛事审批权取消后，我国体育赛事数量和规模均有大幅上升。目前又适逢体育发展重要战略机遇期和筹办2022年北京冬奥会、冬残奥会的重要时期，体育赛事应体现其作为体育产业发展核心和本体的重要作用，为体育产业快速发展提供持久的动力。但是，目前从全国来看，体育赛事管理人才缺乏，因此对这类人才的培养就显得格外重要，体育院校作为人才发源地，应在人才培养方面发挥重要作用。

本书立足于体育赛事管理核心要素，特色与创新之处主要体现在以下三方面。第一，理论基础坚实，摒弃“掉书袋”的方式，将相关理论与具体实践有机结合，内容翔实。第二，注重实务，注重从体育赛事管理人员的实际状况出发，并把体育赛事管理实践作为基线贯穿于全部内容之中，言简意赅。第三，内容全面、案例具体，首次对体育赛事的志愿者管理、体育展示、信息技术应用、网络推广、评价等进行系统阐述。

本书由张春萍进行统筹安排，设计思路框架，全面考虑教材使用范围和适用性，并结合多年的教学实践和研究所得，在赛事相关研究的基础上，努力创建本书的特色，希望有益于体育赛事管理的运作。

全书校稿由李世民完成，第一章、第二章由吴凯强撰写，第三章由李世民、方雪默共同撰写，第四章由李世民撰写，第五章由臧博撰写，第六章由李世民、黄岱昕、杜颖共同撰写，第七章由李世民、卞珂共同撰写，第八章、第十章由余纪萍撰写，第九章由李世民、吴凯强、臧博共同撰写，第十一章由房美好、高倩共同撰写，第十二章由杜颖撰写。

本书主要作为高等院校体育赛事管理课程教材，面向体育赛事管理相关专业在校大学生、体育赛事相关从业人员，以及关注和热爱体育赛事的社会各界人士。

本书的顺利出版，要感谢北京体育大学教材建设委员会、北京体育大学管理学院、北京体育大学出版社，感谢所有相关人员对本书的大力支持。

由于赛事理论与实践还处在发展进程中，本书如存在缺点和不足之处，也敬请广大专家与读者给予批评指正。

目录 CONTENTS

第六章　体育赛事市场营销

第七章　体育赛事的媒体推广

第八章　体育展示

第九章　体育赛事的后勤管理

第十章　体育赛事信息技术应用

第十一章　体育赛事风险管理

第十二章　体育赛事收尾与评价

第一章　体育赛事管理概述

本章导语

利好政策频出，我国体育产业进入高速发展时期，体育竞赛表演业的重要意义逐渐体现，在经济和社会发展中发挥着重要的作用。体育赛事专业管理人员需要学习并理解体育赛事管理的相关知识和理论，为具体操作和实践奠定基础。本章主要包括体育赛事的起源和发展、体育赛事概念及分类、体育赛事管理的概念、体育赛事管理的基本理念、我国体育赛事的发展历程与政策制定等内容。

第一节　体育赛事的起源与发展

一、体育赛事的起源

人类早期的身体活动为体育的产生奠定基础，也为体育赛事的出现提供前提条件，体育赛事的起源与体育运动的起源密切相关。体育运动起源于人类的游戏、劳动、军事及祭祀活动等。这些活动都是体育运动产生的外部因素，其内部因素主要有人的生存需要、人的健康需要、人的精神需要和人的休闲娱乐需要等。① 社会文明不断发展和进步，尤其是规则的出现和完善，形成了具有现代意义的运动竞赛，即体育赛事的雏形。

（一）游戏

游戏是在一些简单的规则和形式下开展的活动，具备了竞赛的原始形态，早期的“赛会”就是“组织化的游戏”。例如，足球的起源就可追溯至公元前 3 世纪流行的一种游戏——哈帕斯托姆，1066 年，“哈巴斯托姆”游戏传入英国，1490 年正式被定名为足球。1863 年 10 月 26 日，现代足球运动在英国诞生。其与我国古代的蹴鞠游戏十分相像。早在战国时代（公元前 475 年至公元前 221 年），就有一种被称为“蹴鞠”或“蹋鞠”的游戏在民间、军队中流传，当时它还属于娱乐方式和练兵的工具。② 网球运动起源于 12—13 世纪的法国，由传教士在教堂的回廊里用手掌击打一种类似小球的物体，以此来调节刻板的教堂生活而发展起来的。篮球是由美国马萨诸塞州体育教师詹姆士·奈史密斯博士发明的一种同学们可以在室内玩的游戏。跨栏跑起源于英国，由牧羊人跨越羊圈栅栏的游戏演变而来。

这些游戏逐步发展成为一种具有规则的竞技活动，并且经过后续的不断完善，为体育赛事的发展奠定了坚实的基础。

（二）劳动和军事

马克思主义关于“劳动造人”这一观点，为我们考察体育与劳动的关系提供了基本的理论假设。许多学者基于这一理论结合劳动和战斗的特点，得出许多运动项目都是源于劳动和战斗技能的学习的结论。③ 人们在日常劳作的过程中学习生存的技能，同大自然进行抗争，尤其是在狩猎时代，生产力比较低下，各个部落的人们都要为获取食物而跋山涉水，在与野兽斗争的过程中，奔跑、跳跃、游泳、射箭等都是必备的技能，这也是现代体

① 熊晓正．体育概论［M］．北京：北京体育大学出版社，2008：3.
② 龚智敏．关于足球运动起源之新论［J］．体育与科学，2007.
③ 刘建和．运动竞赛学［M］．北京：人民体育出版社，2008：3.

育的雏形。

同时为了争夺资源，各个族群之间也会发生战争，各族群为了更好地生存就必须学习各项军事技能。例如，现代五项运动的起源就是基于古希腊战争中的一个故事，在一场战争中，安排了一个通讯兵向后方传递信息，这个通讯兵在躲避敌人的追击过程中骑乘着骏马在起伏不平的原野上奔跑，跨越一道道障碍，然后又渡过一条波涛汹涌的大河，最终跑步将情报送到目的地。

此外，马拉松赛事、标枪比赛等体育赛事的起源都和劳动及军事密切相关。

（三） 祭祀活动

古时候，祭祀活动是非常受人们重视的，每逢祭祀活动都会有盛大的集会，以唱歌、舞蹈和竞技等形式来表达对祖先和神明的敬意。在古代的部落中，经常会有一些传说，他们心中的英雄通过比赛或者决斗的方式来战胜敌人，这些英雄经常会表现出超凡的身体素质和智慧，帮助他所守护的人民驱灾避祸，并且愉悦他们心中的神灵。竞技成为原始宗教仪式，在竞技活动中，大家都积极参与其中，享受竞技的乐趣而不是过分地追求胜利。在我国就有许多这样的祭祀活动，那达慕大会的起源就是当地人们在开春的时候为了祭祀神明而举办的竞技大会，有摔跤、骑马等各种形式的运动项目。古代奥运会的产生也是与古希腊当时社会的政治、经济、文化和宗教有着密切联系的，在奥运会的举办期间，各个城邦之间实行休战，享受和平带来的快乐。

随着时间的推移，祭祀活动的功利性变得越来越弱，娱乐性越来越强，人们开始发展不同形式的竞技活动，跑步慢慢发展成短跑、长跑和接力跑等形式，每个人都可以根据自己的兴趣选择一个项目参加比赛。这对现代体育赛事的发展起到了一定的促进作用。

二、体育赛事的发展

体育赛事是人类社会文明发展与进步的产物，体育赛事的每一次发展都与人类社会的变革息息相关。美国著名的社会学家杰·科克利在《体育社会学：议题与争议》一书中总结出体育赛事经历了古希腊时期的体育运动，罗马时期的体育运动，中世纪的运动以及文艺复兴、宗教改革与启蒙运动等近 2800 年的发展历程，在工业革命时期出现了标准化运动形式，这就是现代意义上的体育赛事的形式。①

工业革命的出现，使人类社会进入了机器时代，工厂的快速发展以及消费品的大量生产逐渐改变了人们的生活习惯。但是，由于经济因素的影响，最初的体育比赛流行于富有阶级的人群中，强调精英运动，他们参加体育运动是为了向世人证明他们很成功，有很多的时间可以“浪费”来从事闲暇的、非生产性的活动。在这种思想的影响下，许多中层阶级的人士开始组织体育运动，渴望进入富人和权力阶层。

19 世纪中期，工人的身体健康受到欧洲和北美州大部分地区的关注，开始组织工人

---

① 杰·科克利. 体育社会学：议题与争议［M］. 北京：清华大学出版社，2003.

参加户外锻炼和体操等活动；19世纪晚期，生产力高速发展，人们有了更多的闲暇时间，各个体育俱乐部逐渐发展，更多的人群参与体育比赛，各个阶层的人们都能够享受体育所带来的乐趣，足球、棒球、马术、网球等运动受到人们的欢迎。赞助商也开始关注体育赛事所带来的经济利益，加大对体育赛事的赞助与投资，促进了体育俱乐部的发展。各项目协会逐渐成立，制定规则，组织比赛，形成了一定规模的体育赛事，对现代体育赛事商业化推广和发展产生了巨大的影响。

进入20世纪，尤其是二战结束之后，各体育赛事呈现出井喷式的发展，其中西方发达国家的体育赛事更是取得了瞩目的成绩。奥运会的商业化运动推动了体育赛事商业化运作的进程，在1984的洛杉矶奥运会中，彼得·尤伯罗斯首创了奥运会商业运作的“私营模式”，以2.25亿美元的盈利改变了以往奥运会“赔本赚吆喝”的历史，从而把奥运会变成了各国争相申办的“摇钱树”，而他本人也成为了举世公认的奥运商业之父。[①] 2011年，《福布斯》杂志对奥运会估值约为2.3亿美元。在洛杉矶奥运会之后，体育赛事举办方也开始采用洛杉矶奥运会的运营模式，基于这种运营模式的合理性和有效性，其他不同类型的体育赛事也纷纷效仿，从此拉开了现代体育赛事管理与经营的时代序幕。

欧洲的五大联赛，即英格兰足球超级联赛（the English Premier League）、意大利足球甲级联赛（Italian Serie A）、德国足球甲级联赛（German Bundesliga）、西班牙足球甲级联赛（Spanish La Liga）、法国足球甲级联赛（French Ligue 1）。这些联赛代表着世界足坛最顶尖的水平，吸引了众多球星加盟，是世界足球发展的风向标，并且具有极高的商业化发展程度。根据福布斯排行榜，在2013—2014赛季，欧洲五大联赛的年收入首次突破百亿大关，达到113亿欧元，约占全欧洲的50%，欧洲足球联赛的整体收入也突破了200亿欧元。[②] 北美的四大职业体育联盟，NFL（National Football League，国家橄榄球联盟）、MLB（Major League Baseball，美国职业棒球大联盟）、NBA（National Basketball Association，美国篮球职业联赛和NHL（National Hockey League，国家冰球联盟），其联赛现已发展成为北美乃至全球最高级别的职业联赛，其中美国有13880名专业运动员，206808名教练与审核员，16410名裁判员等比赛官员。四大职业联盟有着巨大的影响力和创造财富的能力，NBA的赛季总收入预计为40~50亿美元，NFL的赛季收入超过了90亿美元，四大联盟的年收入超过230亿美元。其中以超级碗（Super Bowl）最受欢迎，2014年西雅图海鹰和丹佛野马的第48届超级碗比赛，以1.115亿的观众创造了美国历史上的收视率纪录。超级碗广告的价格为平均每30秒400万美元（折合人民币约80万元/秒），超级碗的全球下注超过100亿美元。

此外，还有网球的四大公开赛、世界杯足球赛、世界一级方程式锦标赛、环法自行车赛、国际马拉松系列赛等都是世界知名体育赛事。

随着体育赛事的蓬勃发展，一些企业逐渐开展体育赛事的相关业务，将体育赛事的运营与传媒、娱乐等联系起来，知名公司有IMG（International Management Group，国际管理

---

① 大伟．尤伯罗斯：奥运商业之父［J］体育博览，2004.

② Sports Business Group. Revolution Annual Review of Football Finance——Highlights［J］. 2015.

集团）、盈方体育传媒集团、福克斯体育电视网等，这些公司从运营、广告、赞助商、转播、价值评估等方面为体育赛事提供各项专业服务。2015 年，中国体育赛事的发展也取得很大成就，万达、乐视、阿里巴巴开始拓展体育赛事版块，引进 NFL、MLB 等国际知名体育赛事。万达体育全球总部落户广州，阿里体育扎根上海，新锐体育公司成为推动中国体育竞赛表演业发展的支柱力量。

第二节　体育赛事概念及分类

一、体育赛事的概念

（一）国外关于体育赛事概念的研究

国外学者对于体育赛事的理解主要集中在特殊事件（Special Events）的角度，从特殊事件的视角来研究体育赛事。特殊事件的范围比较广泛，从世界杯到一次简单的旅行，从超级碗和 NCAA（National Collegiate Athletic Association，美国全国大学体育协会）年度总决赛到体育用品展览会，从国际性的户外挑战赛到居民例行的教堂唱诗活动都统称为特殊事件。它包括大型会议、娱乐活动、体育赛事、展览与会展、节庆活动等在内的各类事件。对特殊事件的范围，Johnny Allen 等指出："特殊事件包括国庆日和一些庆典，重要的城市集会，独特的文化表演，大型体育比赛，团体典礼，贸易促销和产品发布。特殊事件似乎无处不在，并正成为朝阳产业。"国外对于特殊事件的研究已经逐渐完善，并且成立了国际大型组织活动协会 ISES，专门培养一些特殊事件管理的人才，并给予资格认证，在大学教育中也开设有体育赛事管理的学科，系统培养体育赛事管理方面的人才。

国外的学者对于特殊事件进行了比较系统的研究，主要观点在于将特殊事件理解为一次性或者不经常发生的事件，Leo Kenneth Jago 认为，特殊事件是一种能够吸引外地游客，从而促进举办地旅游业发展，并且其举办时间是一次性或不经常发生的事件。通过举办体育赛事能够促进举办地知名度的提升，并且刺激举办地经济的增长和社会的稳定等特征。Johnny Allen 将特殊事件描述为："'特殊事件'是用来描述某项为取得某项独特的社会、文化或团体的目标，有意识地以标志特殊的场合举办特别的仪式、表演或庆典。"①

由这些观点可以看出，国外对于体育赛事的研究主要是从为特定的目的而专门组织的一种"大型活动"，但是体育赛事是以体育竞赛为核心的系列活动，并不等同于体育竞赛本身，因此也不能够全部理解为特殊事件。

① Johnny Allen. 大型活动项目管理［M］. 王增东，杨磊译. 北京：机械工业出版社，2002.

（二）国内关于体育赛事概念的研究

国内最早研究的是体育竞赛的概念，田麦久认为体育竞赛是，“在裁判员主持下，按统一的规则要求，组织与实施的运动员个体或运动队之间的竞技较量”。① 但是体育赛事又不完全等同于体育竞赛，体育赛事是随着社会经济发展的进程产生的，具有一定的社会性、经济性和文化性，其被赋予的目的和目标也越来越多样化。人们参与体育赛事不只是希望实现锻炼身体、提高身体的灵敏性的功能，人们更希望获得精神上的愉悦，找到志同道合的伙伴，这就体现了体育赛事的社交功能。由此演变出不同形式的体育赛事，以跑步为例，除了奥运会的常规赛事之外，马拉松也出现多种形式，森林马拉松、环湖马拉松、城市马拉松、彩色跑等各种主题的跑步赛事，为体育赛事增加了娱乐性。

天津体育学院的肖林鹏在《体育赛事项目管理》一书中从项目管理的角度将体育赛事定义为，“是以体育比赛为核心的一系列活动的总称，是一项复杂的社会活动，它不仅涉及到门票促销、运动员包装、媒体推广、赞助与广告策划、标志品开发等众多活动，还包括体育比赛的筹备、规划、实施、控制及收尾等各项活动”②。这个定义是将体育赛事视作一个典型的项目，从项目管理的过程来对体育赛事的概念进行界定。其相比于运动竞赛来说具有更深层的含义，将体育赛事的社会因素考虑进去而不仅仅局限于体育竞赛本身，但是体育赛事又不能完全等同于项目，体育赛事具有一定的特殊性，不同的群体对体育赛事需求不一样，人们在举办体育赛事的过程中会将体育赛事所带来的影响和功能价值需要考虑进去。叶庆晖将体育赛事称为，“是一种具有项目管理属性的特殊事件，其规模和形式受规则、习俗和传统的影响，具有组织文化背景和市场潜力，提供竞赛产品和相关服务，迎合不同参与者分享经历的需要，达到多种目的，对社会和文化、自然和环境、政治、旅游和经济各个领域产生冲击影响”。王晓东在《体育赛事营销传播》中对体育赛事的定义：“是以体育竞赛为中心的特殊事件，它是为满足人民群众参与或观赏体育竞赛需要，运动员在规定的时间和地点按照预定的竞赛规程开展的有一定社会影响的竞技性体育活动的总称。”③ 此外，国内也有部分学者从特殊事件的视角来定义体育赛事，但是这两者之间还是有一定的差别，体育赛事是以体育竞赛为核心的系列活动，不等同于体育竞赛本身，也不能理解为特殊事件。因此邢尊明引入“大型活动”一词，将体育赛事理解为一种活动，突出其参与性与娱乐性。这也符合体育赛事在发展的过程中更加注重参与者的体验，并且在体育赛事中增加娱乐属性，如超级碗现场的巨星献唱、NBA 现场的说唱互动（MC）等，都为体育赛事增添了许多的乐趣。

（三）本书对于体育赛事的定义

从国内外的研究情况可以看出，体育赛事与特殊活动有一定的联系，但是体育赛事也有其特有的特征。体育赛事随社会不断发展，其内涵是确定的，即体育赛事的核心为竞技

---

① 田麦久．运动训练学词解［M］．北京：北京体育大学出版社，1999.

② 肖林鹏．体育赛事项目管理［M］．北京：北京体育大学出版社，2005.

③ 王晓东．体育赛事营销传播［M］．北京：北京体育大学出版社，2011.

活动，[①] 但是体育赛事的外延范围很大，不仅包括体育比赛，也包括围绕体育比赛展开的一系列活动：组织机构设置、人力资源管理、体育赛事市场开发、体育赛事转播、场地场馆设施管理、体育赛事执行以及相关的医疗、安保管理等。因此体育赛事是涉及经济、文化、政治等因素，具有一定的复杂性和特殊性。进入 21 世纪，全球的商业化运作全面开展，各行各业都需要通过体育赛事对其自身的产品或者企业形象进行营销，政府可以通过举办体育赛事来提高举办地的知名度和美誉度，同时刺激当地的经济发展，提供更多的就业岗位；赞助商通过赞助体育赛事来扩大品牌知名度和认可度，带来经济收益。因此在定义体育赛事时还要考虑体育赛事目标和目的多样性的特点。

体育赛事是一次性或不经常发生的活动，具有一定的期限，每一场体育赛事都是一次盛宴，它需要具备不同技能的体育赛事工作人员，如体育赛事专业管理人员、门票销售人员、市场营销人员、公关人员、媒体推广人员、转播人员及协调人员等。

因此在定义体育赛事时要综合考虑这些因素，尽量做到全面，本书将体育赛事定义为：是提供以体育竞赛为核心产品及相关服务，具有项目性与一定影响力的一种体育活动。

二、体育赛事的分类

体育赛事种类繁多，目前我国对体育赛事的划分并没有统一的标准，不同学者所提出的划分标准具有差异性。合理的体育赛事分类对研究体育赛事具有重要的意义，因此本书通过介绍以下分类标准让大家对体育赛事有一个更加全面的认识。

（一）根据官方提供的分类方法

体育赛事可以分为职业体育赛事和非职业体育赛事等。

（二）根据体育赛事的规模分类

体育赛事可以分为综合性大型体育赛事（如奥运会，亚运会等）、大型单项体育赛事（NBA，世界杯及世锦赛等）、一般型体育赛事（邀请赛和一些商业性体育赛事）及规模较小型体育赛事（市级体育联赛及校级联赛等）等。

（三）根据体育赛事的参与人群分类

体育赛事可以分为竞技性体育赛事、群众性体育赛事和职业性体育赛事等。

（四）根据参赛运动员的年龄分类

体育赛事可以分为青少年组体育赛事和成人组体育赛事等。

---

① 李南筑．体育赛事经济学［M］．上海：复旦大学出版社，2006.

（五） 根据体育赛事的举办地分类

体育赛事可以分为室内体育赛事（羽毛球赛事、乒乓球赛事等）、室外体育赛事（足球赛事、马拉松赛事等）等。

（六） 根据体育赛事的项目分类

体育赛事可以分为综合性体育赛事与单项体育赛事等。

（七） 根据体育赛事举办的季节分类

体育赛事可以分为夏季体育赛事和冬季体育赛事。

（八） 根据体育赛事的级别分类

体育赛事可以分为基层、地区、全国性、洲际、国际体育赛事等。

（九） 根据体育赛事的组织形式分类

体育赛事可以分为集中组织的体育赛事和分散组织的体育赛事等。

（十） 根据参赛者的行业分类

体育赛事可以分为职工、农民、军队和学生体育赛事等。

（十一） 根据体育赛事的市场化程度分类

体育赛事可以分为职业性商业赛事（如各种大奖赛、巡回赛、明星赛）和半职业性商业赛事（如全国性的单项锦标赛、杯赛）等。

（十二） 根据体育赛事的目标和组织方的性质分类

体育赛事可以分为商业性体育赛事、准商业性体育赛事和公益性体育赛事。本书主要的研究视角集中于这三类体育赛事。

商业性体育赛事是一种通过市场化运作，为消费者提供体育竞赛产品和相关服务的自主经营、自负盈亏的体育赛事，主要是企业等组织举办的以利润最大化为目的、最大程度开发商业价值的体育赛事。典型的商业性体育赛事有 NFL、NBA 等，其中超级碗的商业开发程度极高。公益性体育赛事是指由政府或协会、社团（非营利组织）等组织主导且全部投资或部分投资的，为了促进我国体育事业的发展，满足社会公共的体育需求，服从公众的基本利益，不以盈利为主要目的体育赛事。典型的公益性体育赛事指的是具有公益性质的群众体育活动。准商业性体育赛事是介于商业性体育赛事和公益性体育赛事之间，其商业开发程度不高，并具有一定的社会公益性质，对推广体育赛事和推动社会公益事业具有很好的促进作用。本书主要是立足于大型体育赛事的研究。

三、体育赛事的特征

不同类型的体育赛事所具有的特征呈现差异化，这些特征有的是所有体育赛事所具有的一般特征，有的是体育赛事特有的个性特征。

（一）体育赛事的一般特征

1. 竞技性与娱乐性并存

体育赛事的核心是体育竞赛，其价值主要体现为运动员参与，竞技性越强的体育赛事越容易引起人们的关注，在同一个运动项目中，职业联赛的竞技性比业余联赛的竞技性要强，其市场价值也也要比业余联赛要大得多，并且人们围绕体育赛事会开展不同的主题活动，以实现各体育赛事主体的不同需求和目的。同时，体育赛事也具有娱乐属性，人们在参与体育赛事的过程中会感受到体育赛事所带来的娱乐性，在一定程度上满足人们娱乐的需求。

2. 文化性

体育赛事是一种社会文化现象，它是人类文化的重要组成部分，并且随着社会的发展，体育赛事本身就具有一定的文化内涵，不同项目、不同地域的体育赛事均带有其独特的文化特征。也正是因为体育赛事所具有的文化性，能够获得更多群众的认同，对于体育赛事的发展具有一定的促进作用。体育赛事的文化性主要体现在以下几个方面。

（1）礼仪规范。每一项体育赛事都有其特定的服装及相关的礼仪要求，如马术赛事需要着骑士装，并且要求观众席的观赛人员在比赛期间保持安静，以免惊吓马匹；在足球和篮球比赛期间，每支球队身着代表其球队的队服，观众在场边进行欢呼加油；高尔夫的观赛礼仪要求更加严格，在运动员准备挥杆过程中，禁止发出任何声响，也不允许拍照，以免影响运动员的发挥。

（2）体育项目本身。体育赛事是一种人类社会活动，具有人类自身发展的特征，每一项运动的发展都体现着人类文化的发展，具有一定的代表性。

（3）开幕式和主题活动。体育赛事在开幕式和主题活动中也传递着一定的文化特征。体育赛事举办地会通过开幕式来体现城市的文化，2008 年北京奥运会、2012 年伦敦奥运会的开幕式都是举办城市各自文化的展现。

3. 项目性

体育赛事具有明确的开始、运行及结束的过程属性，遵循一般项目管理的过程，符合项目的基本特性，具有一次性、组织的临时性和开放性以及期限性等特点。项目的一次性是指每一场体育赛事都是唯一的，有明确的开始时间和结束时间，每一场体育赛事在此之前从来没有发生过，而且将来也不会在同样的条件下再发生，而日常运作是无休止或重复的活动。[①] 根据体育赛事的需要建立相应的体育赛事组委会，体育赛事组织中的成员及其

① 黄海燕．体育赛事管理［M］．北京：人民体育出版社，2012.

职能是临时确定的，并且在体育赛事组织过程中随时调整，体育赛事结束以后体育赛事组委会将会解散，因此项目组织具有临时性。项目的期限性是指体育赛事是具有一定的期限，从赛事的筹备到赛事的收尾与评估。基于体育赛事的项目性，其管理过程也符合项目管理的所有特性，包括范围管理、时间管理、成本管理、质量管理、人力资源管理、沟通管理、风险管理等，项目管理的相关理论基础同样适用于体育赛事的管理过程。

4. 产品的多元性

体育赛事的产品具有多元性的特征，主要是因为体育赛事的项目、规模和目的不同，体育赛事的产品分为竞赛产品、服务产品和衍生产品等。体育赛事的竞赛产品是一种无形产品，主要由参赛运动员的竞技水平决定，竞技水平较高的体育赛事就能够提供更加精彩的竞赛产品，如职业联赛能够吸引更多的人来观看，其门票销售、转播等能够获得更多的收入。体育赛事的服务产品是指围绕着体育赛事产生的以劳动的形式为他人提供服务的产品总称，主要包括食宿服务、交通服务、旅游服务、信息服务等。体育赛事的服务产品可以为体育赛事起到锦上添花的作用，让观众、参赛运动员等有宾至如归的感觉。体育赛事的衍生产品主要指围绕体育赛事产生的有形和无形产品，包括体育赛事主题的服装、玩具及嘉年华活动等，这些都能为体育赛事的组织者带来不菲的经济收入。

除此之外，体育赛事还具备产品的生产和消费的同一性，体育赛事活动的生产者和消费者之间可以相互转换，生产即消费，消费即生产。

5. 风险性

任何一项体育赛事都具有一定的风险，尤其是高水平的体育赛事，其风险性更大。这里的风险不仅指体育运动项目本身对运动员所带来的身体上的风险，同时也包括整个体育赛事活动对周边的环境所造成的风险。在体育赛事管理过程中需要充分考虑体育赛事的风险性，做到科学合理处理。

（二）体育赛事的个性特征

体育赛事个性特征主要是根据体育赛事的不同类型来划分的，商业性体育赛事具有一定的职业性和商业运作的特点，追求的是利润的最大化，而公益性体育赛事主要有参与性和社会公益性等特征。

就商业性体育赛事而言，具有产业性和职业性的特点。

1. 产业性

1984 年洛杉矶奥运会之后体育逐渐发展成为一种产业，越来越多的人们发现了体育产业蕴藏的巨大潜能和商机，逐渐发展成为一种新兴的产业。体育产业是一种绿色的朝阳产业，体育赛事作为体育产业的一部分不仅能够满足人们的健康需求和精神需求，更为体育赛事的主办方和组织者带来巨大的经济效益。因此人们通过各种合理有效的管理手段和运作模式来不断地开发体育赛事的商业价值。据统计，2012 年我国体育产业总规模为 9526 亿元，2006—2012 年实际平均年增长率为 16.11%。由于《国务院关于加快发展体育产业促进体育消费的若干意见》出台后，为我国体育产业的发展提供指导，对我国体育产业的发展具有很好的促进作用。该文件预测："到 2025 年，基本建立布局合理、功能完善、门类齐全的体育产业体系，体育产品和服务更加丰富，市场机制不断完善，消费需求愈加旺盛，对其他产业带动作用明显提升，体育产业总规模超过 5 万亿元，成为推动经济社会持续发展的重要力量。”① 其中体育竞赛表演业将会成为体育产业中的重要业态。

2. 职业性

体育竞赛表演业作为注意力经济的一种，主要卖点就是体育赛事较高的观赏性，竞技水平越高的体育赛事一般商业价值就越高，所以商业性体育赛事对于运动员的技术水平要求会比较高，凸显了商业性体育赛事的职业性特征。目前发展较好的商业性体育赛事如 NFL、NBA 等，其在发展的过程中成立联盟，注重运动员的竞技能力和技术水平，不断进行商业开发。NBA 每年通过选秀的方式选拔新的优秀球员，每一个参加 NBA 选秀的运动员都是在努力提高自己的篮球竞技水平。其他商业性体育赛事，如国际四大网球公开赛等，这些商业性体育赛事的职业性发展都具有一定的代表性。

就公益性体育赛事而言，具有广泛参与性、社会公益性和教育性等特征。

（1）广泛参与性

公益性体育赛事最具有代表性的就是全民健身活动。随着生活水平的提高，人们开始关注健康问题，大众能够参与的体育赛事广受拥趸，尤其受到上班族的欢迎，提高了人们参与体育赛事的积极性。根据体育赛事项目的不同，群众参与的积极性也是有差别的。对场地要求比较高的体育赛事的参与度会比较低，反之对场地要求比较低的体育赛事（如马拉松等跑步类赛事）的参与度就会相对高一些。2015 年国内马拉松赛事出现了方兴未艾的大好形势，根据中国田协公布的数字，全年注册备案的 134 场马拉松赛事及相关运动的总参赛人次达到了 150 万（其中包含了全程、半程、10 公里、5 公里、越野跑等多个项目）。除了马拉松等跑步类赛事，各类全民健身活动和赛事的参与人数规模渐长，凸显了公益性体育赛事广泛参与性的特征。

（2）社会公益性

社会公益性是公益性体育赛事最重要的特征。一般而言，公益性体育赛事的举办是为了促进当地的体育发展，尤其是体育设施比较匮乏的偏远地区，缺乏科学的体育指导，通过举办公益性体育赛事为当地提供一些体育设施和用品，并定期进行科学指导，扩大体育运动参与群体的规模，促进体育事业的发展。

（3）教育性

公益性体育赛事不仅能够促进体育运动的发展，还具有教育性，能够帮助参与者在参与的过程中了解体育的内涵，学习体育的竞争精神、合作精神、永不放弃的精神等。体育所蕴含的精神通过参与体育运动能够更加直观地展现，更具教育性和普世性。

① 国务院关于加快发展体育产业促进体育消费的若干意见.

第三节 体育赛事管理的概念

一、体育赛事管理的定义

体育赛事是一个复杂的社会活动，任何体育赛事的举办，都会涉及人、财、物等投入的有限性和体育赛事本身又需要创造一定的政治、经济、文化效益。所以说体育赛事的举办必须在极高的效率且充分恰当的使用有限的条件下，以实现其效益目标。

体育赛事管理就是一定的组织运用人力、物力、财力和信息等资源，通过计划、组织、协调和控制等职能手段，成功举办体育赛事，向社会展示体育赛事的全过程。

二、体育赛事管理的组成要素

体育赛事管理具有一般管理学的通性，和其他的管理活动一样，一般来讲体育赛事管理由管理主体、管理客体和管理中介三个部分组成。

（一）管理主体

体育赛事的管理主体是指在体育赛事的管理过程中具有支配地位和指导作用的要素，一般来说是由管理者组成的管理机构及体育赛事的组委会。体育赛事管理过程中的各项职能都要通过体育赛事的组委会及管理主体发挥作用，在组委会的带领下完成体育赛事的各项目标和任务。

亨利·法约尔在《工业管理和一般管理》一书中提出管理的 14 条原则，即劳动分工，权利和责任，纪律，统一指挥，统一领导，个人利益服从集体利益，人员的报酬，集中，等级系列，秩序，公平，人员的稳定，首创精神和团结精神。这些管理原则是每一个管理者都必须要遵循的，并且在体育赛事的管理过程中贯彻执行。

体育赛事的管理是一个动态的管理过程，作为管理主体的管理者要明确体育赛事的总目标，并对所要完成的任务进行合理的分工。这样就间接要求管理者要具备较高的专业技能和素质，充分使用自己手中的管理权力，运用各种管理手段施加于管理对象。管理者负责制定计划，进行监督和评估，并且随着外界环境的变化及时调整体育赛事的管理过程。

（二）管理客体

体育赛事的管理客体就是被管理的对象，在体育赛事的管理活动中，管理客体主要分为以下几个方面：

1. 人

人主要是指被管理者，在体育赛事的管理过程中主要包括运动员、教练员、媒体、安保和观众等人员。体育赛事管理者在管理这些人的过程中要充分了解不同群体的诉求，运动员需要具备良好场地设施的休息区和热身区，并且不希望受到外界过多的干扰；观众希望有良好的观赛视角和观赛体验；媒体需要最佳的拍摄视角；安保人员需要对整个场地的设施及流程熟悉从而能够协调场地内各事项。根据不同人群的需求，有针对性地满足需求，可以促进整个体育赛事满意度的提升。

2. 财

财主要是指在体育赛事活动中涉及的资产、经费等。其主要来源有政府的拨款、赞助商的赞助费用、体育赛事的转播费、门票及主题纪念品的销售收入等，呈现多元化和多样化的特征。管理者在处理这些资产和经费时需要交给专业的财务管理人员进行管理，保证每一笔经费的流动都有据可查。

3. 物

物主要是指和体育赛事相关的物资，包括运动器材、场地设施及赞助商提供的物资等。根据物资的数量可以有选择地设计管理信息系统来统一分配这些物资。体育赛事从筹划到结束的持续时间较长，涉及的物资也比较繁杂，因此在管理这些物资时不仅要保证物资的数量，还要利用这些物资创造二次价值，尤其是场地设施，可以在不影响比赛正常进行的前提下进行二次开发，降低体育场馆的使用成本。

（三）管理中介

管理中介是指在实现体育赛事目标的过程中，对管理对象所采取的管理手段，主要包括以下内容：

1. 法律法规

在体育赛事管理活动中，为了促进体育赛事管理进一步规范化、制度化，管理者通常采用相关法律法规保障体育赛事管理制度的实施更加科学合理、简便易行。在使用法律法规的同时要建立体育赛事的管理组织体系，明确各个职能部门的职责，这是体育赛事管理制度得以实行的组织保障。根据设立的法律法规，制定具体的实施办法，设定专门的部门来监督实行。

2. 管理工具

体育赛事的管理工具主要包括电脑、网络、运动场馆工具及其他通讯工具等。在体育赛事的管理现场，保障网络的通畅至关重要，这是信息传递的最主要途径。电脑在管理过程主要用来处理相关的文件和音、视频资料，体育赛事组委会需要储备一定数量的备用机、其他管理工具和办公用品等。

第四节 体育赛事管理的基本理念

一、统筹规划

体育赛事管理涉及竞赛、媒体、赞助商及后勤等多个方面，因此统筹规划是整个体育赛事管理过程中十分重要的理念，同时体育赛事整体规划程度的高低也反映出管理团队专业水平的高低。统筹规划的理念不仅能够促进体育赛事的成功举办，实现利润最大化，还能够获得体育赛事参与者较高的满意度。

如果一场体育赛事无法做到统筹规划或者出现重大统筹问题，那么管理过程就会混乱无序，各环节衔接困难、人员管理混乱等问题会频繁出现。同样，对于专业水平较低或者管理经验缺乏的管理团队来说，在前期规划的过程中如果没有充分考虑体育赛事管理的某一个重要的环节，就会引起处在该环节人群的不满。如在某体育赛事中，体育赛事组委会在媒体服务方面就出现了比较严重的问题。媒体工作者除了工作地点和时间相对固定的转播团队之外，其他记者每天都会奔波在不同的赛场，工作时间也很难统一，体育赛事组织者为媒体提供的班车服务却极不便利；除交通问题之外，还存在较为严重的网络问题，在主新闻中心，记者经常无法连接到网络。解决的办法是连接有线上网，但对于电脑只能无线上网的记者来说，就形成了很大的麻烦。体育赛事举办期间，记者往往周转于不同的赛场和驻地，时间极为紧凑，合理有效的班车服务是非常有必要的；而畅通的网络通讯，是记者工作成果能够落实和展现的基础。专业的体育赛事管理团队会将媒体服务作为工作重心，更会重视媒体工作的生命线——交通和通讯。

因此，体育赛事管理者在管理过程中树立统筹规划的理念是很有必要的，这是保障体育赛事顺利举办的基础。

二、效益优先

效益优先的理念是指体育赛事管理者在管理过程遵循的一种资源配置的机制。不同类型的体育赛事所追求的效益不相同，商业性体育赛事追求的是经济效益，通过商业化的手段进行市场运作，以谋求利润最大化；公益性体育赛事追求的社会效益，通过政府拨款等方式提供社会公益服务。无论是经济效益还是社会效益，体育赛事的计划要围绕效益优先的理念来制订和开展，从体育赛事的全局入手，在各个环节都遵循这一原则。

在体育赛事管理过程中应用效益优先理念最多的是对于人、财、物等资源的使用和配置。体育赛事组委会获得资金、物资等之后会进行财务处理，根据体育赛事周期内的各项开支制订预算，设立财务报销制度，确保合理使用每一笔资金，并且设立专人管理物资，记录每一项的使用情况，责任划分到人。此外在人员配置方面要根据岗位和任务量情况选用相对专业的人员，做到一人一岗，每个人都有合理的工作任务，定期汇报工作进度，提高工作效率。

三、节俭办赛

节俭办赛事并非体育赛事举办的简单化，不注重体育赛事的质量，而是要充分利用所拥有的各类资源，不铺张浪费，不奢华办赛。在体育场馆方面，要综合调查举办地能够利用的场馆，提高体育场馆的赛后利用率，不盲目地建设新的体育场馆，坚持可持续发展；在交通方面，充分利用公共交通，前往各大赛场的班车设立固定的班次，提高使用效率；在餐饮方面，不铺张浪费，注重餐饮的口味，体现当地特色即可。

例如，2013 年辽宁全运会举办期间，提出了“全民参与、回归体育、节约朴素”的口号，在体育场馆的筹建过程中，坚持“能利用的不改建，能改建的不新建，能简修的不大修，能临建的不搞永久建设”原则，以改造和临建场馆为主，实现了场馆分散建设后的有效利用。此外，北京申办 2022 年冬奥会的过程中，提出所坚持的三大理念：坚持以运动员为中心、坚持可持续发展、坚持节俭办赛。为了体现以上理念，本次冬奥会包括交通条件在内的各项服务都十分人性化，体育场馆建设考虑了可持续性使用，且根据长远目标避免了重复建设。这些都为我国体育赛事的举办提供了借鉴，让更多的体育赛事坚持节俭办赛的理念，充分考虑到群众的利益，实现长远的发展。

四、绿色环保

近年来，绿色环保的理念在体育赛事管理过程中越来越受到重视，主要体现在不破坏、不污染，从源头避免环境破坏。2008 年北京奥运会期间提出的“绿色奥运”就充分体现绿色环保的理念。在绿色奥运的倡导下，北京奥运会组委会和北京市民共同建设绿色城市，把北京市打造成一个美丽的奥运城迎接国际友人。在具体的体育赛事管理过程中，管理者一般通过以下几个方面来践行绿色环保的理念：首先，在体育场馆的建设方面，保护环境，实行可持续发展的思想来指导工程建设、采购、物流等工作，尽量减少体育赛事对生态环境的破坏；其次，基于积极向上的体育精神，寻求体育赛事和环境保护之间的契合点，开展环境保护的宣传教育，促进群众参与保护环境的实际行动，提高人们环境保护的意识；最后，配合政府环境保护的工作，在经济发展、资源协调方面做到可持续发展。

绿色环保的理念和节俭办赛的理念均受到各体育赛事举办方的重视。在 2022 年冬奥会的筹备工作中一直秉承绿色环保的原则。在北京和张家口申冬奥成功后，国家将环保问题尤其是雾霾治理问题作为工作重点，根据北京冬奥申委环保部提供的数据显示，2015 年上半年，北京 PM2. 5 的平均浓度比去年同期下降了 15. 2% 。在宏观战略上，北京已在研究制定 2018—2022 年清洁空气行动计划，并已建立与周边各省市的联防联控联治联动机制。大力开发新能源，对污染比较严重的企业进行停业整治，从过度依赖传统能源向利用新能源和可再生能源转变。国务院批复同意在张家口设立“可再生能源示范区”，明确提出，在张家口建设国际领先的“低碳奥运专区”，力争2022年前崇礼县能基本使用可再生能源。环境在“治”，更在“防”。政府治理环境污染的同时，全社会的环保意识也有望在冬奥会的影响下进一步提升。每个人将环保意识纳入日常生活，从身边的一点一滴做起，这是“绿色奥运”的基础所在。北京成功申办2022年冬奥会，坚持“绿色奥运”不仅是中国对昔日庄严承诺的传承，也向世界展示着建设“美丽中国”宏伟目标的决心和信心，更将是冬奥会带给民众的福祉。

第五节　我国体育赛事的发展历程与政策制定

一、中华人民共和国初期

从1949年中华人民共和国成立到改革开放前期的近30年间，受到苏联体育发展的影响，我国的体育作为社会主义建设的一部分被列入政府的工作计划，一直处在计划经济的体制下运行和发展，那段时期，我国物资匮乏，经济实力有限，采用这种运作模式符合当时的基本国情。并且，高度集中的计划经济体制对当时体育的发展起到了十分重要的作用。主要表现在以下三个方面：一是运用政府强有力的行政手段，充分调配有限的人力、物力和财力，取得了较好的宏观效益，奠定了新中国体育事业发展的基业；二是运用行政手段推广和普及了学校体育和群众体育，重点放在了乒乓球、羽毛球、田径、足球、篮球和排球等优势体育项目上；三是依靠“举国体制”在很短的时间内使我国部分竞技运动项目水平迅速提高，为提高新中国的国际声誉和开展和平外交做出了贡献。① 第一届亚运会和第15届奥运会的成功举办，为我国举办体育赛事提供了良好的借鉴意义。

1956年，国家体委颁布了《中华人民共和国运动竞赛制度的暂行规定（草案）》。该文件的出台保障了竞赛活动的正常运行，促进我国运动技术水平的提高。在此期间，群众性的体育活动、全国性的单项比赛等各项体育赛事不断开展，但是这个阶段我国的体育赛事大部分都是由政府主办，民间力量参与程度很低甚至没有，体育赛事的发展趋于单一化。在1966—1976年期间，由于社会因素的变化，人们开始排斥体育，取缔了许多体育部门，废除了体育制度，导致许多优秀的体育运动员和体育管理人才下岗，体育赛事的发展停滞不前。

① 刘礼国．我国体育竞赛体制改革的研究［D］．武汉：武汉体育学院，2006.

二、改革开放时期

改革开放以后，计划经济体制的弊端逐渐暴露出来，社会环境和经济环境都有很大的变化，原有的体育事业发展模式已经不再适应该阶段的市场经济。这一时期大力发展经济是首要目标，而我国体育的目标则是“广泛开展群众性体育活动，增强民众的身体健康”，因此全国举办的群众性体育活动主要以各级地区运动会为主。全国的体育重点为培养体育健儿，出国比赛，为国争光。尽管在全国上下举办比赛是一种事件，但比赛的运作只是单纯受国家指令，以健身强国为目的。① 随着经济的发展，企业在体育赛事的发展过程中的作用越来越大，由原来的政府一家独大，独自承担的模式逐渐转向政府和企业共同举办，在广大人民群众日益增长的体育需求面前，我国体育体制改革不断深化，体育产业化、市场化、社会化的趋势日趋明显。② 也正是由于市场举办赛事能力的不断加强，我国体育赛事才能够更好的发展，许多大型的体育赛事逐渐走进中国，各种类型的商业性体育赛事、常规体育赛事陆续在中国举办，通过不断尝试，不断创新，吸取国外先进经验，总结自身的不足，不断提高自己的办赛实力，力争将我国的体育赛事办得更加精彩，以此来丰富人们的文化生活。

除了办赛能力方面，全国各地开始兴建体育场馆等基础设施，在场馆数量、资金投入、场地面积等方面都有大幅度提高，现有的体育场馆已经不能满足人们不断增长的体育需求，受到不同地方经济发展的差异，全国的体育场馆集中在北、上、广、深等较发达的城市中，并且仍存在场地数量较少、质量不高等问题，地域分布、项目类型、经济结构、功能布局等方面也存在着失衡现象，这也直接导致各地体育赛事水平差异较大。

以上海为例，改革开放之后先后举办了第六届上海市运动会、首届上海马拉松比赛、全国春季马拉松比赛、竞走比赛、上海—大阪友好城市马拉松比赛、第十届亚洲女子篮球锦标赛、第四届世界杯跳水赛、第四届亚洲女排锦标赛、美国全明星职业篮球队与上海队首场比赛等国内外体育赛事，积累了许多办赛经验。

原国家体委于 1986 年和 1989 年发布了《全国综合性运动会试行工作条例》《全国赛区工作条例》《全国体育单项竞赛制度》等法规，促进了我国体育赛事的制度化发展。一是全国综合性运动会的种类及竞赛制度；二是全国行业系统运动会的种类及竞赛制度；三是全国体育运动单项竞赛的种类及竞赛制度等。③ 这些政策的发布对促进体育赛事的发展起到很好的规范和促进作用，也使得体育赛事的举办逐渐步入正轨，为北京申办 2008 年奥运会奠定了良好的基础。

---

① 唐中权．上海体育赛事发展阶段及特征分析［D］．上海：上海体育学院，2010.
② 唐中权．上海体育赛事发展阶段及特征分析［D］．上海：上海体育学院，2010.
③ 刘礼国．我国体育竞赛体制改革的研究［D］．武汉：武汉体育学院，2006.

三、奥运期间

进入21世纪，体育赛事随着经济的发展呈现出丰富多彩的发展态势，截至2003年底，第五次全国体育场地普查数据显示：我国现有体育场地85万多个，体育场馆的数量也发展到了5680个。[①] 随着2008年北京奥运会的举办，全国各地开始重视体育的发展，2000年国家体育总局提出，“开放体育竞赛市场，通过招标、申办等形式，鼓励社会各界积极承办各类体育竞赛。完善全国运动会竞赛制度，改革全国运动会的赛制和奖励办法”。2002年颁布的《新时期体育工作意见》中提出：举办好全国运动会和国内其他赛事，要全面、科学安排国内各项赛事，改革完善竞赛制度，充分发挥竞赛的功能和效益，为实现“奥运战略”目标服务。2006年国家体育总局颁布了《体育事业“十一五”规划》，对我国体育的发展有一个总体的布局；2009年10月国务院颁布了《全民健身条例》，2010年3月国务院办公厅颁布了《关于加快发展体育产业的指导意见》，2011年2月国务院颁布了《全民健身计划（2011—2015）》，2011年4月国家体育总局制定《体育产业“十二五”规划》，2012年2月中国足球协会制定《中国职业足球联赛管办分离改革方案》（试行），2013年3月国务院办公厅发布《国民旅游休闲纲要（2013—2020）》，2013年9月国务院发布《国务院关于促进健康服务业发展的若干意见》，2014年3月国务院发布《关于推进文化创意和设计服务与相关产业融合发展的若干意见》等，这些政策的提出极大地促进了国内体育赛事的发展。

2008年北京奥运会的举办，促进了我国体育产业的发展，为体育产业发展奠定了扎实的基础，留下了一大批高品质的体育场馆设施，同时也涌现出一大批高层次的体育竞赛经营管理人才。北京的国际马拉松赛，上海的F1世界一级方程式锦标赛，世界ATP上海站网球巡回赛，中国网球公开赛等高水平的体育赛事相继举办，这已经逐渐形成一种独特的文化现象，渗透到社会的各个领域。其他如意大利超级杯赛、皇马天津赛等高水平的商业性体育赛事也跻身于中国体育竞赛市场。举办国际体育大赛不仅可以提高举办地的知名度，促进当地经济的发展，同时对城市文化、环境、基础设施等方面起积极的影响。[②] 越来越多的人参与到体育赛事中。

2010年中国国内生产总值（GDP）跃居世界第二位，经济的高速发展使得体育赛事呈现多样性特征，国内开始组建体育俱乐部开展职业联赛，运动员竞技水平的提高增强了体育赛事的观赏性，吸引越来越多的观众买票现场观赛，提升体育赛事市场化运作的程度，吸引更多的民间组织参与体育赛事的举办，体育竞赛表演业也逐渐成为我国经济新的增长点。

---

① 国家体育总局．全国第五次全国体育场地普查资料．

② 唐中权．上海体育赛事发展阶段及特征分析［D］．上海：上海体育学院，2010.

四、国务院“46 号文”出台之后

2014 年 10 月 20 日，《国务院关于加快发展体育产业促进体育消费的若干意见》（以下简称“46 号文”）的发布对我国体育产业来说是一剂催化剂，其提出，“到 2025 年，基本建立布局合理、功能完善、门类齐全的体育产业体系，体育产品和服务更加丰富，市场机制不断完善，消费需求愈加旺盛，对其他产业带动作用明显提升，体育产业总规模超过 5 万亿元，成为推动经济社会持续发展的重要力量。”这一目标促进我国体育产业的蓬勃发展，对于体育赛事来说更是一个难得的契机。体育竞赛表演业是体育产业的核心部分，“46 号文”中提出的“取消商业性和群众性体育赛事活动审批，加快全国综合性和单项体育赛事管理制度改革，公开赛事举办目录，通过市场机制积极引入社会资本承办赛事。”① 更是激活了市场办体育赛事的热情。

田径管理中心放开马拉松的审批权使得全国马拉松赛事数量呈现量级增长，2015 年在中国田径协会注册备案的马拉松及相关运动赛事达到了 134 场，较上年增加 83 场，这 134 场包括全程马拉松 53 场、半程马拉松 43 场、十公里赛事 13 场、百公里赛事 4 场、其他距离赛事 21 场。2010 年时，在中国田协注册备案的马拉松赛事只有 13 场。如北京马拉松，2014 年，3 万参赛名额一天时间便被抢完，2015 年，6 万多名选手想要报名参加北京马拉松，组委会只能采取抽签的方式来分配参赛名额。短短 5 年内，马拉松比赛数量增长了 10 倍。2016 年赛事的场次仍会增加，未来甚至达到 300—400 场。并且出现了许多不同类型的马拉松比赛，公路马拉松赛、森林马拉松赛、山地马拉松赛等相继产生。马拉松的成功举办体现出这项政策的正确性，也刺激了其他体育赛事的发展。

但是在取消体育赛事审批权之后，仍然出现一些问题，在取消审批之前由于缺乏多样办赛主体，体育赛事内容较为单一，很多大赛由政府承办或者由政府主导，行政审批作为一种管理手段，能够调动更多的资源。现在取消体育赛事审批权，一方面给办赛主体更多自由，但另一方面企业等多样主体在办赛时，可能会出现赌球、假球、虚假合同等各种问题。我国目前出台的文件对市场的监管和导向偏向于方向性、概念性，对于体育赛事的组织、承办、赞助商等问题如何处理，缺乏具体的操作守则和规范细节。因此体育赛事的发展仍然没有一个十全十美的模式，需要体育赛事管理者不断地探索和改进。

① 国务院．国务院关于加快发展体育产业促进体育消费的若干意见，2015.

复习思考题

1. 体育赛事经历了怎样的发展历程?
2. 体育赛事的定义是什么?
3. 体育赛事的分类有哪些?
4. 体育赛事的特征是什么?
5. 体育赛事管理的主要过程包括哪些内容?
6. 体育赛事管理的基本理念有哪些?

第二章 体育赛事的地位与价值

本章导语

体育竞赛表演业是体育产业的重要内容，在社会和经济发展中占据重要的位置，体育赛事管理人员需要对体育产业及体育赛事的重要性有一个明确的认识。本章主要包括体育赛事的地位、体育赛事的价值等内容。

第一节　体育赛事的地位

一、体育产业的概念

随着经济的发展，我国居民的消费水平和消费结构已经发生改变，人们对体育的支出比例越来越大，体育产业作为朝阳产业，在我国已经获得巨大的发展。以下主要说明体育产业的概念、结构和构成。

于刃刚认为，“产业”一词，既是“集合的概念”又是“细分的概念”。前者指产业是具有某种同一属性的企业的集合，后者指产业是以某一标准划分的国民经济中的一个组成部分。[①] 杨公朴等人在《产业经济学教程》中认为，产业经济学中对“产业”的界定有两种基准，一是在产业组织理论中，产业是指生产同类或有密切替代关系产品、服务的企业集合；二是在产业结构理论中，产业是指具有使用相同原材料、相同工艺技术或生产相同用途产品企业的集合。[②] 而普遍认同的观点是将产业定义为“具有某种同一属性的经济活动的集合”或“具有某些相同特征的经济活动的集合或系统”。

体育产业作为产业范畴的一部分，具备了产业的内涵，但是至今对于体育产业的概念并未达成一致意见，中国体育产业依旧处于不断地摸索和发展阶段。对于体育产业的概念，目前有以下四个主要观点：

第一，体育产业等同于体育事业。张岩在《体育产业辩析》中指出，“体育产业就是体育事业。体育部门能够生产体育服务这种产品，体育事业当然具有生产性，从国民经济产业分类的角度看，体育事业就是国民经济中的一个部门，是第三产业中第三层次的一个产业部门”。[③] 鲍明晓在《对我国体育产业热点问题的思考》中提出，“体育产业就是社会主义市场经济体制下运行的体育事业，是体育事业由传统的计划经济体制转到社会主义市场经济体制的称谓”。[④]

第二，体育产业是与体育活动密切相关的体育企业的集合，这个观点从产业经济学视角出发定义体育产业，产业构成主体是否具备企业属性成为统计划分产业与非产业的一项重要条件。

第三，体育产业是与体育活动密切相关的以经营为目的的社会组织、部门的总和。与第二种观念不同之处在于，产业主体的外延扩大了，不仅仅限于企业实体。同时，这一概念所界定的体育商品属性是既包括物质产品又涵盖服务产品。

---

① 于刃刚．主导产业论［M］．北京：人民出版社，2003.

② 杨公朴等．产业经济学教程［M］．上海：上海财经大学出版社，2002.

③ 张岩．体育产业辩析［J］，成都体育学院学报．1995. 2.

④ 鲍明晓．对我国体育产业热点问题的思考［J］．体育科学，1999. 7.

第四，强调对体育产业服务属性的界定，认为体育产业就是体育服务业。在这一类概念界定中，体育产业生产的对象限定于服务类产品，凡生产有形物质产品（如体育器材、设施、运动服装）的行业是不属于体育产业的。①

此外，根据《体育及相关产业分类（试行）》：体育产业是指为社会公众提供体育产品和服务的产业活动，以及与这些活动相关联的产业活动的集合。②

二、体育赛事在体育产业中的位置

体育产业属于第三产业的范畴，处在时刻变化和发展当中，其行业划分也在不断补充和完善。体育产业结构划分标准是由体育产业研究对象的特点决定的，对于体育产业概念的理解不同，其涉及的范围也有很大的差别，学术界对体育产业分类的认识不尽一致。

原国家体委于1996年颁布的《体育产业发展纲要（1995—2010年）》把我国体育产业分为三大类别：第一为体育主体产业类，是指发挥体育自身的经济功能和价值的体育经营活动内容，如对体育竞赛表演、训练、健身、娱乐、咨询、培训等方面的经营；第二指为体育活动提供服务的体育相关产业类，如体育器械及体育用品的生产经营等；第三类指体育部门开展的旨在补充体育事业发展的其他各类产业活动。

《体育产业蓝皮书》中的分类具有一定代表性，认为体育产业由体育组织管理服务，体育场馆管理服务，体育健身休闲活动，体育中介服务，其他体育服务，体育用品、服装、鞋帽及相关体育产业的制造，体育用品、服装、鞋帽及相关体育产业的销售，体育场馆建筑八大类别组成。③

2003年国家统计局颁布的《三次产业划分规定》中，明确把“文化、体育和娱乐业”列在第三产业中。

2008年国家统计局、国家体育总局发布的《体育及相关产业分类（试行）》中规定，体育及相关产业的活动主要包括：体育组织管理活动，体育场馆管理活动，体育健身休闲活动，体育中介活动，其他体育活动，体育用品、服装、鞋帽及相关体育产品的制造，体育用品、服装、鞋帽及相关体育产品的销售及体育场馆建筑活动八大类。在这个分类中，体育赛事是划分在体育组织管理活动中的。

2015年国家统计局、国家体育总局联合发布《国家体育产业统计分类》，是我国最新的体育产业分类，将体育产业界定为“为社会公众提供体育服务和产品的活动，以及与这些活动有关联的活动的集合”。将体育产业划分为11个大类、37个中类、52个小类。其中11大类包括体育管理活动、体育竞赛表演活动、体育健身休闲活动、体育场馆服务、体育中介服务、体育培训与教育、体育传媒与信息服务、其他体育相关服务、体育用品及

① 刘燕舞．体育产业内涵的探讨［J］．体育文化导刊，2006，4.

② 体育及相关产业调查组．体育及相关产业分类（试行），上海市统计局官方网站，http：//www.stats－sh.gov.cn/tjfw/201103/88315.html.

③ 阮伟，钟秉枢．体育产业蓝皮书［M］．北京：社会科学文献出版社，2008.

相关产品制造、体育用品及相关产品销售贸易代理与出租、体育场地设施建设。[1] 在该分类中首次正式提出了“体育竞赛表演活动”一词，明确了职业体育赛事提供观赏性消费产品的实质，以及非职业体育赛事的公益性特征，突出了体育活动特点。其中，职业体育所带来的商业化、市场化赛事，以及职业俱乐部和运动员的展示、交流等都是能够与国际接轨的内容，具有很强的国际交流空间和产业发展前景。体育赛事促进了体育与文化、教育、旅游、健康、传媒、信息、金融等产业的融合，凸显了体育产业作为新的经济增长点及对国民经济的拉动作用。[2]

体育竞赛表演业在整个体育产业中占据特殊的位置，是体育产业的核心组成部分，本书根据体育赛事的社会属性将其分为公益性体育赛事和商业性体育赛事，在本书第一章有相应阐述。我国体育赛事种类繁多，资源丰富，既有综合性赛事，也有单项职业赛事。体育竞赛表演业在我国有许多类似的表述方法，其中比较常见的概念有体育竞赛业、竞技体育产业等。

第二节 体育赛事的价值

一、什么是体育赛事的价值

所谓的“价值”源自价值哲学的兴起，价值哲学是以一种最一般的价值概念为基础和核心的哲学。价值作为一个人类语言词汇，也是表达数、数字、数量在场的词汇，它出现在人们的思维和语言中。因此说体育赛事所带来的价值不仅仅体现为可量化的数据上，还体现为不可量化的具有持久效益的价值。

正是由于体育赛事所占据的重要地位，给予了体育赛事体现其价值的机会。因此体育赛事的价值就是指在体育赛事筹备、举办及赛后的一段时间内甚至是更长的时间内，体育赛事及相关活动对举办地的政治、经济、文化、社会、环境及体育等方面所产生的价值的总合。下文就针对这几个方面具体说明。

二、体育赛事的经济价值

体育赛事作为体育产业发展过程中的重要内容，具有一定的经济价值。在城市间的竞争不断升级的环境下，体育赛事在当今社会逐渐成为城市的产品，同时还具有传播载体的功能，特别是由于传媒技术的发展，体育赛事与城市经济相互作用。当一个城市举办体育

① 国家体育总局．国家体育产业统计分类，2015.
② 国家体育总局．国家体育产业统计分类，2015.

赛事，特别是一些重大体育赛事的时候，便会吸引到各个群体的需求划分及利益分配等，其中最直接的影响就是加速举办地的资金流动。[①] 在市场化运作的前提下，体育赛事的举办能够为举办地带来一些新的经济收入，这些在举办地按照经济发展的一般规律循环。但是由于体育赛事本身的特殊性，各个群体的利益诉求在很大程度上是暂时性地缓慢增长，一般都会在体育赛事的举办期间集中爆发。并且体育赛事能够创造多大的经济价值也取决于体育赛事的规模，如2008年北京奥运会这类国际大型体育赛事的举办带动了北京市各行业的发展，促进了当地居民的生活水平质的提升。

体育赛事的经济价值体现在许多方面，涵盖了食宿、交通、旅游、通讯、建筑等多个领域，并且都起到了直接或间接的影响。体育赛事的经济价值主要体现为三个方面。

（一） 体育赛事经济价值的直接体现

体育赛事经济价值的直接体现主要是体育赛事吸引投资，改变举办地的消费层次和水平。体育赛事的举办在筹办过程中会产生巨额支出，在支出的费用中，有很大一部分用于媒体联络、硬件设施及安保服务等，这些对商品和服务的消费具有一定的刚性，属于体育赛事的必要支出。通常与体育赛事相配套的体育场馆也要开始修建，甚至是会专门划分出一个区域用于体育场馆的建造。这些支出会引起当地若干经济部门的需求产生变化。据不完全统计，2008年北京奥运会在场馆改造补贴及赛时使用的帐篷、活动板房、围栏、隔断、管线等临时设施投入和租赁支出，赛时计时计分系统、通讯等技术支出，体育器材购置、租赁支出，举办“好运北京”测试赛的支出及赛时对各场馆的能源消耗、运行保障等补助支出，赛时电视转播、住宿、交通、医疗、餐饮等服务支出，开闭幕式的创意、组织、实施，火炬的境内外传递、奥运宣传和主体活动支出，用于支付工作人员工资和用于工作人员、志愿者的招募、培训、激励、制服等人力资源支出，北京奥组委行政办公、法律咨询，以及涵盖运动员、技术官员、工作人员和志愿者的人身保险和财产保险，收费卡等运行支出，对残奥会的补助支出等共花费193.43亿元人民币。[②] 广州亚运会组委会支出共计58.27亿元。这些项目及资金给举办地带来不菲的经济收入。

（二） 体育赛事经济价值的间接体现

体育赛事经济价值的间接体现是指由于体育赛事的举办促进其他行业所增加的经济收入。如大型体育赛事的举办会吸引观众前去举办地观看比赛，在当地进行消费，促进当地旅游业、餐饮业、零售业、娱乐业等相关产业的收入在短期内爆发式增长。

1. 促进举办地旅游业的发展

体育赛事促进当地旅游业的发展，每一场较大型的体育赛事必然会有外地的运动员、观众前来参加，在比赛之余会游览举办地及周边的景点，形成旅游高峰期，增加当地旅游收入。

---

① 阮伟. 体育赛事与城市发展关系研究［D］. 北京：北京体育大学，2012.

② 北京奥运会财务收支和奥运场馆建设项目跟踪审计结果.

2. 促进举办地餐饮业的发展

在体育赛事举办期间，举办地的各餐饮服务机构都会根据体育赛事的需要提供具有当地特色或者符合体育赛事文化的餐饮，吸引游客品尝，并且一些便利店也会迎来销售的黄金期，获取更多收入。

（三） 体育赛事经济价值的二次体现

因为体育赛事的举办会促进举办地各行业经济效益的增长，各行业从业者的个人经济收益也会有所提高，从而提高个人消费水平，带动举办地更大范围的经济发展。如借助体育赛事的良机进行创业并获得收入后，便会考虑购置不动产、日常用品等，为当地 GDP 做出贡献，增加政府的税收收入等。

体育赛事通过吸引各方的投资引起举办地需求的变化，为举办地产生了相应的经济价值，这些价值也促进各地政府积极地引进体育赛事，打造体育之城的名片。

三、体育赛事的政治价值

体育赛事不仅具有经济价值，同时还具有一定的政治价值，举办地的政府往往会通过体育赛事实现相应的政治功能。体育赛事的政治价值有很多，在中华人民共和国初期初期，体育赛事作为我国政府的一种外交手段进行外交活动，随着社会的发展，体育赛事被赋予了更多的政治内涵。现在重大体育赛事的胜利，可强化民族形象，提高国家威信，增强民族自信心和自豪感；可以提高党和国家的凝聚力，促进国内的政治统一和各民族团结；可以促进国际交流，增进世界各国人民之间的了解和友谊等。主要体现在以下两个方面。

（一） 强化民族形象， 提高国家威信

在一些重大国际性体育赛事中，竞赛的胜利对民族的形象具有直接的影响。如在奥运会的赛场上，颁奖典礼的时候，前三名奖牌的获得者会被升起运动员所在国家的国旗，并且播放冠军运动员所在国家的国歌，所有观众都会在国歌的氛围中注视着国旗的升起，对于民族形象的强化和国家威信的提高具有重要作用。1984 年，许海峰在洛杉矶奥运会上获得中国奥运第一金，中国国旗第一次在国际赛场上升起，实现了零的突破，更多的人开始认识中国，知道中国也有实力去获得奥运会的金牌，中国通过体育逐渐被更多的国家所认可。

（二） 促进国际交流

“乒乓外交”一直是我国外交史上的一段佳话，通过乒乓球比赛的交流，中国在中华人民共和国成立后第一次和美国正式通话，为外交活动奠定基础。此后，我国经常通过体育赛事与外国进行交流，了解国外的文化、政治、经济等，与世界接轨，借鉴经验，吸取教训，不断进步。

四、体育赛事的社会价值

体育赛事同样也具有一定的社会价值，具体表现在当地居民体育意识的变化、对新生事物的态度、社会文化遗产的保护程度、城市的改造等。民生、文化以及城市的发展都属于社会价值的范畴。

（一）提升城市形象，增强居民的自豪感

体育赛事在举办过程中会吸引各地媒体进行宣传报道，其覆盖率极高，传播度极广。在 2014 年巴西世界杯中，根据一些主流媒体的统计可知，整个赛事前 32 场比赛的平均收视人群达 430 万，在中国约有 4600 万名观众观看揭幕战，无数的目光注视着巴西的里约热内卢这个城市。而其他的体育赛事同样会有各类电视台、电台、报纸、互联网等媒体进行大幅的专题报道。举办地政府可以充分利用这个良机来对举办地及周边各个城市的历史、地理、人文等进行全方位的介绍，让外地朋友对举办地有更深的了解，提升城市形象，扩大城市影响力。以 2008 年奥运会为例，在这之前外国的游客对中国的普遍印象还停留在 80 年代左右的风格，落后与贫穷是他们的第一印象。而北京奥运会作为一张名片，不仅展示了我国的体育实力，更展示了我国政治、经济、文化等各个方面。中国政府利用北京奥运会向世界表明中国在经济上取得了巨大的发展，在文化上不仅有民族优秀的传统文化，也会包容并接纳来自不同地区和民族的文化。

在体育赛事提升城市形象的同时，也能够增加居民的自豪感。所谓的自豪感是指人们因为自己或者所在的群体取得巨大成就所产生的一种情感。这里的自豪感是指因为体育赛事本身及体育赛事产生的影响而带来的自豪感。体育赛事更是一种标志，在奥运会的赛场上，人们只要提到乒乓球和羽毛球这两项运动就会想到中国，其出色的成绩征服了全世界，是一种国家性格和民族自豪感的体现。张怡宁 23 次获得世界冠军，中国军团数次获得各类比赛的前三名，每次想到这些，人们都会异常兴奋。

（二）提供就业岗位，促进城市稳定

体育赛事除了能够创造巨大的经济效益之外，还能为举办地提供更多的就业岗位，一项常规性的体育赛事需要体育赛事管理人员、安保人员、后勤人员等。F1 落户上海，每年至少为上海直接提供 1000 多个就业岗位，并且围绕 F1 赛事的周边产业也同样会有所发展，如新企业的创立，这些所能够提供的就业岗位数量会比较多，难以准确估算。政府通过举办体育赛事所提供的就业岗位，能够很好地解决城市中剩余劳动力的安置问题，对于降低城市犯罪率，维持社会稳定，增强城市居民的幸福感具有促进作用。

（三）有利于城市文化的建设

体育赛事的举办为不同文化的交流提供了一个良好的平台，在促进本地文化发展与推广的同时，也吸收了外地优秀的文化，兼容并包，更好地促进本地文化的发展。

五、体育赛事的环境价值

体育赛事的环境价值是指体育赛事对举办地的自然环境因素和自然环境系统所带来的一系列价值的总和。早在 1992 年，在联合国发布《地球宣言》之后，国际奥委会及其他单项组织和各国的国家奥委会就将环境的主题列入了奥运会举办的手册当中，并且在 1994 年，将环境保护正式列入《奥林匹克宪章》中，要求每一届奥运会的申办条件中增加一条环境的标准。在这些政策的要求下，各国开始认识到环境的重要性，加大环境的保护和改善，体育赛事的环境价值由此体现出来。体育赛事的环境价值有很多，总体来讲有以下三个方面。

（一） 提高城市的绿化率， 降低污染

举办体育赛事会从一定程度上促进当地环境的改善，尤其是大型体育赛事。如在 2008 年北京奥运会的筹备期间，北京市政府着力改善环境，提高城市绿化的覆盖率，将奥林匹克公园建设成北京市内规模最大的绿色生态园区，在自然——社会生态环境中开展的体育运动，坚持“绿色体育”的基本理念。同时，号召北京市各高校也积极参与环境保护。

（二） 体现可持续发展

可持续发展一直是国际奥委会坚持的一个基本原则。在体育场馆的建造和使用方面，体育赛事组委会应坚持赛前科学计划、赛后有效利用的原则。充分利用已建成的体育场馆，对于必须要建造的体育场馆，要全面考虑未来的可利用率，从可持续发展的角度制定赛后体育场馆开发的规划。

（三） 提高人们保护环境的意识

体育赛事的环境价值不仅体现在对当前环境改善的方面，还能够提高人们环境保护的意识。在北京 2022 年冬奥会申办成功之后，和 2008 年夏季奥运会一样，提出绿色奥运的办赛理念，通过体育赛事宣传环保意识，充分利用现有的体育场地和自然环境进行场地的修建，避免对环境造成破坏；并且通过各类媒体号召居民进行环境保护，在日常生活中的点滴小事中做到节约能源，不乱丢垃圾等。全民参与环境保护对体育赛事举办地的环境改善是一个巨大的推动力。

六、体育赛事的体育价值

体育赛事的体育价值是指体育赛事的举办对体育最本质内涵的阐释与传播所带来的价值总和。主要表现在对体育本身的传播及体育文化所带来的影响。

（一） 对体育本身的推动作用

体育是伴随着工业革命产生的，当时体育更多的是作为缓解压力和释放过剩精力的一

种方式，体育本身的价值很少体现。随着顾拜旦不断推广奥林匹克运动，人们逐渐认识到体育本身所具有的魅力。在顾拜旦的《体育颂》中，体育是健康的、快乐的、美好的、平等的，这些特征集中体现了奥林匹克精神。虽然目前来说奥林匹克运动和顾拜旦时期有所不同，但是不可否认的是其对于体育最本质的追求一直没有改变，更快、更高、更强是体育赛事对体育的集中体现，崇尚公平，拒绝虚假。在我国，每年有许多体育赛事举办，对体育的推广起到了极大地促进作用。

（二）提高大众体育的参与度

举办体育赛事，尤其是全民健身活动的开展能够让体育更加贴近人们的生活，降低参与体育的难度。随着生活水平的提高，人们越来越注重身体的健康和塑形效果，参与体育锻炼成为最具有效果的健身方式。在观看体育赛事时，运动员所展现的敢于拼搏、不断挑战、永不放弃的形象，更加促进人们参与体育运动。体育赛事的举办不断向人们展示体育的魅力，更多的运动项目也逐渐走入人们的生活，以马拉松为代表的大众体育赛事受到人们的喜爱，越来越多的人参与大众体育，更加体现了体育赛事的体育价值。

案　例

北京市长："办冬奥首先要把环境保护好"

2016 年 1 月 26 日，市人大代表、市长王安顺在北京市第十四届人民代表大会第四次会议延庆团参与审议时说，延庆将在 2019 年和 2022 年分别举办世园会和冬奥会，这是展示中国和首都风貌的窗口，延庆要借此机会做好生态环境建设。

■办冬奥

当场拍板将延庆纳入无煤区

王安顺说，延庆由县改区，是城市发展进步的表现。延庆地位重要，责任重大，尤其是世园会和冬奥会的承办，将是延庆展示首都和国家发展成就和形象的窗口。面对重大历史机遇，延庆一定要立足全局，紧紧围绕服务和保障两件国家大事，统筹做好各项工作。

"延庆的发展优势在生态，潜力希望也在生态，生态是延庆发展的根本。"王安顺说，冬奥会、世园会之所以选择这里，就是因为延庆生态环境好，延庆境内山区面积占 72.8%，湿地面积达 100 平方公里，是首都西北重要生态屏障，"小坨山 PM2.5 指数只有 30 左右。"王安顺说，延庆一定要接过历史接力棒，把生态文明大文章做得更好。

"办冬奥会、世园会，首先是把生态环境保护好，这是延庆的核心竞争力。"王安顺说，习近平总书记对生态环境保护有许多论述，如"青山绿水就是金山银山""保护生态环境就是保护生产力，建设生态环境就是发展生产力""要像保护眼睛一样爱护生态环境"。

市人大代表、延庆区环保局局长常迎六在发言时表示，虽然延庆奥运赛区 PM2.5 基本达到欧洲比赛标准，但区内燃煤污染严重，是北京16个区中唯一没有通管道燃气的区，希望北京市能将延庆纳入无煤区改造计划。对此，王安顺当场拍板，要求有关部门将延庆纳入全市无煤区改造计划。

■谋发展

加快发展冰雪运动休闲旅游

对于延庆的发展建设，王安顺认为，两件国家大事必然会释放出带动效应，延庆要借此机会大力发展绿色经济，加快构建现代园艺、高端农业、冰雪运动和休闲旅游等绿色产业体系。冬奥会和世园会都是巨大投资，场馆赛后利用也大有文章可做。

王安顺说，北京在积极筹办冬奥会的同时，也要大力发展冰雪运动，建设冬季运动队伍。目前，北京体育局正面向全国招揽人才。他说，目前中国的冰雪人口，与我们申冬奥时提出的“带动3亿人参与冰雪运动”的目标还有差距，“办冬奥会的地方，如果没有自己的运动员参与，没有本城市的运动员能拿奖牌，这个运动就没有吸引力。”

■城镇化

房价畸高对当地百姓是伤害

“总书记说，小康不小康，关键看老乡。”说到低收入群众增收的问题，王安顺说，北京没有绝对的贫困人口，但还有不少低收入农户住在山区，精准扶贫和脱贫，要摸清每一个低收入村和低收入户的情况，建立帮扶台账，有劳动力的村民要加强技能培训，有条件的地方要发展民俗旅游，整体予以帮助，对地质灾害易发多发地区，要加大搬迁力度，确保低收入农户在全面建设小康的过程中，一个都不能少，一个都不能掉队，一起奔小康。

王安顺表示，在疏解非首都功能的大背景下，类似延庆这样的生态涵养发展区也要借此机会抓好规划，使城镇一体化一步到位。与此同时，房价还要保持稳定，“房价畸高对当地老百姓是伤害。”王安顺说。

（新华网，http://news.xinhuanet.com，2016年1月27日，记者翟烜）

复习思考题

1. 体育产业的概念与构成。
2. 体育赛事的地位。
3. 体育赛事价值体现在哪些方面？

第三章　体育赛事的人力资源管理

本章导语

在赛事举办过程中，当物力、财力充分保障的情况下，人力资源对体育赛事的成功举办所起的作用举足轻重。体育赛事中人员选择与确定的基本原则是精简高效，其中组委会是统筹管理机构，应建立健全激励约束机制，保证工作高质量的完成。无论是公益性赛事或是商业性赛事，对于专业管理人员的需求度极高。本章主要包括体育赛事专业管理人员的需求类型和素养、体育赛事志愿者管理等内容。

第一节 体育赛事专业管理人员的需求类型和素养①

体育赛事专业管理人员，是指负责参与管理体育赛事相关领域工作并领取一定报酬的正式专业人员，不包括以无偿服务为主要表现形式的志愿者和流动性极强的最新兴起的“赛事背包客”，也不包括来自高校的实习生。

一、体育赛事专业管理人员的需求类型

一般地，体育赛事专业管理人员包括以下五种类型：

（一）策划创意人员

策划是体育赛事产生的前提，主要强调体育赛事的构想创意与设计，既能“命题作文”，又能“无中生有”。例如，河南卫视“武林风”的电视体育赛事，中央电视台体育频道的“武林大会”电视体育赛事，能够及时发现市场空缺，把原本非热门项目充分包装，做成精品，并引起轰动与示范效应，就是策划人员智慧的集中体现。并且体育赛事中极为重要的开闭幕式、相关主题活动、市场开发方案等，都需要专业人员的投入。如中网公开赛的嘉年华活动、“网动中国”“中网精英时尚沙龙”等主题活动具有一定的影响力。

（二）竞赛组织人员

体育赛事的核心是竞技较量，这是在比赛现场完成的。体育竞赛是在裁判员主持下，依据统一规则而组织实施的运动员个体或运动队群体之间的竞技水平较量活动。其中专项人员与技术人员的准确判断，就极为重要。此类人员能够进行运动员、裁判员、教练员、领队等人员的协调管理，制定并实施竞赛保障计划，编制和完善各类竞赛标准、规划及操作流程，完成竞赛服务及赛程督导。这部分人员需要较强的体育专业知识，对运动项目与规则的相关要求非常熟悉。

大型体育赛事的竞赛部往往由体育专业人员担任，并要与其他部门进行良好对接。如场馆建设部需要从竞赛部获取参赛人员、相关官员、技术人员的人数、规模、级别等情况，交通部也需要因此调配车辆，食品安全部也要了解不同项目运动员的饮食要求与习惯等。无论其他部门的工作完成如何，如果竞赛出现重要问题，特别是发生斗殴、裁判的极度不公执法、恶劣兴奋剂事件，都会对整个赛事造成极其不良的影响。

---

① 张春苹．我国大型体育赛事专业管理人员培养研究［J］．体育文化导刊，2015，6：16－19.

（三） 市场开发人员

市场开发主要负责体育赛事的招商工作，包括体育赛事的赞助商招募、电视转播权售卖、门票和纪念品销售等，并为客户提供相应的服务。要求能够开发潜在的客户资源，执行市场拓展计划的实施，确保达到预期的市场指标，商务谈判，具备客户服务意识，并能组织与客户相关的商业推广活动。目前，公益性体育赛事也在积极寻求经济效益。

（四） 品牌推广人员

塑造品牌是体育赛事营销的重要目标，形象设计、媒体推广、网站建设、体育展示、新闻发布会、主题活动等都与品牌推广相关。品牌推广是体育赛事组织策划并主动将其付诸实践的传播行为。其传播渠道有多种形式，如组织内部传播、赛事组织和消费受众等关系利益人之间的传播、关系利益人之间的传播等。现今的体育赛事品牌推广早已不是以往随便做几个广告那么简单化了，而是逐步地形成一个系统性的、整体性的战略，采取的是一系列的宣传推广活动。要求此类人员熟悉各种媒体的运作情况，能够开发潜在的宣传资源和渠道，制定宣传方案并组织执行，确保达到预期的宣传效果，并能配合、组织与客户相关的商业推广活动。

中网公司参照四大满贯赛事“赛事核心、资源一体、两轮驱动”的产业化发展模式，围绕中网业已积累起来的顶级赛事资源，打造“中网产业链”，建立起包括赛事业务、培训业务、体育经纪、商务交流业务、网球相关服务产业（旅游、会展）、产品营销业务、运动保健研发业务、文化推广业务等八大内容的业务体系。逐步梯队式建立品牌知名度，进而形成美誉度和忠诚度，打造中网公开赛的高端品牌形象。

（五） 后勤保障人员

优质的后勤保障工作是体育赛事成功举办的重要保障，也能够彰显赛事主办方的能力与实力。体育赛事的后勤保障涉及住宿、交通、餐饮、接待、医疗、卫生、安保等众多工作，需要专业管理人员进行合理统筹安排。

公益性体育赛事多由当地政府承办，极为重视城市与政府形象。首先，尽可能避免出现交通、餐饮、住宿等问题，以及兴奋剂事件，因此把后勤保障放在了第一位；其次，确保赛事顺利成功举行，并非不重视，而是由于基本都有一定的办赛经验，因此担心程度小。目前，许多大型公益性赛事在策划、市场开发、品牌推广方面已认识到与专业体育公司进行合作，以达到更佳的效果。

商业性体育赛事由于竞赛组织的规范程度与服务意识与质量较高，因此会把策划人员、市场开发人员与品牌推广人员放在首位。

二、体育赛事专业管理人员的素养

体育赛事涉及的工作领域方方面面，需要高素质复合型人才，要求既懂体育，又通管理；既了解社会需求，又把握市场规律。一般地，体育赛事专业管理人员应具有以下素养和技能：

（一） 高度的敬业精神

首先，体育赛事管理的工作比较复杂，涉及不同的利益群体与利益分配，保持健康热忱的工作情绪与状态十分重要；其次，体育赛事管理工作相对辛苦，举办体育赛事经常是能力、智力、体力三位一体的高强度工作，体育赛事管理人员需具备高度的敬业精神，不怕吃苦，认真负责；第三，体育赛事管理工作是一项要求管理人员积极发挥主观能动性，做好策划、执行与监控的工作，且与人打交道的内容较多，因此，要保持积极主动的工作态度和乐观向上的主人翁意识。

（二） 体育专业知识与相关专业的知识储备

体育赛事管理人员必然要具备管理人才的共性特征，即对自己所属领域的专业知识必须透彻理解。21 世纪人才需求特点的重中之重便是：扎实的专业知识和终身学习的本领。从事体育赛事领域工作，应对体育赛事项目专业知识具有一定的基础，有利于项目的理解与有效运行。同时要形成终身学习的习惯，不断吸纳新的知识和管理经验，结合自身实际，以应对体育赛事的快速发展及管理创新。

（三） 组织与交际能力

体育赛事管理涉及的事项与人群众多，在所负责的领域中要求层次清晰，秩序井然，并且与本部门与其他部门应进行更好地对接协调，进行良好的团队合作，没有任何一个部门可以孤立存在。因此要求体育赛事管理人员在工作方式方法上，要具备创造性与灵活性，既要做一个果断决策、统筹事务、号召下属的组织者，又要做一个协调内外、整合资源、睿智公关的协调者。

（四） 心理调解与抗压能力

从项目管理的视角来说，体育赛事临时性强，要求在有限成本、有限时间内完成特定目的的任务，往往时间比较紧凑。有些岗位出差机会较多，有些岗位分配定额较高，需要管理人员进行良好的心理调解与疏通，及时排解压力，以便高效率地完成工作。同时，体育赛事的特点之一，即同时性及完整性，决定了体育赛事在实施过程中出现差错甚至风险的可能性较大，要求体育赛事管理人员具备较好的心理素质。

（五） 强烈的竞争意识

体育赛事在我国虽然发展较晚，但发展迅速，随着国家的政策倾斜及资金投入，一批精品赛事已初具形态，品牌效应逐步形成。在《国务院关于加快发展体育产业促进体育消费的若干意见》（国发［2014］46 号）的指导下，体育赛事必将大量涌现，因此要求体育赛事管理人员一定要时刻具备强烈的竞争意识，与同行竞争，与自己竞争，与国外运作更为成功的体育赛事竞争，不断学习，不断突破，把中国的体育赛事做强做大。

第二节　体育赛事志愿者管理

志愿者是体育赛事中不可或缺的一部分。在2008年北京奥运会当中，由170多万名来自各行各业的、关心奥运、热心公益事业的个体组成的志愿队伍，服务于城市、赛场的各个角落，以专业、热情的服务为赛事接待了大量来自各国的官员、运动员、裁判员及游客。由于北京奥运会期间志愿者们的出色表现，同时还有年初的雪灾、汶川的地震中志愿者数量井喷式增长，优秀志愿人物的不断涌现，2008年被称为“中国志愿者元年”。从此，体育赛事志愿服务热情也日益高涨，更多人通过加入志愿服务队伍的形式参与到体育赛事当中。

一、体育赛事志愿者概述

（一）体育赛事志愿者的概念

1. 志愿者

志愿者是一个外来的概念，由英文Volunteer翻译而来。联合国对志愿者的定义是：“不以利益、金钱、扬名为目的，而是为了近邻乃至世界进行贡献活动者。”志愿者也就是指在自身条件许可的情况下，在不谋求任何物质、金钱及相关利益回报的前提下，合理运用社会现有的资源，提供专业性、技能性、爱心性服务活动的人。

2. 体育赛事志愿者

2006年《日本体育白皮书》对体育志愿者的定义是：“为推进社会、社区、个人及团体体育的发展，而不以换取报酬为目的的提供自己的劳动、技术和时间的人（参加活动的交通费的支付不包含在报酬内）。”① 它将体育志愿者的类型分为社区体育志愿者和运动会志愿者。而后者是指“利用自己的时间不定期地为参加像奥运会、亚运会之类的国际运动会和地区马拉松运动会等活动的志愿者。”

（二）体育赛事志愿者的特点

体育赛事志愿者拥有与一般社会志愿者共同的特性，包括无偿性、自愿性、非职业性、公益性等，还具有以下特殊性：

1. 专业性

无论是职业赛事还是业余赛事，都要求志愿者对体育比赛有着基本的了解，特别是直

---

① 从宁丽. 析日本体育志愿者的培养体系及实施现状［J］. 成都体育学院学报，2002（1）：43－45.

接负责向裁判、球童、媒体、医护、观众席等提供服务的志愿者，要熟悉体育项目基本规则、体育赛事运作流程、观赛要求和禁忌等。

2. 复杂性

志愿者通常服务于体育赛事各项复杂的活动，所涉及的内容众多，包括竞赛、媒体、安保、观众等。内容复杂、考虑的问题众多，决定了体育赛事志愿者工作的复杂性。

3. 随机性

体育赛事有着很大的不确定性，随着比赛过程、结果的变化，工作强度也会发生较大的改变。例如，网球比赛尤其是男单项目，通常耗时较长，温网历史上曾出现过11小时的“马拉松”球赛，这给赛事主办方带来工作难度的同时，也为赛事志愿者带来压力。

4. 组织性

体育赛事志愿者一般是通过有组织、有计划地募集、选拔、培训并开展志愿服务工作，组织性的赛事志愿者能够体现较高的沟通效率、工作效率。

5. 临时性

体育赛事志愿工作有别于其他定期开展的志愿服务活动，体育赛事拥有不可复制性，举办时间相对集中，赛期结束后赛事组委会将随之解散，志愿者工作也宣告结束。

（三）体育赛事志愿者的分类

1. 按照参与人员类型

主要包括社会志愿者和大学生志愿者，前者来自各行各业、各族各界的体育爱好者，后者来自在校大学生。

2. 按照志愿工作类型

通常分为专业志愿者和通用志愿者。前者是指具备相应的专业技术知识、技能或者符合特定的资格条件的志愿者。在体育赛事中，有相当一部分志愿者需要有专业技术能力，包括竞赛裁判员能力、语言翻译能力、运动急救技能等。后者是指承担非专业岗位职责的、在指定的时间和岗位服务的志愿者。一般这些岗位的专业性程度较低，符合要求的志愿者较多，培训的成本、难度较低，例如票务志愿者、安保志愿者、观众服务志愿者等。

3. 按照体育赛事工作内容

主要包括竞赛志愿者、媒体志愿者、信息技术志愿者、场馆运行志愿者、医疗志愿者、观众志愿者、市场开发志愿者、安保志愿者、礼宾接待志愿者、语言服务志愿者等。这些志愿者种类的设置可根据赛事的实际情况进行调整，同时有些部门要求志愿者拥有相应的技术能力。

4. 其他分类

大型体育赛事组委会将志愿者分为城市志愿者和赛事志愿者；有些根据职责、权限大小，可以分为普通志愿者和骨干志愿者，有时也称为管理层志愿者和基层志愿者。

二、体育赛事志愿者管理流程

（一）规　划

1. 前期调查

体育赛事需要招募志愿者，是基于赛事目标、工作内容、成本管理、内外环境等各要素的综合考量，这些都需要通过前期周密的调查分析获得。

2. 工作设计

根据调查结果确定相应的组织结构、岗位人数、岗位内容等。

组织结构设计。赛事组委会一般单独设立志愿者部或者在人力资源部下设志愿者部门。赛事志愿者需要信息沟通及时、反应迅速、效率高，同时需根据赛事不同职能部门配备相应能力、人数的志愿者。

岗位分析。根据赛事志愿者的工作目的、性质、任务、权责、条件、环境等要素进行系统研究，设定符合需要的岗位及满足岗位的条件。一般需要制定符合赛事志愿者的工作岗位规范和工作说明书。岗位规范是根据岗位的“事”和“物”来确定志愿者的行为、素质等要求，是需要严格执行的。工作说明书是赛事管理者对各岗位的性质特征、工作任务、权责关系、劳动环境、任职资格等的统一规定，是志愿者招募、培训、任用、考核的参考依据。然后根据岗位规范和工作说明书再结合体育赛事的相关情况设计、印发相应的《赛事志愿者服务指南》到志愿者手中作为工作指导和参考。

人员核算。赛事志愿者的成本主要包括赛事管理者的管理成本和志愿者服务过程中的必要成本两部分。前者包括志愿者的招募、培训、考核、激励等各环节的成本，后者包括保障志愿者在进行志愿服务期间基本的餐饮、交通、保险等费用。

（二）招聘与配置

根据规划，体育赛事管理者招募和选拔所需要的志愿者。

1. 人员招募

志愿者的招募方式一般有社会招募和团体招募。社会招募是指通过发布相关赛事志愿者需求信息，符合要求的热心公益人士即可报名参加甄选。团体招募一般依靠政府、企事业单位或者其他项目的志愿者组织、民间团体，积极号召其成员利用工作、学习之余提供赛事志愿服务。其中，各高校的大学生志愿者有着较好的能力、体力等优势，成了赛事志愿者队伍的中坚力量。

2. 人员选拔

选拔形式众多，包括简历筛选、笔试（包括技能测试、心理测试、人格测试等）、面试、无领导小组讨论等。对于体育赛事志愿者，应选择更有体育兴趣爱好、积极健康向上的志愿者。在此过程中，志愿者并非严格依照工作说明书进行选拔，而是先依照通用的条件（少数专业性较强的岗位需要设置要求），在要求的数量选拔完成后，再进行人员配置。

3. 人员配置

将选拔出来的赛事志愿者根据时间、空间等要求进行人员配置。包括根据志愿者的能力和岗位需求进行分工，根据志愿者的预留时间与赛事时间安排进行工作时间编排。

（三） 培训与开发

培训与开发是向志愿者介绍体育赛事基本信息、志愿工作内容，同时也是改善志愿者的态度、知识和技能的过程。

1. 培训内容

赛事志愿者培训内容主要包括围绕体育赛事展开的通用知识培训和专业技能培训。同时，还可以增加素质拓展培训以提高志愿者的协作能力。

通用知识培训。一般面向所有赛事志愿者。主要包括赛事知识培训和志愿工作培训。前者包括体育运动知识、赛事基本常识、场馆设施信息、组委会的基本结构、志愿者团队的基本构成、岗位基本要求和管理制度等。后者包括志愿意义、精神、价值观等态度方面的培训，以及服务、沟通、团结合作等服务技巧相关的培训。

专业技能培训。主要是对专业技能有特殊要求的志愿者进行的培训，如体育项目的竞赛规则、外语口语笔译、媒体摄影和采访、法律、财务、医疗急救等志愿服务项目，尽可能结合体育赛事要求进行统一专业培训。

2. 培训形式

不同的培训内容采用不同的培训形式。通用知识培训主要以课堂教学的形式开展，培训范围更广，效率更高。专业技能培训可以根据实际使用强化练习、技巧示范、实地参观等形式开展。管理者应广泛使用新型的培训方法，如网络课程的教学、素质拓展训练等。其中素质拓展训练是利用游戏、活动的形式可以在短时间内使志愿者达到相关要求。它一般以提高心理素质为主要目的，兼具体能和实践，注重亲身的感悟与理解。

（四） 绩效评估

为达到志愿目标，管理者应同志愿者共同制定绩效考核的指标并进行工作评估，以监督、指导志愿者更好地完成服务工作，也为管理工作查漏补缺。

依照赛事志愿者的岗位规范和工作说明书，同时根据不同的评估方式，设计绩效指标。根据评估内容一般可以分为品质主导型、行为主导型和结果主导型三种评估方法。品质主导型重点评估志愿者的态度、品质、精神面貌等，评估指标主要有主动性、自信心、合作能力、工作主动性、沟通能力、理解能力、判断能力等。行为主导型重点考察志愿者的工作过程，包括工作方式、工作行为等，一般可以通过具体的成绩、数据得出，包括志愿服务时长、服务人数、完成工作的准确率、翻译撰写稿件数量等。结果主导型重点考察志愿者的工作反馈、效果性的成果，一般可以通过服务对象的满意度、志愿工作的完成程度等指标得出。

（五） 激励管理

通过适当的奖励能够规范、引导、激发志愿者的态度与行为，甚至形成良性竞争，促进志愿者队伍高效完成志愿服务任务。适当的激励既能体现对志愿者公益精神与辛勤工作的尊重，也能通过对他们态度、行为的表彰起到更好的社会效应，弘扬志愿精神，营造奉献、关爱、互助的良好氛围。

激励的方式一般包括内在激励和外在激励。内在激励来自志愿者对内心志愿精神、奉献精神的满足感和愉悦感，这是志愿者最原始的志愿冲动。外在激励来自志愿者之外的各方对志愿者的认可和肯定，包括管理者、服务对象、媒体、社会各界等，他们激励的方式有感谢、赞许、表彰、荣誉、称号等。值得强调的是，无论是实物性还是非实物性的奖励都是作为激励的工具，而非志愿者接受的报酬。

（六）用人关系

志愿者存在非职业性，但随着志愿者队伍的日益庞大、管理流程的日趋成熟，在管理中也借鉴了正式劳动人员的用人管理方式，包括志愿者登记注册、签订志愿服务协议、志愿者的工作安全保障等。目前许多城市都实现了志愿者在线系统，志愿者可以通过网络登记注册申请成为该城市的志愿者，申请通过后，系统就形成了一份其在该城市的志愿者身份。系统会根据志愿者的个人情况与需求发送相关的志愿服务项目邀请，如果志愿者参加了该项志愿服务，系统会自动记录其志愿服务内容、时长及证书信息等。这样的志愿服务系统为志愿者和有志愿者需求的项目主办方提供了很大的便利，也为主办方省下了大量信息收集、整理、管理的成本。

三、体育赛事志愿者管理的注意事项

（一）权益保障

保障赛事志愿者的基本权利是志愿者管理中的重要内容，包括法律地位的保护、人身财产安全的保护及志愿工作中的基本需求的满足等。1999 年的《广东省青年志愿者服务条例》是我国首部关于青年志愿者服务的地方性法规，它的实施对全国志愿服务向法制化发展起到了示范和推动作用。[①] 体育赛事相对集中，赛事人流量众多，赛事期间突发情况也很常见，赛事主办方应给每一位志愿者购买额外的人身保险，以确保其在服务期间发生意外事件导致人身伤害时，可获得合理的赔偿。保额应根据不同岗位志愿者的风险程度来确定，并对志愿者因志愿工作的人身伤害、财产损失等追究责任。

（二）志愿精神

有时体育赛事组委会会根据使用正式劳动者的管理方式对志愿者进行管理，但并不能淡化志愿精神、公益性质。在体育赛事志愿者管理过程中也有众多看似与志愿精神相矛盾的地方。例如，在规划过程中对志愿者的管理成本包括志愿者的津贴进行了量化核算；在

① 沈杰．志愿行动——中国社会的探索与践行［M］．北京：人民出版社，2009：365－372.

绩效评估过程中对志愿者的态度、精神、工作过程、工作结果进行严格的考评；在激励管理过程中对志愿者使用一系列的奖励措施以求提高工作效率；在用人关系管理中对志愿者使用志愿者协议以约束志愿者的行为。这些功利化的用以管理正式员工的手段、方式用在志愿者身上，并不是改变了管理对象的性质，而是通过适当的变形以提高管理效率。志愿者的日常津贴是对于志愿者的工作条件的补偿；绩效考核并不与报酬挂钩，而是奖励或惩罚；对于没有报酬的志愿者可以使用激励机制，并且效果并不会降低；志愿服务协议的使用维护了双方的利益的同时，也给予了长期合作的机会。

（三） 权责关系

管理者与志愿者之间还存在着应有的权责关系，这是基于志愿者主动、发自内心的志愿精神之上的契约精神。换言之，志愿者志愿服务的权利来自主动的志愿精神，志愿服务的义务来自被动的契约束缚。而这就要求志愿者应承担未完成相应义务所带来的追究责任。志愿者协议是能够将相关权利义务加以规范化、明确化、具体化，一方面为志愿者在服务时提供必要的基本保障，另一方面也为赛事管理者提供志愿任务达成的保障。

案　例

里约奥运会将于两个月后开幕，然而里约昂贵的住宿费却让一些志愿者望而却步，有的已经决定退出志愿者的行列。

为保持奥运预算平衡，里约奥运会决定“瘦身”，其中奥运会和残奥会原定招募的7万名志愿者被削减至5万名左右。在这5万名志愿者当中，有超过一半的人来自里约以外的城市。

里约奥组委为志愿者提供免费市内交通和工作餐，但住宿费需志愿者自己承担。然而，由于里约酒店房间紧缺，许多酒店在奥运期间房价飙升。

刚从大学毕业的志愿者里索尼说：“我查询了我服务的蒂奥多罗场馆群附近的廉价酒店，发现原本每天50雷亚尔（约合93元人民币）的房间在奥运期间涨到了200雷亚尔（约合372元人民币）。奥运会和残奥会期间我至少要在里约住30天，住宿费高达6000雷亚尔（约合11160元人民币），我自己很难承担这笔费用，我已经发邮件放弃了志愿者的名额。”

另一名志愿者卡贝斯特雷说：“作为一名没有工作收入的志愿者，面对里约昂贵的住宿费，如果不能找到里约当地人为我们提供便宜的民宿，就会很难承担这笔费用。我和其他志愿者也沟通过，大家都在考虑是否还要来当志愿者。”

对于这种情况，里约奥组委本周专门开设了“我在里约的家”的平台，里约人可以向包括志愿者在内的外地或外国人提供价格相对便宜的民宿。奥组委志愿者部主管丰特斯还说：“如果志愿者最终决定退出，奥组委也有应急预案，因为我们还有近3万名候补志愿者。”

在社交网络上，一些奥运志愿者建议奥组委与里约当地中学和大学合作，让他们免费住在学生宿舍里。不过丰特斯表示，虽然奥运期间学校是假期，但如果开放学生宿舍，需要对房间结构进行大规模改造，来满足这么多志愿者的住宿需求。但目前时间所剩不多，已经来不及改造。

（记者姬烨，《住宿成本过高难承担，里约奥运志愿者无奈退出》，新华社里约热内卢，2016 年 6 月 5 日体育专电）

复习思考题

1. 体育赛事专业管理人员的定义是什么？
2. 体育赛事专业管理人员的类型可以划分为哪几类？
3. 体育赛事专业管理人员要具备的素养有哪些？
4. 体育赛事志愿者的特点有哪些？
5. 体育赛事志愿者管理原则和流程是什么？
6. 体育赛事志愿者管理过程中应注意哪些问题？

第四章　体育赛事的启动与策划

本章导语

体育赛事启动与策划代表着某一体育赛事项目开始立项，包括组织方选择体育赛事、可行性分析、申办体育赛事等工作，是体育赛事组织实施前期必须进行的准备工作，这阶段的工作质量将会直接影响体育赛事能否成功举办。本章主要包括体育赛事的启动、体育赛事的策划等内容。

第一节　体育赛事的启动

一、体育赛事选择的影响因素

大型体育赛事涉及政治、经济、文化、社会等各个方面，所以体育赛事组织方选择时需要考虑众多因素，本书主要说明大型体育赛事选择的影响因素；选择小型体育赛事时通常考虑的因素相对较少，主要考虑体育赛事和举办地的契合点。一般来讲，进行大型体育赛事选择时主要考虑以下影响因素：

（一）外部因素

1. 自然环境

各地区具有不同的自然环境特征，而不同的体育赛事对地形、气候等都有不同的要求，尤其是特殊项目的体育赛事，如冰雪项目的赛事一般要在较为寒冷的地区举办。所以，体育赛事组织方所处的自然环境不同，所选择的体育赛事就会不同。

2. 政府态度

体育赛事的举办势必涉及各政府职能部门，尤其是大型体育赛事。政府机构对于其自己选择的体育赛事肯定持有积极支持的态度，如中央政府对于北京选择2008年奥运会的大力支持；非政府机构在进行体育赛事选择时一定要获悉政府对某项体育赛事的态度，并且要争取获得政府的支持。

3. 体育竞赛表演业的产业GDP贡献度

体育赛事举办城市的体育竞赛表演业的产业GDP贡献度主要是指本地体育竞赛表演业总产值所占本地GDP总量的份额，同时体育赛事组织方也要综合考量体育赛事对本地经济发展的带动作用。

4. 城市条件

（1）城市整体发展情况

体育赛事组织方在选择体育赛事时必须要考虑举办城市的整体发展情况，包括经济条件、产业结构、人口容量、社会形态、文化发展及公共宣传等。同时，体育赛事组织方还要考虑举办地的体育文化氛围。

（2）城市基础设施条件

城市基础设施包括交通设施、能源设施、环保设施、安保设施、通信设施等内容，是体育赛事举办的基础保障条件。可以说，没有良好的城市基础设施条件，就不可能成功地举办体育赛事。如果在选择体育赛事时忽略城市基础设施条件，那么体育赛事组织方的后期工作将事倍功半。

（3）城市体育场馆设施条件

城市体育场馆设施包括用于体育教学、训练、竞赛、锻炼、娱乐等的体育场馆和场地，是体育赛事举办的必备条件。不同的体育赛事对于体育场馆设施条件的要求也不同，体育赛事组织方一定要在充分考虑体育场馆设施条件的基础上选择体育赛事。

（4）城市形象

体育赛事组织方必须要考虑所选择的体育赛事要和举办城市的形象相吻合，从而能够提升城市形象，有利于城市品牌建设和发展。

（5）民众需求

民众需求应该是体育赛事组织方重点考虑的因素，其所选择的体育赛事应该能够充分满足民众的需求以获得民众对举办该体育赛事的支持。

（二）内部因素

1. 体育赛事的规模

一般体育赛事的规模分为国际级体育赛事、洲际体育赛事、地区级体育赛事、国家级体育赛事、区域体育赛事等，不同规模的体育赛事的影响力必然不同，体育赛事组织方要根据自身需求选择一定规模的体育赛事。

2. 体育赛事的品牌和文化

体育赛事广受拥趸的主要原因就是体育赛事拥有极好的品牌价值和独特文化，能够为举办地带来巨大的无形收益。体育赛事组织方要考虑体育赛事的品牌和文化能否促进城市营销，并且应该选择与举办地城市品牌和文化相符合的体育赛事。

3. 体育赛事区域分布特征

区域分布特征是指体育赛事在不同区域的分布广度、密度和时间，一般主要体现在大型体育赛事上，如奥运会举办地在各洲之间轮转。体育赛事组织方在选择大型体育赛事时一定要把握其区域分布特征，从而选择体育赛事组织方能够符合其区域分布特征的体育赛事。

4. 体育赛事的市场化运作水平

国外体育赛事通常都是通过市场化运作自负盈亏，国内体育赛事也都逐渐趋于市场化运作，较高的市场化运作水平也是体育赛事运作成功的标准之一，尤其是商业性赛事。所以体育赛事组织方要考虑所选择的体育赛事能否引起赞助企业、投资机构和媒体的兴趣，是否具备进行市场化运作的条件。

6. 体育赛事专业管理人员及经验

由具有丰富经验的体育赛事专业管理人员构成的体育赛事运营团队是体育赛事成功举办的关键，一般体育赛事审批机构对于体育赛事组织方所拥有的体育赛事专业管理人员和体育赛事管理经验会作明确规定，尤其是对于大型体育赛事来说。

5. 体育赛事的经济促进作用

体育赛事组织方应该考虑所选择的体育赛事对城市及周围地区的经济促进作用，包括体育赛事的举办对于旅游、交通、餐饮等行业的积极刺激和以体育赛事为载体进行招商引资所带来的效果等。从城市长远发展的角度出发，体育赛事组织方还要考虑所选择的体育赛事能否在一定程度上推动城市未来的发展。

二、体育赛事选择的原则

（一）具备可行性

可行性原则是体育赛事组织方选择体育赛事时所必须要遵循的原则，要从举办地的实际条件出发。体育赛事组织方切忌选择资源要求过分高于举办地的经济实力和承受能力的体育赛事，要选择体育赛事组织方既有能力举办又能够促进城市发展的体育赛事。如果选择不具备可行性的体育赛事，就会造成人、财、物等资源的极大浪费，也会影响以后其他体育赛事的举办。

（二）突出独特性

体育赛事的举办可以理解为城市营销的一种方式，是建立和发展特有的城市品牌的有形载体，因此体育赛事组织方要尽量选择对于举办地具有特殊意义的体育赛事。独特性原则要求体育赛事组织方，一方面要避免盲目跟风，从举办地体育传统出发，考虑与举办地自然和人文环境相符合的且能够凸显本地特征的体育赛事；另一方面要考虑选择的体育赛事能否在赛制、衍生活动等方面突出体育赛事的独特性。

（三）把握灵活性

各地的体育竞赛表演业的发展具有动态特征，各种不同的因素都会影响一个城市所举办的体育赛事的类型和规模。因此，体育赛事组织方对体育赛事的选择要充分把握灵活性原则，做到既符合当地体育赛事整体发展规划，又能根据不同情况进行调整，协调选择和实际的关系。

（四）保持连续性

体育赛事组织方应该全面分析本地区以往举办的体育赛事的特征和类型，所选择的体育赛事应该尽量符合这种特征，保持体育赛事选择的连续性，这样既可以充分利用现有的体育场馆设施，又可以获得政府和民众更大程度上的支持，从而提升体育赛事申办的成功率。同时，长期举办同类型的体育赛事也能够为形成地区体育传统和体育文化氛围奠定良好的基础。

三、体育赛事可行性分析的概念与作用

（一）体育赛事可行性分析的概念

体育赛事可行性分析，又被称为体育赛事可行性研究，是指对拟举办的体育赛事进行

多方面分析和论证，评价该体育赛事举办所产生的价值和体育赛事组织方所具备的基础条件，以判断该体育赛事是否可行，为正确决策提供科学依据。

（二）体育赛事可行性分析的作用

体育赛事因其涉及资源（人、财、物）众多，且社会影响力较大，可行性分析应是整个体育赛事项目的基础。一般体育赛事可行性分析的作用有以下几点：

1. 为政府部门审查、审批提供依据

根据《体育总局关于推进体育赛事审批制度改革的若干意见》（体政字［2014］124号），全国性体育赛事分为：全国综合性运动会、《全国性单项体育协会竞技体育重要赛事名录》内的赛事、《全国性单项体育协会竞技体育重要赛事名录》外的赛事、特殊项目赛事。[①] 其中，全国综合性运动会由国务院批准举办，特殊项目赛事执行国家和有关主管部门的规定，按程序办理相关手续。体育赛事可行性分析报告中阐述了体育赛事目的与定位、体育赛事主要内容、组织实施方案、风险预案，并且包含了市场需求分析、成本分析、社会及经济效益分析等内容，从而为国家和有关主管部门审查和审批体育赛事提供依据。

2. 为体育赛事运营提供依据

体育赛事可行性分析主要工作之一，是对体育赛事受众定位、时间安排、物资资源（场地、器材、设备等）、竞赛规程、人员配备等进行相关论证与研究，并提出最优方案。体育赛事运营者可以根据可行性分析报告制定运营方案，进行初步工作安排，编制体育赛事推进计划。

3. 为体育赛事筹集资金提供依据

体育赛事所需资金可以通过融资和筹资而获得，主要表现为两个方面，即政府资助和体育赛事市场化操作。主要方式包括政府政策性融资和社会捐赠、企业投资、体育赛事基金、体育赛事公司股份制上市融资、体育赛事转播权售卖、体育赛事赞助商招募等。所筹资金去掉成本后便可转化为体育赛事的收入，体育赛事经济效益会在一定程度上直接或间接地影响其成功举办，尤其对于商业性赛事而言。而政府是否提供资金支持，企业是否投资，体育赛事市场开发是否顺利，这些问题都需要对拟举办的体育赛事进行详尽的可行性分析才能决策。

4. 为体育赛事评估提供依据

在进行体育赛事可行性分析时，会对运营成本、经营收入进行估算，进而论证举办该体育赛事获得的经济效益和社会效益，同时一般还会设定体育赛事预期效果和考核目标。体育赛事结束后，要参照可行性分析报告中的数据和信息对该体育赛事进行评估，以做出科学、合理、客观的评价和判断。

---

① 国家体育总局管方网站 . http：//www. sport. gov. cn/n16/n1077/n1227/6052579. html.

四、体育赛事可行性分析的主要内容

（一）目标分析

目标分析主要是指对体育赛事举办方诉求的阐述，即通过举办某体育赛事想要实现的境况，具体内容包括体育赛事的定位、主题等。一般会有短期目标和远景目标。

（二）环境分析

环境分析主要通过对行业发展现状和体育赛事竞品分析，制定竞赛方案，包括体育赛事举办时间、地点和赛制等基本要素，及体育赛事举办的基础条件和资源配备。

1. 行业背景分析

对国内外体育产业发展趋势、体育竞赛表演业发展现状和新需求进行整体分析与评价，研究拟举办的体育赛事是否符合行业未来发展趋势，以及能否填补目前行业空白。

2. 竞争分析

分析拟举办体育赛事相关的和潜在的竞争者，统计同类型体育赛事的数量、独有特征等。主要从行业内现有竞争对手、体育赛事参与者和观众、体育赛事主办者、潜在入侵者、替代品五个维度进行竞争分析。

（三）可行性条件分析

判断和论证体育赛事是否具备可行性的条件，可以从体育赛事影响力、体育赛事运营团队、体育赛事服务体系、体育赛事财务四方面进行。

1. 影响力分析

体育赛事能否持续性发展与体育赛事主题定位密切相关，评价体育赛事的影响力如何，主要考虑体育赛事主题能否代表竞赛表演业及体育产业发展的趋势、体育赛事是否符合其参与者和观众的期望、体育赛事能否获得相关政策支持、体育赛事是否具有较好的市场发展空间等。

2. 运营团队分析

体育赛事涉及交通、金融、文化、安保、体育设施、餐饮等多个方面，所以体育赛事的举办早已超越了赛场的范围，体育赛事运营者应该从系统论的角度出发，对体育赛事运营中各项工作进行统筹安排，发挥整体效用。因此，体育赛事运营团队的素养和品质就格外重要，可以说体育赛事成功与否和运营团队水平高低直接相关。

3. 体育赛事服务体系分析

体育赛事服务体系是否完善，影响体育赛事市场开发效果、观众参与数量等。体育竞赛表演业对于其他产业具有很强的带动性，体育赛事服务体系包括赛前体育赛事市场分析、各类推广活动等，赛期运动员和观众等体育赛事参与者食宿服务、赞助商权益执行等，赛后物资运输、场馆清洁、赞助商权益评估等。

4. 体育赛事财务分析

体育赛事财务分析和企业财务分析不同，其着重考虑体育赛事成本和收入、损益平衡、现金流量控制等，并以此作为衡量体育赛事经济效益的重要参考依据。

(1) 损益平衡分析

体育赛事损益平衡主要通过预估体育赛事成本和收入进行分析，为此体育赛事主办方必须要考虑如何提高收入才能收回成本或者盈余，否则该体育赛事就不具备直接经济价值。通过损益平衡分析可以得出一系列量化指标，进而对拟举办的体育赛事进行经济可行性分析。

体育赛事的成本一般包括：

场地费用。包括场地、设施等租赁和搭建费用，竞赛器材消耗费用等。

推广费用。包括媒体广告费用，推广制作费用等。

管理费用。包括人员工资，办公用品费用等。

奖金/奖品。主要包括发放给运动员（队）等的现金奖励和具有特殊含义的物品。

招待费用。包括运动员及其他人员食宿交通费用等。

其他费用。包括税费、银行利息及其他不可预见的费用。

体育赛事的收入一般包括：

政府拨款。

运动员报名费。

门票收入。

转播权销售收入。

赞助费。

广告费。

衍生品销售收入。

其他收入。

(2) 现金流量控制

体育赛事一般包括赛前、赛期、赛后三个时期，时间跨度较大，因此体育赛事主办方必须有效合理地控制现金流量，尤其对于大型体育赛事而言，如奥运会、亚运会、全运会等。现金流量包括现金流出和现金流入，在体育赛事中主要说明赛事实际运营期间产生的现金流出和流入的数量。净现金流量是指在某一点上现金流出、现金流入之差。

不同类型的体育赛事的现金流量表现不同，公益性赛事在筹办时就主要通过政府拨款、相关基金支持等获得大部分收入，所以赛前现金流入应大于现金流出；商业性赛事如果筹资较为顺利、市场开发较为成功，赛前现金流量表现与公益性赛事相同，如果筹资较少、市场开发失败，赛前现金流入应小于现金流出。

五、体育赛事可行性分析的工作流程

体育赛事可行性分析的主要任务是通过对拟举办的体育赛事进行全面、客观、深入地研究和论证，完成可行性分析报告，得出体育赛事举办是否具有可行性，其工作流程如下：

（一）组建团队

进行体育赛事可行性分析首先要组建团队，团队成员的知识储备在必须要涉及体育赛事管理相关理论和经验以外，还可能要涉及经济学、营销学、法律、人力资源管理等。其目的在于平衡对拟举办体育赛事的各个角度的意见和讨论，以减少对可行性分析的偏见，体现客观性。同时，要注意尽可能让可行性分析团队要包含后期体育赛事具体管理人员，以提高他们对体育赛事战略和计划的执行力。

（二）实施阶段

实施阶段是体育赛事可行性分析的主要阶段，一般包括开始实施、参考外部建议、收集整理资料、初拟可行性分析报告、方案论证、专家论证等工作内容。

（三）整体控制

控制始终贯穿于体育赛事可行性分析的整个过程当中，其作用是提高可行性分析团队的工作效率，按时提交可行性分析报告，并且尽可能保证整体成本处在预算范围内。

（四）完成报告

在对初稿进行完善和修改且经过充分论证之后，就可以完成体育赛事可行性分析报告的终稿。对于需要审批的体育赛事，将要向相关部门提交可行性分析报告和（或）申办报告，如果获批，就可以开始正式组织实施赛事，如果未获批，则该体育赛事将不能举办；对于不需要审批的体育赛事，根据可行性分析报告得出结论，即该体育赛事是否具有可行性，如果具有可行性，则开始筹备体育赛事，如果不具有可行性，则不进行下一步工作。

六、体育赛事可行性分析报告

在对体育赛事进行如上各种分析后，即可编制可行性分析报告，其主要框架如下：

（一）体育赛事必要性分析

（二）体育赛事目标和定位

（三）体育赛事概况

1. 时间
2. 地点
3. 赛制
4. 组织机构
5. 实施进度
6. 物资配备

（四）体育赛事基础条件

1. 场馆设施

2. 医疗卫生

3. 安全保卫

4. 住宿和交通

（五）体育赛事需求分析

（六）体育赛事成本分析

（七）体育赛事社会效益、经济效益分析

（八）体育赛事风险预案

（九）远景目标

七、体育赛事申办的概念和类型

（一）体育赛事申办的概念

体育赛事申办是指在对体育赛事的选择和可行性分析之后，拟举办体育赛事的组织方向体育赛事的主办单位或审批机构争取举办权，获得承办资格的过程。

（二）体育赛事申办的类型

1. 国际大型体育赛事

一般地，国际大型体育赛事的申办有以下三种类型：

（1）征询申办

征询申办，是指国际体育组织对于某一地区或组织有明确意向从而征询其是否愿意承办某一体育赛事，或是由于原体育赛事承办方有特殊情况不再具备承办体育赛事的条件，国际体育组织征询其他地区或组织是否愿意承办某一体育赛事。如国际足联征询日本申办2002年世界杯足球赛，及2003年因“SARS事件”中国不再具备2003年女足世界杯赛承办条件，国际足联征询其他地区和组织申办。

（2）购置申办

购置申办，通常是指有意向承办某一体育赛事的地区或组织向国际体育组织出资购买承办权，按照承办权的属性可分为一次性购置、多次性购置和长期性购置三种形式。一次性：部分国际分站赛各承办地通过向国际体育组织购置申办，获得一次性的承办资格。多次性：如2009年、2011年、2012年和2015年在中国举办的意大利超级杯，意甲联赛组委会与中国方合作公司有约定的承办期限。长期性：如中国网球公开赛是经IMG运营由北京青年报社长期购置申办的，现在中国网球公开赛已经成为北京长期、固定的传统体育赛事。

（3）竞争申办

竞争申办，是指有意向承办某一体育赛事的各地区或组织之间通过激烈竞争，最终获得该体育赛事的承办权，对国际大型体育赛事的竞争申办过程已经演化成为各申办国家及其城市之间的综合实力竞争。如对于2022年冬奥会的申办，北京、奥斯陆和阿拉木图之间的激烈竞争。

2. 在中国举办的体育赛事

根据《体育总局关于推进体育赛事审批制度改革的若干意见》（体政字［2014］124号）和《在华举办国际体育赛事审批事项改革方案》（体外字［2014］519号），全国性体育赛事和在我国举办的国际体育赛事的申办政策如下：

（1）全国性体育赛事

全国综合性运动会。全国运动会、全国冬季运动会、全国青年运动会，以及由中央国家机关有关部门牵头主办的全国综合性运动会，由国务院批准举办，按照审批程序执行。

《全国性单项体育协会竞技体育重要赛事名录》（以下简称《赛事名录》）内的赛事。《赛事名录》只限于全国性单项体育协会主办的竞技体育重要赛事，主要是以专业运动员为参赛主体的国内最高竞技水平的体育赛事，既不包含商业性和群众性体育赛事，也不是各单项体育协会竞技体育的全部赛事。《赛事名录》内的赛事由全国性单项体育协会主办，一律无需国家体育总局及其各厅司局、直属单位审批，主办单位可以自主确定或协商确定举办地点，且不得以此为由收取任何费用。

《赛事名录》外的赛事。此类赛事既包括商业性和群众性体育赛事，也包括公益性赛事中的部分赛事。国家体育总局及其各厅司局、直属单位针对此类赛事的审批，一律取消。合法的法律主体（包括全国性单项体育协会）均可以依法组织和承办此类赛事，主办单位自行确定或协商确定举办地点。对于此类体育赛事，国家体育总局给予支持和鼓励，全国性单项体育协会更多地从技术、规则等方面进行指导和服务。

特殊项目赛事。对于涉及国家安全、政治、军事、外交等方面的特殊体育项目赛事，不论是否列入《赛事名录》，均执行国家和有关主管部门的规定，按程序办理相关手续。其中，举办全国性、跨省（区、市）的健身气功活动的审批和举办国际性或全国性航空体育竞赛活动审批，按照《国务院各部门行政审批事项汇总清单》（http：//spgk. scopsr. gov. cn/）明示的《健身气功管理办法》（国家体育总局令第9号）和《全国航空体育竞赛活动管理办法》（航管字［2012］345号）办理。①

（2）在我国举办的国际体育赛事

A类国际体育赛事。包括由国际体育组织主办的国际综合性运动会、世界锦标赛、世界杯赛、亚洲锦标赛、亚洲杯赛和涉及奥运会、亚运会资格、积分的比赛；由国家体育总局主办或参与主办的重要国际体育赛事；由国家体育总局相关单位或所属运动项目协会主办的跨省（区、市）的国际体育赛事，以及举办涉及海域、空域及地面敏感区域等特殊领域的国际体育赛事。A类国际体育赛事需列入国家体育总局年度外事活动计划，按照现行

---

① 国家体育总局官方网站. http：//www. sport. gov. cn/n16/n1077/n1227/6052579. html.

规定和审批权限，报国家体育总局或报国务院审批。参加此类活动人员的来华邀请函、接待通知等相关外事手续由国家体育总局办理。

B 类国际体育赛事。包括由国家体育总局相关单位或所属运动项目协会主导，与地方共同主办或交由地方承办的国际体育赛事。B 类国际体育赛事需列入国家体育总局年度外事活动计划，原则上由承办地有外事审批权的地方人民政府或有关部门审批。参加此类活动人员的来华邀请函、接待通知等相关外事手续由地方办理。具体操作程序是：由承办（或参与主办）单位所在省级或与地方有外事审批权单位同级的体育主管部门事先书面向国家体育总局有关项目中心（或所属协会）提出申请，有关项目中心（或所属协会）按照内部管理制度和程序履行内部审核手续，出具相关意见函，再由地方体育主管部门报有外事审批权的地方人民政府或有关部门审批。

C 类国际体育赛事。包括地方自行举办的国际体育赛事；由地方主导，国家体育总局相关单位或所属运动项目协会参与主办、协办的国际体育赛事。C 类国际体育赛事实行报备制。作为地方外事活动由地方有外事审批权的人民政府或有关部门审批，并办理来华邀请函等相关外事手续。具体操作程序是：由赛事举办地的省级或与地方有外事审批权单位同级的体育主管部门事先书面向国家体育总局有关项目中心（或所属协会）提出申请，有关项目中心（或所属协会）按照内部管理制度和程序履行内部审核手续，出具相关意见函。再由地方体育主管部门报地方有外事审批权的人民政府或有关部门审批。国家体育总局相关单位（或所属协会）对相关赛事活动应给予业务指导。C 类国际体育赛事不再列入国家体育总局年度外事活动计划，但在制定年度外事活动计划时，应统一向国家体育总局报备。①

八、体育赛事申办的流程

体育赛事的申办流程一定要符合体育赛事主办单位或审批机构的相关规定，一般包括以下几个部分：

（一）发布申办通知

申办通知一般由体育赛事主办单位或审批机构发布，以将申办某一体育赛事的相关信息告知有意向申办的地区或组织，在申办通知中会着重体现申办条件、申办程序和时间限制等内容。如全国运动会（以下简称“全运会”）主办单位国家体育总局通常会在全运会举办前 6 年向全国下发申办工作通知。

① 国家体育总局官方网站 . http：//www. sport. gov. cn/n16/n1077/n1227/6053021. html.

体育总局办公厅关于开展第十四届全国运动会申办工作的通知

各省、自治区、直辖市体育局：

全国运动会是体育总局主办的国内最高水平的全国综合性运动会，承担着提高体育运动竞技水平，培养和发现高水平人才，促进全民健身发展和弘扬体育精神的重要任务。

全国运动会至今已举办了12届。第十三届全国运动会将于2017年在天津市举行，比赛时间为13天，共设31个大项341个小项，代表团总规模15000人左右。

为保证全国运动会工作的延续性和可持续性，体育总局决定开展2021年第十四届全国运动会的申办工作。有申办意向的省、自治区、直辖市按照《全国运动会、全国城市运动会申办办法》（体竞字［2010］164号）的规定和要求，于2015年10月31日前以人民政府的名义向体育总局提交申办报告。

体育总局对申办单位进行资格审查后，将公布申办候选单位。如果申办候选单位达到两个或两个以上，将于2015年12月31日前通过投票产生承办候选单位；如果只有1个申办候选单位，该单位经审查合格自然成为承办候选单位。承办候选单位确定后，体育总局将上报国务院批准后正式确定第十四届全国运动会承办单位。

各单位要根据自身的发展实际和承办能力，按照量力而行、尊重民意、协调和可持续发展的要求，全面统筹考虑申办工作。申办报告内容要实事求是、客观准确、平实严谨。申办工作要贯彻“节俭、廉洁、务实”原则，不得进行过度宣传。

联系人：康萍

电话：（010）87182041

通讯地址：北京市东城区体育馆路2号国家体育总局竞体司

邮编：100763

体育总局办公厅

2015年9月28日

（国家体育总局 . http：//www. sport. gov. cn/n16/n1077/n1242/7055424. html）

（二） 初步资格审查

一般地，在申办通知中会要求有申办意向的地区或组织向体育赛事主办单位或审批机构提交申办报告，并且对申办报告作出相关规定和要求。各申办单位要根据自身情况客观实际地准备和撰写申办报告并进行提交，体育赛事主办单位或审批机构将以申办报告为主要依据且根据申办条件对申办单位进行资格审查，产生候选单位。

（三） 考察候选单位

在产生候选单位后，体育赛事主办单位或审批机构根据实际工作需要，必要时实地考察各候选单位的实际情况，据此撰写考察报告以对申办结果提供实际依据。如在国际奥委会两个月之内未选出主办城市（Host City）时，国际奥委会评审委员会将对各候选城市（Candidate City）进行实地考察并向国际奥委会执行委员会提交评审报告。

（四）候选单位陈述

候选单位有两个或两个以上时，体育赛事主办单位或审批机构将召集相关专家、领导，并召开专门会议，由各候选单位主要就其承办该体育赛事的基本条件进行相关陈述。如在国际奥委会第128次全会中，北京申冬奥代表团的于再清、刘延东、王安顺、刘鹏、杨澜、张海迪、姚明、杨扬、李妮娜在投票前对于北京举办2022年冬奥会的各项条件进行了最后陈述。

（五）产生申办结果

一般地，若候选单位有两个或两个以上，体育赛事主办单位或审批机构通常组织不记名投票选举确定该体育赛事的承办单位；若候选单位只有一个，则该候选单位自然当选承办单位。选举产生的承办单位还要和体育赛事主办单位或审批机构签订委托承办协议书。对于全运会和城运会来说，国家体育总局还要将选举确定的承办单位上报国务院批准才能正式公布。

北京2022年冬奥会申办流程如表4－1所示。

表4－1　北京2022年冬奥会申办流程

	申办事项	时间点
第一阶段	各国家/地区奥委会通知国际奥委会申办城市名称	2013年11月14日
	签署《申办城市受理流程》	2013年12月1日
	2014年索契冬奥会观察员项目	2014年2月7—23日
	向国际奥委会提交申请文件和保证书	2014年3月14日
	国际奥委会及专家对所有答复进行审阅	2014年3月—6月
	在平昌召开索契2014总结会	2014年6月29日—7月2日 2014年7月4日—5日
	确定2022年冬奥会候选城市	2014年7月7日
第二阶段	向国际奥委会提交申办报告及保证书	2015年1月
	国际奥委会评估委员会考察	2015年2/3月
	国际奥委会评估委员会报告	2015年5/6月
	向国际奥委会委员作候选城市陈述	2015年5/6月
	2022年冬奥会主办城市遴选	2015年7月31日

（北京2022冬奥申委官网．http：//www. beijing－2022. cn/dynamic/procedure/）

九、体育赛事申办报告

在整个体育赛事申办的过程中，体育赛事申办报告的作用是举足轻重的。申办报告是申办单位的基本条件、申办目的及承办计划的真实体现，更是体育赛事主办单位或审批机构对申办单位进行资格审查的主要依据，因此申办单位要根据自身情况客观实际地撰写申办报告，并要着重体现申办单位所具有的承办某一体育赛事的基础条件和未来相关发展计划。

（一）全运会、城运会申办报告

我国大型综合性体育赛事有全运会、城运会等，国家体育总局专门制定了《全国运动会、全国城市运动会申办办法》，其中规定了全运会和城运会的申办报告所应包含的基本内容，其他体育赛事的申办报告的编写可参照其基本内容并根据实际情况进行增减。根据《全国运动会、全国城市运动会申办办法》（体竞字［2010］164号），全运会、城运会的申办报告包括但不限于以下内容：

1. 申办单位概况

基本特征，面积，人口，文化，教育，科技，交通，通讯，医疗卫生，社会治安，气象条件，环境，申办中心城市（通常为开、闭幕式举办地）介绍等。

2. 经济状况

近三年经济运行情况及财政收入状况。

3. 竞赛基本条件

（1）各项目安排方案及场馆相对位置示意图。

（2）现有基本满足训练、比赛需求的场馆现状；现有竞赛场地设施数量是否达到总体数量要求的70%以上。

（3）维修或改扩建后可以基本满足训练、比赛需求的场馆情况。

（4）拟新建的场馆规划及开、闭幕式主场地的安排计划。

（5）中心城市是否能满足60%以上项目的竞赛和开、闭幕式活动安排。

（6）不具备承办比赛条件的项目情况。

4. 体育发展现状及竞赛组织管理水平

体育发展现状和规划，体育竞赛管理队伍现状、管理水平和竞赛组织经验，国际级、国家级和国家一级裁判员概况，体育产业、体育彩票、体育消费等相关情况。

5. 接待条件

运动会期间可使用的各类宾馆、酒店、饭店的地理位置、数量、星级、床位、相关服务等，工作用车的计划来源等情况。

6. 经费保障

运动会承办经费预算及经费保障方案等。

7. 相关承诺

申办单位政府对圆满、顺利举办赛事在人、财、物、交通、安全、环保等方面给予充分保障的承诺；对遵守市场开发规则，维护市场开发秩序，宣传推广赛事理念和品牌形象，严格保护赛事知识产权的承诺；对节俭办赛、廉洁办赛，维护赛事公平竞赛环境，狠抓赛风赛纪和反兴奋剂工作方面的承诺等。①

（二） 2008 年北京奥运会申办报告

2008 年北京奥运会申办报告分三卷，共 18 个部分，其主要框架包括以下内容：

1. 第一卷

一、国家、地区及候选城市特点；二、法律；三、海关和入境手续；四、环境保护与气象；五、财政；六、市场开发。

2. 第二卷

七、比赛项目总体构想；八、比赛项目；九、残疾人奥运会；十、奥运村。

3. 第三卷

十一、医疗和卫生服务；十二、安全保卫；十三、住宿；十四；交通；十五、技术；十六；新闻宣传与媒体服务；十七、奥林匹克主义与文化；十八、保证书。②

十、体育赛事申办的注意事项

（一） 了解申办的体育赛事的基本信息

若要提高体育赛事成功申办的概率，申办单位首先必须要详细了解所要申办的体育赛事及其相关的基本信息，包括体育赛事相关资源及其特征，体育赛事主办单位或审批机构基本情况及其对申办单位的具体要求，申办单位自身条件和资源，申办单位所处国家或地区及城市的未来发展趋势和经济发展潜力，竞争申办单位的优势和弱势及其可能采取的申办战略等。这项工作是极其重要且必不可少的前期准备工作，并能够直接影响体育赛事申办成功的可能性。

（二） 制定体育赛事申办的方案和战略

为了保障体育赛事申办工作的有序性、合理性和科学性，申办单位应该制定符合自身特征的申办方案和战略。申办单位要明确申办目的并组织高效的专门机构制定和实施周密计划，还要密切关注形势变化以调整申办战略，保持竞争优势。同时，申办单位所制定的申办方案和战略一定要符合体育赛事主办单位或审批机构的相关要求。

（三） 获得政府和民众对体育赛事申办的支持

申办单位在申办体育赛事时能够获得政府和民众的大力支持是至关重要的，尤其是申

① 豆丁网 . http：//www. docin. com/p－1152440684. html.

② 搜狐网 . http：//sports. sohu. com/bj2008/report. html.

办大型国际和国内体育赛事，因为政府和民众的支持是体育赛事申办成功的坚强后盾。所以申办单位一定要通过各种方式来加大政府和民众的支持力度，为体育赛事成功申办提供保障。如北京和张家口成功联合申办 2022 年冬奥会，离不开中央政府和广大民众的大力支持，据调查，全国范围内有九成以上的民众支持此次申办。

第二节　体育赛事的策划

一、体育赛事策划的概念与过程

（一）体育赛事策划的概念

体育赛事策划，是指通过收集、整理和解析体育赛事相关资料，以体育赛事目的为中心，依据心理、情感、创新、人文、造势等策划原理，科学合理有序地安排体育赛事相关工作、制定策划方案的过程，其结果一般是体育赛事策划案。体育赛事策划是一种创造性活动。

（二）体育赛事策划的过程

体育赛事策划贯穿于赛前、赛中、赛后各个阶段，是在整个体育赛事管理过程中处于指导地位。其思考路径一般包括以下三个方面：

1. 体育赛事策划要明确体育赛事目的

体育赛事策划是以体育赛事目的为核心而进行的活动，体育赛事策划案的首要任务就是体现体育赛事目的或目标，从而在赛前对各项工作统筹安排。因此，在充分考虑体育赛事各利益相关者需求的前提下，体育赛事策划必须要明确体育赛事的主要目的，以避免后期工作的模糊性。

2. 体育赛事策划要阐述具体工作

体育赛事策划的整个过程可以说就是制定体育赛事战略规划的过程，所形成的体育赛事策划案是一份详细的体育赛事推进工作说明书，要包括体育赛事具体执行的各项工作安排以及时间表，基于此就可以组建团队进行体育赛事项目的实施。

3. 体育赛事策划要提供决策依据

体育赛事策划案要包含体育赛事各项基本环节，涉及竞赛组织、宣传推广、市场开发等多个方面，并且其内容必须是实质性的，是以客观事实为依据的。因此，体育赛事策划相当于是对拟举办的体育赛事进行整体设计，要在一定程度上为相关决策提供依据。

二、体育赛事策划的基本要素

体育赛事策划要在确定赛事目标和主题的前提下，按步骤有序地解析各项工作，也可以根据现有资源来反推体育赛事主题，其基本要素一般包括“5W2H2E”，但同时也要根据不同体育赛事类型具体情况具体分析。

（一）Who（谁）

体育赛事策划要初步确定体育赛事主办方、承办方、协办方，拟定体育赛事支持单位、媒体合作单位，并且要分析潜在赞助商所处行业及赞助该体育赛事的可能性，预估该体育赛事主要观众数量。主办方拥有体育赛事所有权，并对体育赛事承担主要法律责任。承办方直接负责体育赛事的组织和管理，并对体育赛事承担主要财务责任。协办方协助主办方或承办方进行体育赛事的组织和管理，并部分承担体育赛事的市场开发和宣传推广。支持单位对体育赛事的组织和管理，或者对体育赛事的市场开发和宣传推广起支持作用。

（二）What（什么）

体育赛事策划要清晰的体现该体育赛事包含的具体内容，通俗地讲，即解决“有什么”的问题。在体育赛事策划案中要明确竞赛内容，包括赛制、参赛对象、奖金奖品或积分、参赛办法等；还要说明体育赛事相关活动的总体情况，包括新闻发布会、体育赛事开闭幕式、推广活动、签约仪式、赞助商拟定制活动等。同时，根据《体育总局关于推进体育赛事审批制度改革的若干意见》（体政字［2014］124 号），规范体育赛事的名称。体育赛事的名称必须与实际内容相一致。全国性单项体育协会主办或作为主办单位之一的体育赛事，其名称可以使用“中国”“全国”“国家”“中华”字样或具有类似含义的词汇。未经相关部门确认，其他体育赛事名称不得使用以上字样或具有类似含义的词汇。未经相应的国际体育组织确认，体育赛事名称不得冠以“世界”“亚洲”字样或具有类似含义的词汇。赛事主办单位、承办单位应增强权利保护意识，主动办理商标、专利、著作权等知识产权手续，积极通过合法手段保护赛事名称、赛事品牌，避免同名赛事。[①]

（三）When（何时）

时间要素在体育赛事策划中极为重要，主要表现为体育赛事开始和结束时间，及体育赛事相关活动的时间安排。体育赛事时间的长短没有统一标准，要按体育赛事的不同类型具体而定。一般联赛、杯赛（锦标赛）时间跨度较大，如中国足球超级联赛赛期长达几个月；小型商业性赛事、群众性赛事时间跨度较小，如地方马拉松赛事赛期一般为一天。同时还要设定举办频率，即体育赛事是一年几届还是几年一届，或者是不定期举办。

---

① 国家体育总局. http://www.sport.gov.cn/n16/n1077/n1227/6052579.html.

（四） Where （何地）

举办体育赛事会衍生出许多相关活动，如新闻发布会、推广活动等，所以在拟定体育赛事举办地点的同时还要拟定衍生活动的举办地点。策划体育赛事或衍生活动举办地点要考虑两个方面：一是体育赛事或衍生活动在什么地方举办，即确定体育赛事或衍生活动在哪个国家、哪个省或自治区或直辖市、哪个城市举办；二是体育赛事或衍生活动在哪个场地举办，即选择体育赛事或衍生活动举办的具体地点。选择场地时，要结合体育赛事或衍生活动的主题和定位，还要综合考虑场地使用成本和场地周围及场地本身的设施和服务等因素。

（五） Why （为何）

体育赛事策划要明确体育赛事目的，阐明举办该体育赛事的原因和理由，概括体育赛事特点，强调体育赛事卖点。同时要为拟举办体育赛事进行定位，即体育赛事举办方要以自身资源条件和市场竞争情况为基本依据，通过建立和发展体育赛事的竞争优势，使得拟举办的体育赛事能够在赞助商、合作机构、媒体、观众等各方参与者心中形成一个鲜明且深刻的印象。准确的体育赛事定位可以有助于实现体育赛事目的，而体育赛事目的是体育赛事精确定位的重要依据。

（六） How （怎么做）

体育赛事策划案要着重体现怎么做才可以实现体育赛事目的，即对体育赛事推进做具体安排，涉及人员分工计划、市场开发计划、宣传推广计划等内容。人员分工计划主要解决“人”的问题，是指组建工作团队并对团队成员具体工作进行统筹安排。市场开发计划主要解决“钱”的问题，是指编写市场开发总体指导方案，并为招募赞助企业、合作机构而制定的各种策略、措施和办法。宣传推广计划主要是为建立和发展体育赛事品牌形象及体育赛事市场开发而服务，包括媒体计划、地推计划等。

（七） How much （多少钱）

一般通过预算来估计举办一项体育赛事要花费多少钱，通常根据在对举办该体育赛事所需要的各种费用进行计算后以预算表的形式体现，费用涉及场地和设施租赁、宣传推广、日常管理消耗、人力成本、奖品或奖金、交通食宿等方面。而且还要以初步预算为基础来分析资金缺口多少，以制定筹资计划。同时还要考虑举办体育赛事需要如何配置人力、物料等资源。

（八） Effect （效果）

策划体育赛事应该以结果为导向，即在体育赛事策划案中要预测最终实现的效果。一般考虑社会效益和经济效益两方面，社会效益通常涉及提升城市形象、促进就业、丰富城市文化、改善城市基础设施等，经济效益通常涉及直接经济收入、带动体育产业及相关行业发展等。

（九） Evaluation （评估）

评估，即评价和估量。在体育赛事策划中主要体现评估指标和标准，大型体育赛事还会建立评估体系。体育赛事的评估指标和标准通常要根据赛前、赛中、赛后不同阶段设立，赛前主要侧重体育赛事组织方和体育赛事本身，赛中主要侧重体育赛事组织方在筹备、营销、举办体育赛事时的管理和决策工作，赛后主要侧重对体育赛事的社会效益、经济效益等预期效果。

三、体育赛事策划案撰写

在一系列前期工作结束后，就可以开始撰写体育赛事策划案。体育赛事策划案是为策划举办一项新的体育赛事而提出的一套整体的规划、策略和方法，它是体育赛事策划具体内容的归纳总结和结果呈现。

（一） 体育赛事策划案的主要构件

一般地，体育赛事策划案的主要构件有以下几项：

1. 封　面

包括策划单位、策划团队成员、日期、编号等基本信息。

2. 背景说明

包括对体育产业尤其体育竞赛表演业的发展现状分析、对国家相关政策的分析等内容。

3. 目　录

体现该体育赛事策划案框架内容及内部的层次排列。

4. 体育赛事概况

包括体育赛事的名称、目的和主题、举办时间、举办地点、组织机构、竞赛规程等内容。

5. 预　算

包括场地和设施租赁费用、宣传推广费用、日常管理费用、奖品或奖金、交通食宿费用等方面，一般以预算表的形式呈现。

6. 工作进度安排

主要指按时间顺序对团队成员具体工作的统筹安排，一般使用甘特图或网络分析技术图表示。

7. 市场开发计划

主要是指市场开发总体指导方案，包括市场开发目标和具体措施。

8. 宣传推广计划

包括媒体合作计划、活动营销方案等。

9. 预期收益

通过核算成本和收入来预估收益。

10. 风险预案

主要包括风险分析及应对措施。

（二）体育赛事策划案撰写的注意事项

1. 体现综合性和系统性

体育赛事往往涉及政治、经济、文化、生态环境等多个方面，举办体育赛事更是一项系统工程，和旅游、住宿、交通、通信、餐饮等多个行业相关，所以在策划体育赛事时一定要从整体出发考虑体育赛事所有构成部分和相关部分的协调、综合发展，保证体育赛事系统各环节、各层次相互作用和制约，有序进行工作安排。体育赛事集人力、财力、物力等众多资源于一体，受多种因素的影响，因此一定要辨别体育赛事系统的各要素并厘清其相互关系，从社会效益、经济效益综合统一的角度，根据体育赛事的目的和主题、举办条件及未来发展趋势，动态地进行策划。

2. 遵循可操作性原则

体育赛事策划案的撰写必须要遵循可操作性原则，即策划案一定要以所具备的能够付诸实施的现实条件为基础，保证策划案的内容既兼具前瞻性和创新性，也不背离实际，具有可操作性，同时还要确保策划案的实施途径是切实可行的。所以，要充分掌握基本资料，根据体育赛事相关的主客观条件及其动态变化，使得策划案建立在牢靠的实际条件之上，保证体育赛事组织实施具备可操作性并且有体育赛事成功的最大可能性。

3. 注重体育赛事的吸引力

体育赛事是体育竞赛表演业的核心产品，从眼球经济的角度考虑，体育赛事应该具备参与性、针对性和创新性，以增强体育赛事的吸引力，从而获取公众的注意力，因此在体育赛事策划案中必须要着重体现体育赛事的吸引力。具有强烈参与性的体育赛事能够给予其参与者所追求的体验，所以在策划案中应设计可供大众参与的环节，通过亲身参与其中，留下良好的回忆。策划体育赛事一定要针对其市场定位和参与对象而进行，使得体育赛事主题、竞赛内容和形式、相关服务能够受到参与者的欢迎，以提高体育赛事成功的可能性。同时，当前各类体育赛事蜂拥而至，如何体现赛事的创新独特性，迎合参与者的“猎奇”心态，已经成为体育赛事策划案首先要解决的问题之一。

4. 坚持体育赛事的市场化运作

体育赛事的运作一定要走出政府出钱包办的旧模式，强化市场行为，淡化政府行为，坚持市场化运作理念，引导公平竞争，做到责、权、利分明，既要考虑社会效益，也要充分追求经济效益。所以，在策划体育赛事时要根据市场需求开发相关产品和服务，分析市场现状和发展趋势，以发现消费者新需求，从而开发体育赛事亮点，创造适应市场发展趋势且具有前瞻性的体育赛事。同时，市场化运作理念还要求注重体育赛事品牌建设和发展、无形资产开发和维护，并且做好在体育赛事结束后的市场评估。在体育赛事策划案中，市场化运作理念主要体现在市场开发计划和宣传推广计划中。

5. 加强体育赛事策划案的编写规范

体育赛事策划案是体育赛事策划结果的直接体现，其首先要为体育赛事举办方提供决策依据，而且还直接影响体育赛事组织实施的效果，为体育赛事执行提供指导。因此，必须规范体育赛事策划案的编写，做到主题鲜明，并坚持清晰、审慎、创新的原则。总体架构要做到体育赛事与各相关条件和要素的协作及配合，分析内外部环境，体现赛事核心，逐步精心构思；具体内容一定要完整，逻辑性强，有说服力；文字做到简明扼要、易于理解，用推理为主，逐项表达要点，并尽量运用图表、数据和模型；视觉设计方面要有一定的美感，实现文字和图形的充分配合，排版体现设计感。

复习思考题

1. 组织方选择体育赛事通常要考虑哪些因素？
2. 选择体育赛事的基本原则是什么？
3. 体育赛事可行性分析主要包括哪些内容？
4. 体育赛事申办的具体流程是什么？
5. 体育赛事的申办报告主要包括哪些内容？
6. 策划一项体育赛事需要考虑的基本要素有哪些？
7. 撰写一份体育赛事策划案需要注意哪些事项？

第五章　体育赛事的竞赛管理

本章导语

自2008年奥运会之后，我国积累了举办大型体育赛事的丰富经验，近年来随着体育产业市场的开放和发展，各类型体育赛事的相继举办，体育竞赛管理的重要性也逐渐显露出来，针对不同类别的体育竞赛需要不同的竞赛管理手段。本章主要包括体育竞赛管理概述、体育竞赛管理的主要内容、体育竞赛管理的注意事项等内容。

第一节 体育竞赛管理概述

体育赛事竞赛管理是体育赛事成功举办的灵魂支柱。完备的赛前预案计划，严格的赛时领导控制，完善的赛后总结归档，组成了体育赛事竞赛管理的核心。

一、体育赛事竞赛管理的概念

体育赛事竞赛管理是指以竞赛管理团队为核心，通过多种手段，对运动员、教练员、技术官员、竞赛场地、竞赛规则等要素进行有效的计划、组织、领导、控制，以达到体育赛事如期成功举办的目标。体育赛事竞赛管理按时间发展顺序可分为三部分：赛前管理、赛时管理和赛后管理。

二、体育竞赛管理的地位

体育竞赛是体育赛事的核心部分。体育竞赛是由赛事项目、竞赛场馆、竞赛器材、运动员、教练员、裁判员和组委会工作人员等要素组成。没有体育竞赛，也就没有体育赛事中场馆运行、安保、交通、接待、后勤保障、信息技术、新闻宣传、市场开发等部门的存在。所以，体育竞赛是体育赛事的核心，体育赛事管理就是以体育竞赛顺利进行为目标，多个部门协调配合，最终完成整个体育赛事活动。

三、体育竞赛管理的功能

体育竞赛管理具有保证体育赛事顺利进行的重要作用，其功能主要体现在优化组织构架流程、岗位流程、组织运行基本事务工作流程和构成各基本事务工作的具体流程等方面。

第二节 体育竞赛管理的主要内容

在体育赛事申办成功后，体育赛事申办机构将成立组织委员会，其中竞赛部门主要负责竞赛管理工作。体育赛事竞赛管理按照时间进度可分为竞赛的赛前管理、竞赛的赛时管理和竞赛的赛后管理。下面根据体育竞赛管理的三个阶段分别对组织委员会竞赛部门的竞赛管理工作的主要内容做说明。

一、体育竞赛赛前管理

（一）成立竞赛管理团队

体育赛事组织委员会所辖的竞赛部门要根据相应赛事规格、规模，工作目标和主要工作职责确定竞赛管理团队组织构架，建立满足体育赛事需求的竞赛管理团队。

竞赛管理团队主要工作目标是：在竞赛部门的管理和领导下，严格按照有关工作程序，积极主动、规范有序、认真负责地开展体育赛事运动项目的各项竞赛筹备与组织工作，顺利完成体育赛事的竞赛组织工作。

1. 竞赛管理团队的主要职责

（1）建立相应运动项目在体育赛事组织中的运转机制和各项工作制度；在组委会各职能部门的指导和协调下，根据组委会总体部署和相应比赛项目国际或区域组织联合会的技术标准，制定运动项目在体育赛事期间的各项工作计划和实施细则，包括各项危机处理预案和应急措施等，并经组委会相关职能部门审核，报组委会批准。

（2）拟定竞赛中各类运动项目岗位设置计划，制定岗位职责；负责对运动项目所需竞赛相关人员的推荐、招募、岗前和在岗培训等。

（3）拟选竞赛中各类运动项目竞赛的经费预算、物资和器材清单的计划和编制等。

（4）对竞赛中各类运动项目竞赛场馆和训练场馆的设计、改造、建设过程中体育工艺进行指导和监督。

（5）按照组委会相关程序要求，与相应比赛项目国际或区域组织联合会联络和沟通，落实组委会与相应比赛项目国际或区域组织联合会的谅解备忘录；与相应比赛项目国际或区域组织联合会协商确定竞赛相关标准和实施细则，依照相应比赛项目国际或区域组织联合会的要求定期完成筹备工作的陈述报告等。

（6）根据组委会统一要求，在有关职能部门的协调下，负责或协助做好竞赛中各类运功项目竞赛组织、场地器材、行政后勤、票务、礼宾外事、新闻宣传、安全保卫、交通、通讯、技术、医疗卫生、形象景观等相关工作，为参赛运动员、相应比赛项目国际或区域组织联合会技术官员、观众、赞助商、转播商等提供高水平的整体化服务。

（7）负责竞赛中各类运动项目的其他事宜。

2. 一般竞赛管理团队组织架构设置及岗位说明

（1）竞赛主任：负责竞赛项目的计划、组织、领导、控制工作。

（2）竞赛副主任：协助竞赛项目的计划、组织、领导、控制工作。

（3）综合服务经理：负责竞赛项目运动队、技术官员、竞赛信息等相关工作及其他行政事务工作。

（4）竞赛技术运行经理：负责竞赛项目编排，技术运行，器材管理和训练管理，协助信息处理和成绩处理。

(5) 赛事信息主管：负责竞赛信息服务工作。

(6) 运动员服务主管：负责运动员和随队官员的服务工作。

(7) 技术官员服务主管：负责相应比赛项目国际或区域组织联合会官员和技术官员的服务工作。

(8) 行政事务主管：负责竞赛团队的行政事务和内部运行等后期保障。

(9) 竞赛场地（FOP）主管：负责竞赛场地（FOP）的管理工作。

(10) 竞赛编排管理主管：负责竞赛编排工作。

(11) 场地器材主管：负责竞赛器材的管理工作。

（二）竞赛场馆管理

竞赛管理团队要根据体育赛事相应竞赛项目世界或区域组织联合会的技术标准，结合拟使用的竞赛场馆，检验竞赛场馆是否符合技术标准，若不符合竞赛要求则根据相应技术标准改造，报相应竞赛项目世界或区域组织联合会，经检验合格后，方可投入使用。

1. 确定竞赛场地（FOP）及功能房间位置，要严格划分竞赛区域、普通工作区域、观众活动区域、运动员准备区域、媒体区域、转播商区域和贵宾区域等。

2. 制作场馆运行流线图。

3. 竞赛信息台的设置要符合相应比赛项目国际或区域组织联合会要求。

4. 运动员和技术官员的坐席安排。

5. 功能房间设置。

（三）竞赛器材管理

体育赛事竞赛所需的竞赛器材、辅助器材需根据体育赛事相应竞赛项目世界或区域组织联合会的技术标准，使用符合技术标准的竞赛器材，然后报相应竞赛项目世界或区域组织联合会，经检验合格后，方可投入使用。

在竞赛开始前，场地器材工作人员要严格按照流程执行。根据技术官员的指导，按照相应的技术标准，结合媒体等部门需要，对相应竞赛器材、计时积分系统等进行安装调试。

（四）制定体育竞赛规程和体育竞赛日程

体育竞赛离不开竞赛规程，竞赛规程是使体育竞赛顺利进行的重要保证，是竞赛组织管理人员、运动员、教练员、裁判员都必须共同遵守的行为准则，是体育竞赛的管理依据。同时竞赛场地、竞赛器材和辅助器材等的使用也需要依照体育竞赛规程的要求严格执行。

体育赛事举办的成功与否，很大程度上是由竞赛体现，不论是大型综合性运动会，还是单场的商业性体育赛事，整个竞赛日程都是十分复杂的，竞赛日程是一个多部门协同合作的动态管理的工作。在申办成功或者确定体育赛事的举办后，并明确体育赛事的举办日期，首先要根据体育赛事相应的规则和规定，结合相应比赛项目国际或区域组织联合会的技术标准，以及资格、交通、住宿等方面的有关规定，制定出体育竞赛日程并提交给相应审核机构；审核通过后，就要为组委会的其他工作部门及时提供竞赛日程，保证其他部门的工作有据可依。

在制定体育竞赛日程的过程中，除了要符合各个运动项目的各种技术标准外，也要同时考虑到主办地或主办方、运动员、观众、赞助方、媒体等多方面的利益。总之，体育竞赛日程是一项复杂的动态工作项目，是最重要的体育竞赛文件，如何科学、合理地制定体育竞赛日程，是一项重要的工作。

体育竞赛日程分为详细竞赛活动日程表（DCAS）、每日运行时刻表（DRS）、竞赛组织每日时刻表（DSAS）等，详细竞赛活动日程表如表 5－1 所示。

表 5－1　详细竞赛活动日程表（DCAS）示例

时间 Time		活动/任务描述	负责人 Responsible Persons
上午	晚上	xx 年 xx 月 xx 日上午至 xx 月 xx 日	
6：50	17：00	开始运行	×××
7：00	17：10	竞赛团队工作人员签到	×××
7：30	18：00	广播、大屏幕、音响准备就绪	×××
7：30	17：00	全体专业志愿者到位	×××
7：30	17：30	检查竞赛器材	×××
7：30	17：30	运动员到达场地	×××
7：30	18：00	场地功能房开放	×××
7：30	17：30	出借运动员热身用器材	×××
7：30	17：30	分发每日秩序单	×××
8：00	17：30	广播音响、大屏幕准备就绪；大屏幕播放本单元比赛日程表	×××
7：30	17：00	赛时服务（成绩分发、复印文件、文字翻译）	×××
7：30	17：00	赛时期间，按照工作细则进行工作 （接收和分发各项竞赛成绩信息、张贴成绩、处理抗议申诉等）	×××
8：00	18：00	各裁判组就位，计时计分设备布置和调试；裁判员整理场地与器材	×××
11：45	21：00	整理回收场地器材	×××
11：45	21：00	各组本单元小结会，宣布下一单元有关事项	×××
11：45	21：00	主裁判以上小结；宣布下单元比赛时间与内容	×××
		返回住地（以比赛结束时间而定）	×××

（五） 制定竞赛管理的文件、 比赛报表和比赛评定表

主要有裁判分工表、器材分配表、赛事抗议表/申诉表、竞赛秩序单、安全责任书、训练日程表、场馆平面图及场馆建筑图、竞赛场所（FOP）及功能区设置图、场地运行流线图、体育展示流程单、颁奖仪式流程单、场地设备及接口布线图、竞赛信息台等。除了以上这些，还需要制作竞赛指南（或秩序册），提供给参赛的运动员、教练员和技术官员等。

竞赛指南主要包括以下内容：总赛程表，重要日期，主要联络信息，竞赛项目、竞赛日程、参赛队伍及报名情况，竞赛规则、竞赛办法，器材和服装，联席会议及抽签信息，竞赛信息服务，竞赛程序，训练信息，技术官员坐席，场馆检查信息，技术官员信息，比赛训练器材信息等。

体育赛事竞赛秩序册是保证竞赛顺利进行的一个重要组成部分，单项体育赛事需编制单项赛事秩序册，综合性体育赛事的秩序册是各个单项赛事秩序册的汇总。竞赛秩序册一般由以下几个部分组成：体育赛事名称；体育赛事举办时间和地点；主办单位和协办单位；主要赞助商名录；体育赛事组委会结构图，包括各部门联系人名录和体育场馆、竞赛委员会、仲裁委员会等部门的的联系人名录；体育赛事竞赛规程和竞赛日程；参赛队名录；体育赛事场馆、下榻酒店、风景名胜分布图和交通路线图；体育赛事历史数据展示。

（六） 志愿者培训

体育竞赛需要大量专业工作人员参与，同时也需要数量众多的志愿者，不同的体育竞赛工作对志愿者的能力、技能有不同的需求。所以体育竞赛管理团队要根据竞赛项目的需要，对志愿者进行目标明确的培训。志愿者培训主要内容如下：

1. 业务专门培训；
2. 接站培训；
3. 技术官员服装信息、抵离信息、通讯方式、注册信息等收集、统计的培训；
4. 注册证件、服装打包盒分发等工作培训；
5. 竞赛部门与技术官员协调后援培训；
6. 技术官员休息室管理培训；
7. 咨询指导培训。
8. 每节比赛结束时检查工作的培训。
9. 技术官员驻地体育信息台信息传递培训；
10. 技术官员乘坐班车服务培训；
11. 突发事件、应急事件等应对和处理的培训。

二、体育竞赛赛时管理

体育竞赛赛时管理的主要任务是：组织、管理竞赛团队人员，按规章要求完成竞赛组

织保障工作；与竞赛指挥中心联络，确保信息畅通；与竞赛信息中心、竞赛报名中心、技术官员服务中心沟通，确保各项工作顺畅；在场馆主任领导下，与其他职能部门共同配合，及时处理竞赛中产生的各种问题，保证比赛顺利进行；对突发事件迅速提出处理方案报竞赛指挥中心；满足涉及竞赛的相关需求；同其他职能部门共同解决问题。

体育竞赛赛时管理主要包括以下内容：

（一）竞赛场地管理

竞赛场地（Field of Play，FOP）是指竞赛场地及与其直接相邻和周边的保障场地，与观众区域有边界分离。竞赛场地管理是竞赛场馆管理的重要部分，竞赛场馆管理团队对竞赛场地（FOP）拥有管理权。竞赛管理团队要根据该竞赛项目国际或区域组织联合会的相应规定，对竞赛场地（FOP）进行科学有效的管理。

竞赛场地（FOP）管理需要注意的重要问题包括：

1. 严格控制竞赛场馆的竞赛场地（FOP）范围、数量；

2. 严格控制竞赛场馆的竞赛场地（FOP）使用权限，包括使用时间、使用形式与内容、使用人员等，使用前进行必要的申请，通过审核方能使用；

3. 具有竞赛场地（FOP）权限的工作人员只有在有工作任务时方可进入竞赛场地（FOP）区域，完成相应工作后应立即离开；

4. 国际或区域组织联合会技术代表可自由进出竞赛场地（FOP）；

5. 竞赛管理团队可根据竞赛现场情况对竞赛场地（FOP）进行调整等。

（二）运动员管理

1. 运动员参赛资格管理

按体育赛事的规模、类别，依照竞赛项目国际或区域组织联合会相关要求对参赛运动员进行资格管理。国际性赛事要对参赛运动员进行国际审核，确保运动员代表所属国家参赛。要求参赛运动员年龄段的体育赛事，如青少年联赛和青年运动会，对参赛运动员进行年龄审核。业余联赛会根据组委会和相关协会的相关规定，限制职业运动员参加。

2. 运动员参赛管理

按照组委会场馆运行的有关政策，在竞赛主任和竞赛综合事务经理的领导下，严格遵循组委会的相关规定，为运动队提供训练热身相关服务；当运动员和官员在比赛场馆时，为他们提供问询和引导服务，帮助运动员、随队官员解决相关的问题，保障竞赛流程的顺利进行。运动员竞赛管理工作一般涉及：

（1）运动员引导

引导运动员、教练员及相关工作人员到达热身场地及运动员看台；

在引领过程中介绍各功能房间的位置，在比赛结束后，引领运动员从比赛场地离开；

协助检查人员做好运动员及教练员的身份验证工作，如证件丢失或忘带，及时指引事主到相关部门补办证件；

将比赛的运动员引领至班车停靠点，要熟悉班车运行路线、时间、间隔、目的地。

（2）运动员看台

严格执行体育赛事的有关规定，对违反规定的运动员及教练员及时劝阻，对不接受劝阻的人员终止其观看比赛资格，并将其带出场馆；

保持运动员坐席区的整洁、有序，走道通畅，为运动员、随队官员提供一个良好的环境；

保证比赛运动员和非比赛运动员座位区得到适当的维护和监督，保证教练员看台预约区的管理和使用；

每节比赛结束时进行检查，收集遗忘物品并交给运动队服务主管。

（3）运动员安全管理

体育赛事由于其自身特点，不可避免受到参赛各方政治、经济、文化等因素的影响。运动员如果发生意外，会造成巨大的不良反响，甚至引发民族冲突和政治危机。运动员人身安全分为主动安全和被动安全两个大的方面。

提高运动员对于风险的认识，对运动员加强安全知识普及，保证其在竞赛过程中避免伤害和在整个赛事期间规避其他风险。

建立健全工作流程，体育竞赛管理涉及部门多，管理人群数量大，因此要做到工作流程规划化、程序化，避免混乱，提高工作效率，顺利完成竞赛管理工作。

对于竞赛场地、运动员住宿和交通线路也要进行科学、合理地安全管理，对竞赛场地要进行仔细排查，合理安排安保区域，根据实际情况有效设置安保器材和身份、场地权限。

（三）技术代表、技术官员和仲裁委员会管理

为了保证体育竞赛的公平公正，会建立专门的监督执法机制，由仲裁委员、裁判员、辅助裁判员组成的技术官员主要负责。

技术代表主要工作职责是在比赛期间，对比赛的筹备计划、筹备实施方案和程序、比赛场馆设施与服务方面，向组委会提供建议和帮助；检查并确认组委会对筹备比赛的能力及比赛场馆设施与服务的接受能力；比赛期间与仲裁委员会和技术官员密切合作，保证比赛严格依据该竞赛项目国际或区域组织联合会的相应规定组织实施。

仲裁委员会是在赛事举办期间，当运动员和教练员对比赛成绩和比赛过程裁判员判罚提出质疑时进行仲裁的机构，仲裁委员会将根据比赛录像及运动员、教练员提供的申诉证据对比赛结果给出合理的评判。

（四）体育竞赛信息管理

整个体育竞赛过程中会产生大量的竞赛资料，竞赛信息管理主要涉及计时、积分和成绩系统相关工作，每项比赛结束后，终端需及时把经总裁判长和技术官员确认后的成绩传至成绩系统，并及时公布。

三、体育竞赛赛后管理

在体育赛事结束后，体育赛事竞赛部门根据体育竞赛的实际情况进行总结，形成书面文案以供存档和为将来的比赛提供参考借鉴。

（一） 体育竞赛总结

体育竞赛总结主要是为了积累经验教训，为下次成功举办赛事提供借鉴。体育竞赛总结一般包含四个部分：

1. 赛事名称、时间、地点、项目、参赛人数等详细具体的信息；
2. 对竞赛组织水平、场地协调管理能力等方面的综合评价；
3. 对比赛过程中突发情况和重要问题处理的经验教训；
4. 同类赛事举办的相关参考建议和意见。

（二） 竞赛档案管理

整个体育赛制结束后会留下大量竞赛过程中的记录材料及赛后评估、反馈材料，对体育竞赛资料管理主要包含竞赛规程、参赛人员、竞赛场馆相关资料及其他必要资料。

将各类竞赛资料整理好后，要按照组委会相应规章制度进行存档。

第三节　体育竞赛管理的注意事项

在体育赛事的进行过程中，问题层出不穷，有些需要提前预估并提前做好应急预案，有些则需要体育赛事管理组织有灵活的危机公关能力，严格控制好关键事宜，做好宏观控制。

一、体育竞赛进度管理

从体育赛事的筹备阶段一直到赛事的结束，整个过程具有周期性，在每个特定的周期内做相应的管理工作，体育竞赛管理组织也要制定工作项目周期表，严格控制体育竞赛开展的进度。

二、应急预案

自人类社会开始，便存在着各种各样的危机和风险，有些是不可抗力造成的不可避免，有些是个人或组织决策造成的危机可通过一些手段避免，在体育竞赛的过程中也会出现各种各样的危机，不论是对于重大国际性赛事，还是区域的小型赛事，危机管理都十分重要。体育竞赛应急预案范例如表 5－2 所示。

表 5－2　体育竞赛应急预案范例

事件级别	序号	事件名称
一级	01	运动员伤病
	02	技术官员伤病
	03	教练员伤病
	04	颁奖时运动员未到场
	05	运动员比赛迟到
	06	食物中毒等导致运动队无法参赛
	07	运动员、教练员与技术官员发生冲突
二级	08	停电事故
	09	计时记分系统、显示屏故障
	10	场地、器材故障或损毁
	11	观众滋事影响比赛正常进行
	12	运动员在颁奖仪式中打出负面标语或旗帜
三级	13	爆炸事件影响比赛
	14	火灾影响比赛

说明：一级事件是指在场馆层面能够控制和处理的问题，比赛不需要暂停；二级事件是指在场馆层面能够控制和处理的问题，但比赛及活动需要暂停；三级事件是指在场馆层面不能控制和处理的问题，需要提交建议方案到竞赛指挥中心处理。

案　例

现场观众不满裁判员判罚，侮辱裁判员事件

事件回顾：2007 年 11 月 16 日，在 CBA 第 10 轮陕西与福建的比赛中，当进行到第四节还剩 4 分 59 秒时，裁判员判罚福建队队员防守犯规，裁判员响哨后，陕西队外援罗宾逊很不理智地用手猛推对方，裁判员又判了罗宾逊犯规。此时观众因不能接受裁判员判罚，开始向场内投掷杂物。福建队林晨耀罚球后紧握双拳做了一个很得意的动作，引起观众反感，部分观众叫骂着又开始向场内投掷打火机、矿泉水瓶等杂物，使比赛被迫中断达 7 分钟。

思考题

一、体育赛事竞赛管理的地位如何?

二、体育竞赛赛时管理的内容有哪些?

三、什么是体育竞赛进度管理?

四、如何划分应急预案的级别?

第六章　体育赛事市场营销

本章导语

体育赛事市场营销包含两方面的含义，一方面是指体育赛事运营者将体育赛事作为产品进行营销，另一方面是指企业以体育赛事为载体进行营销，本书中的体育赛事营销是指第一方面的含义。本章主要包括体育赛事的赞助、体育赛事的门票销售、体育赛事转播权和特许产品开发、体育赛事主题活动营销、体育赛事市场开发合同等内容。

第一节　体育赛事的赞助

体育赛事赞助是指企业以现金、实物、服务、技术、人力资源等方式支持体育赛事，并由此获得商业回报的行为。体育赛事的赞助收入是许多体育赛事开发收入的主要来源，赞助在体育赛事中的地位举足轻重。

一、体育赛事赞助商的选择

体育赛事的赞助体现的是体育赛事组委会和体育赛事赞助商之间的对等互换以谋求各自利益的关系，体育赛事组委会主要谋求现金、实物、服务、技术、人力资源等来保障体育赛事的高水平运作，体育赛事赞助商主要谋求正面形象、品牌建设、市场扩大、销售推广等来提升商业收入。这就需要综合考虑体育赛事和潜在或目标赞助商的契合条件，如何进行体育赛事赞助商的选择是体育赛事赞助工作开展时最先研究的问题，一般体育赛事组委会选择体育赛事赞助商需要进行如下分析。

（一）对体育赛事的分析

选择体育赛事的赞助商首先要深入分析体育赛事，这就好比在售卖一种产品之前必须要对该种产品进行分析，从而确定销售策略和方法。对体育赛事的分析一般包括体育赛事项目特点分析、体育赛事目标群体分析、体育赛事的影响力分析等内容。不同运动项目的特点不同，如足球被誉为“世界第一运动”，田径被称为“体育运动之母”，高尔夫则被人们认为是“贵族运动”的代表。基于运动项目的不同，体育赛事的目标群体自然也不同，而这些群体可能会与潜在赞助商的目标客户有所重叠，所以了解这个群体的属性，才能更好地选择体育赛事赞助商。体育赛事的影响力一般由竞赛水平决定，如奥运会和各单项世界性锦标赛的影响力巨大，在分析国内体育赛事的影响力时还要考虑政府的支持力度，影响力大的体育赛事能够聚集更多的媒体资源、政府资源、客户资源等，因此对潜在赞助商的吸引力也越大。

（二）对潜在赞助商的分析

在对体育赛事进行深入分析后，就要对体育赛事的潜在赞助商进行研究。首先要划分赞助行业类别，即分析何种行业与体育赛事相契合，如广州亚运会所划分的赞助行业类别包括汽车、银行、通信、航空、物流、计算机、互联网、能源、房地产、饮料、酒店、旅游、法律、保险、家电、家具、服装、食品、制药、环保等几十类。然后要分析各潜在赞助商的企业文化，因为影响潜在赞助商表达赞助诉求的最直接的因素就是企业文化内涵，在进行体育赛事赞助商的选择时，必须要遵循契合原则，只有清楚了解潜在赞助商的需求，才能强化潜在赞助商的赞助意向进而提高招募赞助商的效率。还要分析潜在赞助商之前是否有过赞助行为，通过研究潜在赞助商以往的赞助经历来判断其赞助偏好和目的，从而在选择体育赛事赞助商时能够做到有的放矢，如红牛专注于赞助各类极限运动赛事。

二、体育赛事赞助商的权益界定

体育赛事赞助商的权益是指企业以现金、实物、服务、技术、人力资源等方式支持体育赛事，依照赞助合同所获取的体育赛事相关的一系列回报权益。体育赛事赞助商的权益具体可以界定为：

（一） 冠名权

冠名权主要是指以企业或品牌名称命名体育赛事的权益，由企业或品牌名称和体育赛事名称共同构成体育赛事官方组合名称，冠名权是体育赛事的冠名赞助商的合法权益。如“世锦赛 - 汇丰冠军赛”由汇丰银行冠名，“万达广场杯中国足球超级联赛”由万达集团冠名。

（二） 排他权

排他权包括一般排他权和全行业排他权，一般排他权是指某行业的企业成为体育赛事赞助商后，严格排斥赞助商所处行业的其他企业或品牌以任何形式与该体育赛事合作的权益；全行业排他权是指某企业独家赞助体育赛事后，严格排斥所有行业的企业或品牌以任何形式与该体育赛事合作的权益。如李宁成为 CBA 赞助商后，CBA 不可以任何形式与其竞品进行合作，如耐克、安踏等。

（三） 无形资产使用权

无形资产使用权是指体育赛事赞助商拥有对赞助合同中限定的各类体育赛事无形资产的使用的权益，但不拥有最终处置权。主要包括：

1. 称谓权，包括通称和特定称谓；
2. 体育赛事标志（Logo）使用权，包括体育赛事标志、体育赛事标志与赞助商标志的组合标志、体育赛事吉祥物等在赞助商企业内部、产品、宣传片（或宣传册）、名片、网站主页上，以及报纸、杂志、电视、网络、户外等广告中使用的权益；
3. 体育赛事口号、主题曲的使用权；
4. 参赛运动队、代表团名称的使用权。

（四） 广告机会

体育赛事赞助商拥有赞助合同中明确的广告发布方式和形式，包括场地广告板、运动员号码牌、场地地面广告、现场 LED 屏幕等现场广告，体育赛事官方出版物、指南、杂志、户外、电视等媒体广告。

（五）个性化推广活动举办权

较高层级的体育赛事赞助商拥有举办个性化推广活动的权益，活动主题可以涉及体育赛事相关的文化、体育、环保、教育等，根据赞助层级的不同设定赞助商有权举办个性化推广活动的次数，同时体育赛事组委会及官方机构要对赞助商的个性化推广活动给予支持。

（六）主题活动、推广活动的赞助优先权和参与权

通常组委会要举办体育赛事相关的主题活动、推广活动，如奥运会火炬传递活动、媒体见面会等。主题活动、推广活动的赞助优先权是指在体育赛事组委会为主题活动、推广活动招募赞助商时，体育赛事赞助商享有的在同等条件下优先赞助主题活动、推广活动的权益，不同层级的赞助商所拥有的优先权等级不同。主题活动、推广活动的参与权是指一定层级的赞助商依据赞助合同，拥有参与体育赛事相关的主题活动、推广活动的权益，不同层级的赞助商的参与人数和次数不同。

（七）识别计划

识别计划主要是指体育赛事赞助商名称和标志等在整个体育赛事举办过程中的体现，以便于公众、媒体识别。主要包括：

1. 体育赛事官方网站；
2. 体育赛事组委会官方出版物、新闻稿件等；
3. 体育赛事官方新闻发布会、主题活动、开幕式和闭幕式及其他活动；
4. 报刊、杂志、网络、电视、广播、户外等广告；
5. 体育赛事宣传片、海报等；
6. 体育赛事组委会办公场所；
7. 运动员村，如奥运村；
8. 体育赛事举办场地及周围；
9. 大型赛事总部酒店和官方接待酒店；
10. 证件、门票等；
11. 机场、火车站、码头及前往体育赛事举办场地的道路。

（八）市场开发支持

市场开发支持是指体育赛事赞助商拥有获取、使用相关资料以用于其商业活动的权益，以及体育赛事组委会有义务组织各体育赛事赞助商之间的沟通交流活动。主要包括：

1. 体育赛事组委会要组织赞助商研讨会及赞助商俱乐部活动；
2. 体育赛事赞助商拥有使用体育赛事公开资料，包括视频、图片、录音、海报等的权益；
3. 体育赛事赞助商拥有获得体育赛事官方出版物等的权益；

4. 体育赛事组委会协助安排参赛运动员（队）参加体育赛事赞助商个性化推广活动。

（九） 产品展示权

产品展示权是指体育赛事赞助商依据赞助合同，有权在体育赛事举办场地及周围、运动员村、新闻中心、体育赛事组委会办公场所、总部酒店等将其产品陈列，以提供直观感受，达到促进产品销售和展示品牌形象的目的，不同层级赞助商的产品展示区规格和所在区域不同。

（十） 接待权益

接待权益是指体育赛事组委会为体育赛事赞助商提供的迎接、洽谈和招待等服务，不同层级的体育赛事赞助商接待规格不同。主要包括：

1. 体育赛事赞助商拥有使用体育赛事举办场地贵宾室、包厢的权益；
2. 体育赛事赞助商拥有入住和优先预定体育赛事官方接待酒店的权益；
3. 体育赛事赞助商拥有搭乘体育赛事接待班车的权益。

（十一） 门票

体育赛事组委会要按照赞助合同为体育赛事赞助商赠送一定数量的开幕式、闭幕式、正赛门票，不同层级的体育赛事赞助商获赠的门票数量不同。体育赛事组委会拥有开幕式、闭幕式和正赛门票的优先购买权，不同层级的体育赛事赞助商的优先等级不同。

（十二） 证件

体育赛事组委会要按照赞助合同为体育赛事赞助商提供一定数量的贵宾证、汽车通行证、停车证等，不同层级的体育赛事赞助商获得的证件数量不同。

（十三） 参与反隐性营销计划并受到保护

体育赛事赞助商拥有参与体育赛事组委会制定的反对非体育赛事赞助商将传播内容隐蔽的结合在体育赛事中的计划，如病毒营销、明星营销、诱导营销、游戏营销、歌曲营销、活动营销、网络营销等隐性营销，并受到体育赛事组委会相关保护的权益。

（十四） 其他权益

1. 体育赛事组委会领导出席赞助签约仪式；
2. 体育赛事赞助商拥有获得客户管理服务的权益；
3. 体育赛事赞助商拥有获得赞助评估报告的权益；
4. 较高层级的体育赛事赞助商拥有下一届体育赛事赞助的优先续约权，即在体育赛事组委会售卖下一届体育赛事赞助标的于第三方时，体育赛事赞助商享有的在同等条件下优先赞助下一届体育赛事的权益。

三、体育赛事赞助服务

体育赛事赞助服务主要是指在体育赛事赞助行为发生的同时，以保障落实体育赛事赞助商的权益为核心，体育赛事组委会向体育赛事赞助商所提供的一系列服务。具有无形性、不可分割性、多样性、密集性等特点。体育赛事赞助服务质量的评估指标主要以体育赛事赞助商的满意度来衡量。

（一）体育赛事赞助服务的原则

体育赛事赞助商可以理解为“购买”体育赛事无形资源、有形资源的顾客，体育赛事赞助服务是整个体育赛事产品体系中的一部分，也是体育赛事整体营销的重要组成部分。因此体育赛事赞助服务要遵循以下原则：

1. 以体育赛事赞助商为中心的原则

体育赛事赞助服务必须要以体育赛事赞助商为中心，体育赛事组委会要尽量满足体育赛事赞助商合理要求，按照体育赛事赞助商期望的时间、地点和方式提供优质的服务。体育赛事组委会一定切忌仅注重赞助费用的收取，而忽略体育赛事赞助商的服务需求。体育赛事赞助商获得其所希望的服务，赢取利益，才能提升体育赛事赞助商的赞助忠诚度，能进一步扩大赞助商的招募范围和数量，从而保证体育赛事赞助的可持续发展，为体育赛事的举办解决后顾之忧。

2. 质量竞争原则

体育赛事组委会在考虑体育赛事赞助商的需求的同时，也要密切关注同类型的体育赛事竞争者，要充分了解同类型体育赛事的产品体系和功能构建，避免体育赛事赞助服务的盲目性。同类型体育赛事的功能相似或相同，体育赛事赞助服务的质量优劣就成为决定潜在体育赛事赞助商是否“购买”的关键因素。因此，体育赛事组委会一定要注重所提供的体育赛事赞助服务的质量，分析同类型体育赛事赞助服务的策略，保证质量领先，从而取得竞争优势。

3. 服务有形化原则

体育赛事赞助服务本身是无形的，体育赛事组委会从而难以对服务进行展示，以至于体育赛事赞助商对服务的内容和质量难以预判，所以体育赛事组委会要通过体育赛事举办场地、服务人员、体育赛事赞助方案等相关资料，支持服务的相关设备和器材等具体实物体现体育赛事赞助服务的质量。尽管体育赛事赞助服务是无形的，但是如果体育赛事组委会在服务过程中能够为体育赛事赞助商以有形实物为载体进行展示，那么体育赛事赞助商将会获得直观且深刻的感受，进而把这种具象的感受移接至对体育赛事赞助服务的感受上，以帮助体育赛事赞助商对服务质量进行判断。

4. 服务个性化原则

体育赛事组委会一定要让体育赛事赞助商感受到其享有的赞助服务是独一无二的，通过构建和发展体育赛事品牌形象、强化体育赛事运作经验、突出专业体育赛事运作团队、定制体育赛事赞助商专属服务内容等方式，表现体育赛事赞助服务的个性化。体育赛事组委会在设计体育赛事赞助服务的具体内容和表现形式时，应该注重将体育赛事赞助商的特点与体育赛事的特点有机结合，通过提供专业化和个性化的体育赛事赞助服务来体现体育赛事赞助商的独特性，从而让体育赛事赞助商有专属的感觉。

（二） 体育赛事赞助服务过程

1. 拟定规划

在体育赛事赞助服务的过程中，体育赛事组委会的首要任务就是为赞助商拟定赞助服务规划，双方需协商确认最终的赞助服务实施方案，由此保证体育赛事组委会能够以合理的资源配比来实现赞助商的各项权益，体现赞助服务的质量。通常体育赛事赞助服务规划包含以下内容：

（1）权益确认

权益确认是体育赛事赞助服务规划中最关键的内容。赞助商付出一定的赞助费用，获得相应的权益。赞助商的权益有许多类别，如冠名权、排他权、无形资产使用权等。体育赛事组委会和赞助商要根据赞助合同详细确认权益内容及实现方式，充分实现赞助商的各项权益是赞助服务的核心工作，也是赞助服务成功的主要体现。清晰地了解这些既定权益，透彻地分析权益，以权益为出发点支持赞助商开展各类营销活动，是体育赛事组委会做好赞助服务的最基本工作。同时体育赛事组委会要善于合理处置赞助商完全以自身情况为出发点的提议。

（2）时间安排

时间安排是体育赛事赞助服务规划的必备内容。以体育赛事整体的时间计划为基础，体育赛事组委会要和赞助商协商制定赞助服务的时间安排，并且要留出服务项目的可调整时间，预先制定备选方案。赞助服务的时间安排一定要兼具合理性和可行性，保证在赛期工作量顶峰时体育赛事组委会和赞助商能够有条不紊地进行相关工作，减少意外情况发生的频率。

（3）资源配比

体育赛事组委会和赞助商的协作配合通过资源配比在体育赛事赞助服务规划中体现。资源配比主要是指为进行赞助服务所配置的人员、费用和物资。体育赛事组委会和赞助商应该明确分工，共同成立赞助服务专项小组，确定各项费用的投入方和所需物资的提供方，保证赞助服务所需的各类资源合理配比，以实现体育赛事组委会和赞助商的目标。

2. 服务实施

拟定体育赛事赞助规划之后，体育赛事组委会就要开始配合赞助商实施赞助服务。在具体实施体育赛事赞助服务时，要注意以下四个方面：

（1）服从体育赛事组委会整体安排

体育赛事组委会通常会制定一套系统的整体计划，其中涉及对体育赛事赞助服务相关规定和安排，这些规定和安排的出发点在于保障体育赛事组委会和各体育赛事赞助商等利益相关者的应得权益、保障体育赛事举办场地及周围的安全秩序，体育赛事赞助商要严格遵守这些规定和安排，否则，体育赛事组委会应施以相应的处罚。

实际上，不服从体育赛事组委会整体安排，体育赛事赞助商“铤而走险”所多得的一些权益相比企业诚信度下降的危险来说是微不足道的，企业树立和维护正面形象所耗费的成本远大于损害形象所能获得的利益。而且，体育赛事关注者众多，体育赛事赞助商的一举一动都会深刻影响受众对企业形象的认知。

服从体育赛事组委会整体安排的另一焦点问题就是安全问题。政府对于体育赛事这样的大型集会活动有严格的管理办法，安全管理应成为体育赛事组委会、体育赛事赞助商等各体育赛事参与者高度重视的问题。

（2）及时反馈体育赛事赞助商的意见

体育赛事赞助服务的实施会使体育赛事组委会市场开发部等有关部门的工作量骤升，即使事前做好了严密的规划，在实施过程中，也很难避免疏漏或者意外情况发生。体育赛事现场的体育赛事赞助服务受到体育赛事赞助商方面的监督，当体育赛事赞助商提出不满及要求时，体育赛事组委会应及时反馈并迅速解决，这是决定体育赛事赞助商对体育赛事赞助服务满意度的关键。

（3）保障体育赛事赞助商客户的友好体验

体育赛事赞助商是体育赛事组委会的直接客户，体育赛事赞助商的受众则可以理解为是体育赛事组委会的间接客户。在体育赛事赞助服务的具体实施中，体育赛事组委会落实体育赛事赞助商依照赞助合同所享有的一些权益，会直接接触到体育赛事赞助商的受众，因此做好体育赛事赞助服务工作的另一个重要因素就是做好体育赛事赞助商受众的服务，使得体育赛事赞助商受众感受到友好的体验。体育赛事组委会应该以体育赛事赞助商的角度考虑如何来接触和维护客户，并且要有维护体育赛事赞助商形象的意识。

（4）做好工作人员的管理

体育赛事组委会市场开发部等有关部门的工作人员需熟悉整个体育赛事赞助服务项目的内容，并且经过较长的时间和精力的投入，对体育赛事赞助服务有较强的责任感，在体育赛事赞助服务具体实施中也是中坚力量。在体育赛事赞助服务实施开始之前，需要市场开发部对本部门工作人员及其他部门相关人员进行集中培训，讲解体育赛事赞助服务实施的具体细节和注意事项。

工作人员管理的重点部分是对志愿者、礼仪人员等临时工作人员的管理。这些临时工作人员通常按照工作天数来付薪酬，只为体育赛事组委会提供短期服务，临时工作的收入对于他们来讲也不是生活的主要来源，并且市场对临时工作人员的需求也较大，因此薪酬并不能很好地制约他们，也不存在一个非常有效的制约体系。临时工作人员在体育赛事赞助服务工作中表现出非专业、不负责任的态度，甚至会直接损害体育赛事赞助商的利益。因此对临时工作人员的管理应受到体育赛事组委会的重视，体育赛事组委会要严格把控临时工作人员的来源，志愿者应尽量招自体育赛事举办地的各大高校，体育赛事对大学生有一定的号召力，如果能够提供志愿者证书及志愿者工作评价，招聘难度并不大。高校大学生一般具有较高素质，相关工作大多能按要求完成。礼仪人员应从正规的礼仪公司招聘，不仅能保证礼仪人员的专业性，也因合约的签署而在临时工作中出现意外情况时有所依据和保障。临时工作人员招募完毕后，要做好工作培训，清晰列出临时用工制度，详细规范工作内容、工作要求等，并应让临时工作人员签字确认。在工作开始之前，还应专门进行培训，将用工制度结合实际案例详细讲解给临时工作人员。对临时工作人员的监督也是必不可少的一环，要由体育赛事组委会市场开发部专人负责各组临时工作人员的监督和领导工作，以保证较高的工作质量及工作效率。

3. 效益评估

赞助服务实施完成后，体育赛事组委会应该进行赞助效益评估，这是赞助效果的直接反映。一般地，体育赛事赞助服务的评估主要考虑以下五个方面：

（1）赛前认知

赛前认知是指体育赛事举办前，体育赛事的受众对体育赛事赞助商的初始印象。这些印象来源于体育赛事的前期宣传和以往从体育赛事中获得的经验。赛前认知能够在一定程度上体现体育赛事官方宣传渠道对体育赛事赞助商的宣传效果及体育赛事赞助商连续赞助同一体育赛事的宣传效果。

（2）赛场感知

赛场感知是指观众来到体育赛事现场或通过电视转播、媒体宣传等方式面对众多体育赛事赞助商的权益体现，对某体育赛事赞助商的认知程度。

（3）行为效果

行为效果是受众对体育赛事赞助商及其产品的印象。

（4）曝光度

曝光度是指体育赛事赞助商有关信息通过电视、网络、平面等媒体传递给受众的数量。

（5）经济效益

经济效益是衡量体育赛事赞助服务评估的直接指标，主要是指体育赛事赞助商通过赞助体育赛事所获得的短期经济收入增加量和长期收入增加量。大多体育赛事赞助商很重视经济指标的数值，短暂的体育赛事赞助对于获得在经济指标上大的成功是非常不易的。

第二节　体育赛事的门票销售

一、体育赛事门票的重要性

体育赛事门票是消费者有权进入赛场，观看体育赛事从而满足各种需求的一种凭证。它的重要性体现在以下方面。

第一，体育赛事门票收入是体育赛事收入的重要来源之一，尤其对于中大型体育赛事。以 NBA 为例，门票收入约占 NBA 总收入的1/3，其中科比·布莱恩特在 NBA 职业生涯最后一场球赛的门票总收入就高达 2 亿多人民币。合理的门票定价策略是提高体育赛事的经济效益和上座率的重要手段。

第二，体育赛事门票销售是体育赛事市场开发的重要组成部分。优秀的票面设计能够向观众传达赛事形象，并且体现赞助商元素，回报赞助权益。而门票的销售情况影响到电视转播、广告与赞助、商务开发等的成效。门票销售越好，反映了赛事对社会的吸引力和影响力越大，赞助商、媒体等合作伙伴就愿意投入更多的资本，从而提高赛事的组织质量，进一步促进门票销售，形成良性的循环。

第三，体育赛事门票管理是保障赛事顺利运行及提高赛事服务质量的重要途径。正确完整的票面信息才能保障观众顺利找到目标座位。完善的检票、退票、换票等服务能维护赛事和观众的利益。

二、体育赛事门票的类型与定价

（一）体育赛事门票类型

体育赛事门票的类型有许多，以下是常见的几种分类方法。

按票面材质，可以分为塑料门票、纸质门票、磁卡门票、金属门票等。

按座位是否对号入座，可以划分为开放式门票和编号式门票。2015 年中国网球公开赛的莲花球场票就是开放式门票，没有固定座位，由观众采取先到先得的原则自主挑选座位。但是最常见的是编号式门票，要求观众按照票面上的座位信息对号入座。

按座位区域与位置划分，可为包房（空间围合封闭而产生相对独立的私密空间内的座位）、包厢（有相对独立分割的多个座位）、贵宾席（通常靠前靠中心，观赛视野开阔、无障碍的座位）及普通看台。而普通看台以离赛场中心的距离、视野状况也可划分多个层次。2013—2014 赛季 CBA 联赛季后赛北京金隅主场比赛的普通看台票价如图 6－1 所示。

按比赛场次划分，可以划分为单场票和套票（含有多场比赛门票）。NBA 的季票就是套票，包含 NBA 某球队的整个赛季的所有比赛门票，每场球赛的平均价格一般比单场的要便宜很多。

按消费对象特征划分，可分为工作票（由工作人员使用，不可出售），政府官员、赞助商、媒体的赠送票（不可出售），观众票等。

按消费对象人数划分，可分为单人票和团体票（同场比赛多张门票）。

按竞赛进程划分，可分 1/8 赛票、半决赛票、决赛票等。

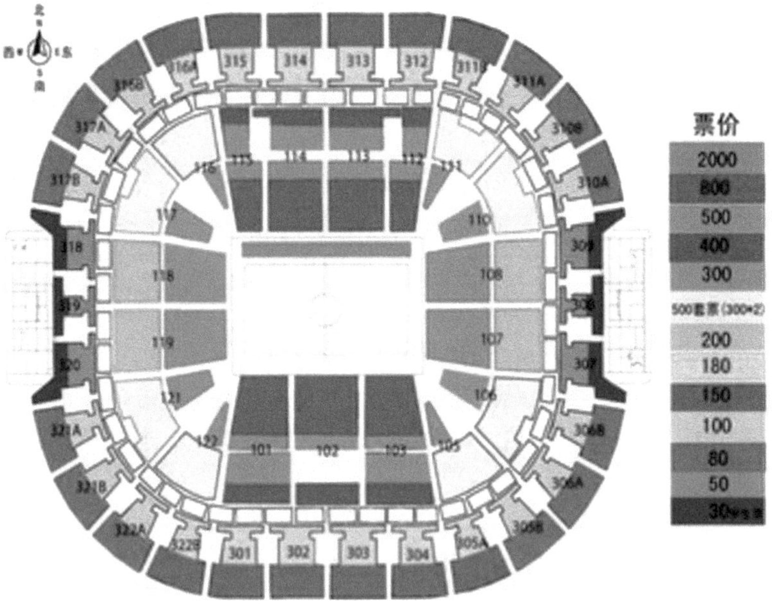

图 6-1　2013—2014 赛季 CBA 联赛季后赛北京金隅主场比赛的普通看台票价

（二）体育赛事门票定价

体育赛事门票的价格是赛事价值的货币表现之一，会随着供求关系的变化围绕价值上下波动。制定门票定价策略的关键和难点就在于要准确把握门票价格变动规律。

1. 体育赛事门票价格的影响因素

影响体育赛事门票价格的因素众多，经营者在做定价决策时必须考虑、研究和理解许多因素。美国体育营销研究者布伦达·G. 匹兹，将这些因素归于四大类：消费者、竞争者、公司及环境。门票定价策略制定思路如图 6-2 所示。

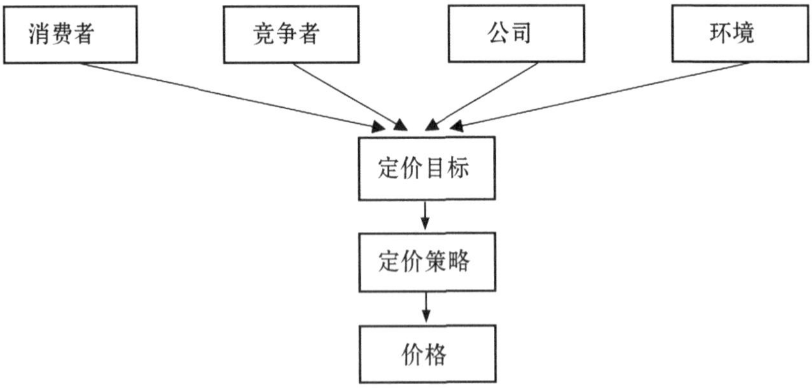

图 6-2　门票定价策略制定思路①

① 布伦达·G. 匹兹，戴维·K. 斯托特勒. 体育营销原生与实务（第 2 版）[M]. 沈阳：科学技术出版社，2005：247.

(1) 消费者对门票价格的影响

虽然价格是消费者最为敏感的因素之一，但是消费者在购买决策时还会考虑更多因素。在购买过程中，消费者可能会受家人、朋友及其他重要的人、销售人员的观点和现场气氛的影响，同时也受个人影响，如收入、年龄、性别、职业、受教育程度、种族、地理位置等，还会受自身喜爱的活动、信仰、兴趣的影响。假设某消费者是位球迷，观赛目的是到现场为支持的球队加油，其对于门票的消费始终感觉物有所值，对门票的价格敏感度低。但如果某消费者对该项运动不了解，目的是感受赛事现场气氛，他的消费动机受价格理性影响较大。因此，门票购买者的消费行为也是影响门票定价的重要因素。体育赛事运营者需要锁定消费群体，调查研究价格对购买者的消费行为影响，从而针对不同群体的特点制定价格策略，进行精准营销。

(2) 竞争者对门票价格的影响

竞争是决定价格的重要因素之一。在对某一产品进行定价时，体育赛事运营者必须要充分考虑竞争者的同类产品的价格。随着商业性、群众性赛事审批权的取消，体育竞赛市场日益成熟，竞争将更加激烈。竞争者可分行业外、行业内、项目内、品牌竞争者。体育赛事满足消费者感官上的刺激和精神上的愉悦，而电影、话剧、音乐剧等艺术类活动同样能满足，所以艺术类活动是体育赛事的可替代产品，属于体育赛事的行业外竞争者。CBA联赛是中超赛事的行业内竞争者，许多足球爱好者同是篮球热爱者，在两者观赛时间冲突时，门票价格或许成为重要的考虑因素。足球联赛的乙级联赛门票价格一般要比甲级联赛低，彼此是项目内竞争者。上海的申花与上海国际是足球项目的品牌竞争者，北京首钢与北控是篮球项目的品牌竞争者，竞争激烈。

(3) 公司对门票价格的影响

这里的公司主要考虑其提供的体育赛事产品，涉及赛事本身、赛事质量、赛事无形资产开发、赛事成本等因素。赛事质量涉及竞赛水平和服务质量，一般地，赛事质量越高，门票定价越高。同时，体育赛事的门票价格的高低在很大程度上与体育赛事的价值、品牌、信誉及服务等无形因素有很大关系。

(4) 环境对门票价格的影响

这里的环境主要指体育赛事运营者无法直接控制的外部因素，包括政治环境、经济环境等自然环境、历史人文环境、当地公众态度等。例如，雾霾使得人们减少外出，降低赛事的上座率，影响赛事门票收入，而雾霾天气是体育赛事运营者无法控制的条件，也难以准确预测以规避。

2. 体育赛事运营者的定价目标

定价目标是体育赛事运营者有意识地要求通过实施门票定价策略能够达到的目的和标准。定价目标源于与公司目标和使命相一致的营销目标，建议可采用目标管理的SMART原则。

参考美国体育营销研究者布伦达·G. 匹兹的4C分类的定价目标，总结门票四大影响因素的定价目标，如表6-1所示。

表 6－1　门票四大影响因素的定价目标

消费者	竞争者	公司	环境
培养消费习惯	迎合竞争性价格	利润最大化	法律约束
购买决策	成为价格领导者	预期利润	敏感性
价格敏感度	稳定市场	适度利润	
机会最大化	设置进入壁垒	投资回报	
公平	迎合竞争性价格	提高市场份额	

3. 体育赛事门票的定价方法和策略

在确定定价目标以后，体育赛事运营者需要制定定价策略，利用合适的定价方法对门票定价。以下列举几种常见的门票定价方法。

（1）成本导向定价法

成本导向定价法，是指在产品单位成本的基础上，加上预期利润率作为产品的销售价格，又称为成本加成定价法，特点是简单方便。公式为 $P = C(1 + R)$，式中，P 为单位产品售价，C 为单位产品成本，R 为成本加成率。

（2）行业经验定价法

行业经验定价法，是指采取行业的平均现行价格水平作为产品的销售价格，较常用于同质产品市场。

（3）差别定价法

差别定价在经济学中又称为歧视性定价，即对于同种产品针对不同消费群体采用不同的价格，这是体育赛事门票营销应用最多的策略，以下说明差别定价法的常见应用。

根据消费者的消费数量或消费频率实行差别定价。许多体育赛事都有散票和团体票、套票等多种定价方式。团体票降低了赛事运营者的销售成本，增加了门票销售数量，通常会给购买者一定的折扣。

根据消费者的消费时段进行差别定价，也叫高峰和低谷价格定价。在门票销售高峰制定相对高的价格，获取更多利润。在门票销售低谷制定相对低的价格，刺激消费者的购买欲望。

（4）撇脂定价法

撇脂定价法，是指当某体育赛事刚进入市场时，因跟进者和模仿者不多，体育赛事比较新颖，以尽可能高的价格出售门票，追求短期利润最大化。

（5）渗透定价法

渗透定价法，是指在某体育赛事进入市场的初期，迎合消费者求实、求廉的心理，以低价出售门票，刺激消费者的购买欲望。目的是在短期内迅速增长，获得较高销量和市场占有率。

（6）声望定价法

声望定价法是利用门票购买者求名的心理制定高价的策略。“借声望定高价，以高价扬声望”，对于品牌赛事，可以适当提高门票的价格，与购买者心目中的价值相匹配。

三、体育赛事门票销售过程

门票销售实质上是一种项目管理过程，整个门票销售工作是在有限时间内完成，并且通过对所有资源进行规划、组织、监测和控制来实现门票管理目标。体育赛事运营者可应用项目管理理论于门票销售过程。

一般地，门票销售过程包括如下内容，如图6－3所示。

第一，制定门票销售规划。根据赛事的发展战略和营销计划，制定门票销售规划，明确门票销售目标和总体销售计划，为之后开展的门票销售工作提供指导和依据。体育赛事运营者应把门票销售作为体育赛事市场开发的重要组成部分。

第二，组建门票销售团队。根据赛事门票销售规划，确定人才需求和任职资格，招募并组建能力相匹配的工作团队，负责具体门票销售工作。

第三，制定门票销售方案。依据门票销售目标，研究和考虑消费者、竞争者、赛事本身及环境因素，把握市场规律，制定体育赛事门票的定价策略，选择恰当的销售时间和合适的销售渠道，并且制作销售日程表，每项工作落实到个人。

第四，筹备门票销售。确定门票数量、座次统计，划分座位区域，确定票面设计及印刷等。优秀的票面设计不仅能反映赛事营销主题，而且是赛事广告的载体，甚至可以成为具有收藏价值的赛事纪念品。

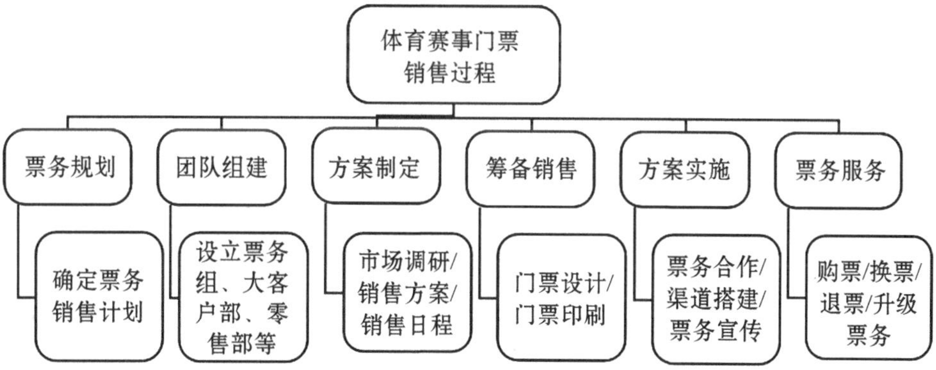

图6－3　体育赛事门票销售过程

第五，开展门票销售。根据销售日程表，有条不紊地开展门票销售工作。与票务合作伙伴洽谈，制定门票合作销售方案，印制票务广告。搭建销售渠道，包装门票销售点。发布门票购买信息和促销方法，门票销售宣传应与赛事宣传同步，既不重复浪费资源，又一举两得。

第六，进行售后服务工作。提供门票的检票、换票、退票、升级等优质服务。一般地，大型赛事会进行门票销售登记管理，记录购买者的信息，进行观赛体验调查，为下一期票务工作提供参考数据。

四、体育赛事门票销售的渠道

体育赛事门票的销售渠道，是指从赛事组委会制作门票到最终门票到达观众手中所经过的个人或组织，主要包括赛事组委会（渠道起点）、中间或代理商、消费者（渠道终点）。优秀的销售渠道策略不仅能保证以最为适合与有效的方式把门票送达消费者手中，而且能获得最大利益。大型赛事常见门票销售渠道结构如图 6－4 所示。

目前体育赛事通常选取的门票销售渠道有赛事组委会现场销售、代理销售、团队销售、互联网、电话，以及微信等新媒体。

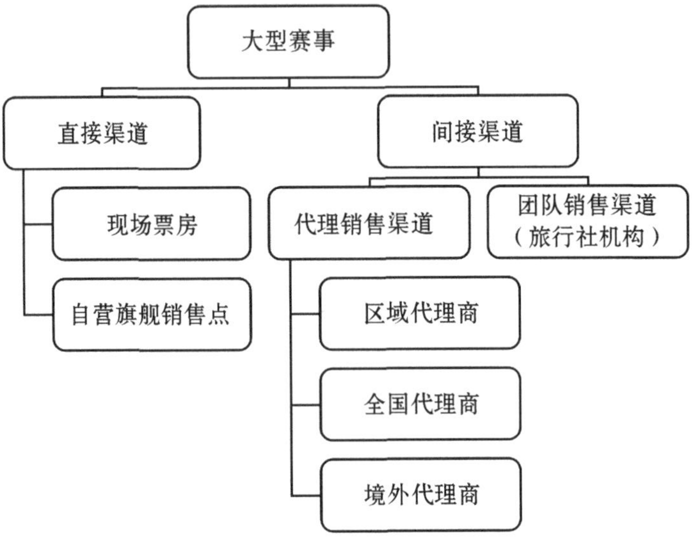

图 6－4　大型赛事常见票务销售渠道结构

（一）现场门票销售

现场门票销售，是指赛事组委会在赛事举办地或临近区域设置现场售票厅，发布门票销售消息让观众前往购买。这种销售方式的特点是销售成本较低，市场信息反馈快，渠道控制力强，但是市场覆盖面较窄。现场售票厅针对不同的客户设置多种窗口，一般有普通客户窗口、团体客户窗口及贵宾窗口等。

（二）O2O 销售

O2O 销售，是指赛事组委会开设电子商务平台，引导观众在线上平台进行票务交易，线下换成纸质门票或电子门票前往观赛。许多大型赛事建设官方网站，在网站及时发布门票销售优惠方案等门票销售信息。随着移动互联网的发展，越来越多的赛事开设官方微信公众账号和微博账号，发布赛事相关信息，同时售卖门票和产品。

（三）电话销售

电话销售，是指赛事组委会和票务代理商开通简单易记的票务热线，由电话客服为观众提供信息咨询及票务服务。在电话销售前期，赛事组委会需要投入一定的硬件设备，以保证整个赛事期间热线的畅通，同时规范电话客服的工作流程，确保其熟悉整个赛期的票务信息，保持对外宣传一致性。

（四）代理销售渠道

赛事组委会会委托票务代理商代理全部或者部分门票销售工作，并支付一定比例的销售佣金与票务系统服务费用。对于赛事组委会，代理商的选择至关重要，一般可以从品牌、销售网络、销售团队、销售经验、客户群体、票务系统等方面进行考察和筛选。同时，与代理商的关系营销不容忽视，要充分发挥各代理商自身销售网络及优势，通过奖励制度调动他们的积极性，从而实现票房收入的最大化。

代理商根据销售网络覆盖范围又可分为区域代理商、全国代理商、境外代理商等。区域代理商通常指便民超市及便利店等。赛事运营方可通过区域代理商进一步扩充举办地的销售网络。若赛事规模较大，影响力辐射全国，可寻找全国范围内代理商，如移动、电信、银行和邮政等实体营业网点。若赛事辐射海内外，必要时可寻找境外代理商。

水鸟、永乐等票务代理商凭借专业的票务系统与运营服务大大降低了实现预期目标所需的票务运营成本，而且保障票务产品的安全，降低了门票销售风险。赛事组委会要通过赛事门票的市场需求，来确定渠道模式和中间商的数目。对于中大型赛事，票务代理是极其重要的销售渠道之一，赛事组委会一般会选取二至三家有实力的票务代理商。

（五）团队销售渠道

选择有效的团队销售渠道是代理销售渠道的补充，这里的团队销售渠道指的是某些特别有代表性和权威性的机构，如旅行社。体育旅游逐渐在国内兴起，随着国人出国参赛的需求越来越大，许多国际知名赛事选择与境外旅行社合作，推出观赛主题的体育旅游产品，是借助旅行社强大的销售网络、销售经验，将其客户资源转化为赛事的观众资源。团队销售渠道也可以是外服、中智等人力资源服务公司，他们能够有效地将信息传递给体育赛事票务产品的重要市场——白领市场；也可以是教育机构，对学生团队推出优惠票务政策。

五、体育赛事门票的销售策略

销售，广义就是选择合适的时间和地点，用合适的方式和力度加强与消费者的沟通，激发需求者购买欲望，促进其消费行为。体育赛事门票的销售策略主要有广告、人员销售、销售促进、公共关系等。

（一）广告

广告宣传是指通过电视、电台、报纸、杂志、户外广告、网络等广告媒体把赛事信息和票务产品信息传送给潜在受众。赛事运营方应了解受众的接受信息方式，利用不同媒体传播特点，运用正确的广告策略，将票务信息精确送达到潜在受众。

（二）公共关系

公共关系是指赛事运营方在各类利益相关者心目中建立一个良好的形象，也是提升赛事品牌形象、培养赛事基础人群的有效推广手段。

（三）人员销售

人员销售，是指为了建立消费者关系而设计的一种互动形式的人际传播交流，为刺激购票需求而设计的短期奖励。在门票销售中，人员销售经常被用在组织消费者促销中，如销售豪华包房或包厢，兜售企业和团体订票。

（四）销售促进

票务产品的促销就是赛事运营者为了使目标消费者更好地接受票务产品，通过各种沟通手段，激发目标消费者的购买欲望和兴趣，以最终实现购票行为的活动。[①] 赛事票务促销常用的策略有以下几种：

1. 价格组合促销

赛事运营方通过针对不同的群体的消费偏好设置一系列优惠套餐。常见的是团体套餐，尤其是在预售期，赛事运营方会对团体客户（即一次性集中购买超过一定数量门票的集团客户）实行一定的折扣策略。

2. 分阶段促销

赛事票务产品销售也有旺季与淡季之分，赛事运营方通过制定某个阶段的购票优惠政策来促进门票销售，达到门票收入最大化。如决赛邻近时经常出现一票难求的现象，而初期门票销售相对冷淡。因此，赛事运营方可以秉持随着临近赛事举办优惠力度逐步降低的原则来平衡门票销售，增加门票总体收入。

3. 时机性促销

赛事运营方为了保持门票销售的持续性与热度，需要制造话题，最有效的方式是结合一些特定的事件、时间或节假日，进行一系列的优惠购票政策，吸引受众群体的注意力。例如，2015 年中国网球公开赛在中秋节对公众免费开放，借助中秋节的团圆含义宣传中国网球公开赛是家庭活动的极佳选择。

4. 渠道激励

赛事运营方根据未来发展战略，选择性地重点打造某购票渠道，并通过制定优惠政策

---

① 杨亦斌．中间商业体育赛事的票务营销策略［D］．上海：上海交通大学，2009.

等手段来增加此渠道的销售额。例如，移动互联网时代，受众群体通过移动端无时无刻都可以网上购物，赛事运营方为适应社会发展趋势，鼓励更多的消费者通过手机端购票，给予手机端购票的用户一定的优惠。

5. 联合赞助商促销

赛事运营方可联合赞助商开展一系列的优惠购票活动，从而双方达到互利共赢。一方面赞助商与赛事的深度合作，可以借助赛事平台获得更大程度的宣传曝光及品牌形象塑造，保障自身权益；另一方面赛事运营方可以利用赞助商的资源优势和销售网络，促进消费者购买。

6. 提供增值服务

赛事运营方通过提供增值服务来增加门票的价值，提高观众的满意度。赛事运营方向观众提供的不仅是门票本身，还要提供相关服务。高价的包房票、包厢票通常设有专门的贵宾出入口，并且专车接送，避免因人多而产生排队、交通拥堵等问题。另外，提供美食和饮料，有专门服务人员陪同，甚至有专门的比赛解说。普通观众在观赛时也能享受抽奖活动、升级服务、中场休息的表演服务等。体育赛事运营者需努力使得消费者为比赛投入的时间和金钱获得更多的回报，提高门票的价值，吸引消费者购买。

多样化的场馆功能也能提升增值服务质量。智能化场馆可以为观众提供各种便捷服务，降低观赛成本和提高观赛体验。例如，结合移动APP，观众可以室内导航快速寻找到座位，获取赛事实时数据分析，享受食物和饮料送货到位的服务等。

第三节　体育赛事转播权和特许产品开发

一、体育赛事转播权开发

体育赛事转播权开发是大型体育赛事的重要营销收入，美国NFL、NBA、MLB、NHL四大职业联赛的转播权收入占联赛总收入较大比例，中国体育赛事转播权开发随着近年各类网络直播平台的出现也迅速发展。

（一）体育赛事转播权的概念

体育赛事转播权，是指体育赛事主办方、体育赛事组委会等体育赛事转播权拥有者，授予各类传媒机构制作、售卖体育赛事公共信号，在一定区域向公众直播、录播体育赛事，并由此获得经济收益的权利，通常包括电视转播权和网络转播权等。

（二）体育赛事转播权的分类

1. 按照传播载体划分

（1）电视转播权

电视转播权，是指以电视为载体进行转播体育赛事的权利，电视转播是体育赛事的传统转播形式。如 2005 年中央电视台和 28 家地方电视台共同购买了中华人民共和国第十届运动会的电视转播权。

（2）网络转播权

网络转播权，是指以视频网站、手机应用软件等网络硬件和软件为载体进行转播体育赛事的权利，主要形式为网络视频。如上海聚力传媒技术有限公司（PPTV）购买了 2015—2020 年西甲联赛的转播权，腾讯控股有限公司（腾讯）购买了美国职业篮球联赛（NBA）的转播权。

2. 按照传播内容划分

（1）新闻报道权

新闻报道权，是指传媒机构报道体育赛事及相关事件、采访体育赛事相关人物，并以图像和语音等形式进行传播的权利。如中央电视台体育频道对 2008 年北京奥运会各国代表队成绩排名等相关新闻的报道。

（2）集锦播放权

集锦播放权，是指传媒机构制作体育赛事精彩画面、重要竞赛节点等集锦，并以图像和语音等形式进行播放的权利。如在腾讯网体育频道（http：//v. qq. com/sports/）播放“NBA 十佳球”等集锦。

（3）实况转播权

实况转播权，是指传媒机构全程直播、录播体育赛事，并以图像和语音形式进行播放的权利。如乐视体育（http：//www. lesports. com/）全程直播、录播中超联赛。

（三）体育赛事转播权的开发方式

1. 广告置换

一般情况下，广告置换是指传媒机构为体育赛事提供图像广告，并以此来置换获得等额的体育赛事转播权。有些小型体育赛事也会以附加赛场广告的形式向传媒机构销售体育赛事转播权。

2. 公开招标

公开招标，是指体育赛事主办方、体育赛事组委会等体育赛事转播权拥有者（招标人）通过一定的媒介发布体育赛事转播权招标公告的方式邀请传媒机构（潜在投标人）参加投标，并依照法定程序和评标标准来确定体育赛事转播权的获得者（中标人）。如 2015 年中超联赛有限责任公司采用公开招投标方式销售 2016—2020 年中超联赛的转播权，最终体奥动力（北京）体育传播有限公司中标，成为中超联赛的电视公共信号制作及全媒体版权合作伙伴。

2016 赛事转播服务项目招议标公告

1. 招标编号：NARZB201603210048

铭泰集团纳尔卡国际赛车运动（北京）有限公司，就2016赛事转播服务项目组织招标采购活动，欢迎符合相关条件的供应商参加投标。

2. 项目概况与招标范围：

纳尔卡国际赛车运动（北京）有限公司是一家具备国际汽车赛事运作背景的企业。经中国汽车运动联合会授权，纳尔卡国际赛车运动（北京）有限公司独家运作中国方程式大奖赛（简称CFGP）、FIA F4中国锦标赛等赛事，负责该赛事的组织、举办、推广、招商、技术等工作。

公司下设赛事中心、商务中心、后勤中心等部门，定期面向世界范围招募车手，组织专业培训，聘请国内外知名车手和经验丰富的教练员现场督教。至今，CFGP已成功培养近百名车手，为中国赛车事业储备了人才，为中国车手走向世界打下基础。

在此基础上，纳尔卡国际赛车运动（北京）有限公司还将通过举办汽车赛事和汽车主题活动、建立汽车运动学院、兴建国际标准赛车场、研发和生产具有国际水准的方程式赛车等项目，倾力打造“竞技平台、娱乐平台、传播平台和商业平台”，实现创建“亚洲赛车运动第一品牌”和“亚洲赛事经济第一品牌”的目标，为中国和世界方程式赛车运动的发展贡献智慧和力量。

（1）全年共五站，具体地点及时间见赛历。

（2）合作包含电视信号采集及制作，现场机位图由纳尔卡提供。

（3）电视转播内容：F4中国锦标赛排位赛和正赛，中国方程式大奖赛排位赛及正赛、辅赛，房车赛正赛、中场活动、年终颁奖晚宴等。

（4）将电视信号接送至赛场VIP房间、包房、LED大屏及新闻中心，如需布线，由电视转播承办方负责。

（5）现场解说及后期配音邀请央视主持人李晨明（或等级别或更高级别解说员）。

3. 投标人资格要求

（1）近3年以来财务状况良好。

（2）投标人注册成立时间不低于3年，注册资金要求不低于150万元人民币。

（3）投标人必须提供近3年（2012年12月—2015年12月）具备体育/赛事相关业务业绩。至少提供1个成功案例，必须提供财务收款证明、合同、方案作为证明文件。

（4）近年来有较好业绩且无不良商业行为。

（5）具有良好的商业信誉和健全的财务会计制度。

（6）有能力为本项目成立专门投标组。

4. 投标人须登录铭泰集团电子交易平台（http：//zhaobiao. mitime. com. cn）进行投标和开标活动，务必在开标前完成注册并获得投标资格，中标情况将在本网公示。

5. 网上投标方法：具体步骤请参照本网站首页“服务指南”。

6. 标书文件发售

(1) 标书文件售价：500 元（人民币），标书售后不退。

(2) 购买标书文件时间：2016 年 3 月 29 日—2016 年 4 月 5 日 18：00。

(3) 购买标书文件方式：银行汇款

招标单位名称：纳尔卡国际赛车运动（北京）有限公司

开户银行：北京银行大钟寺支行

账号：0109 0326 5001 2010 9179 058

投标人汇款后，将银行汇款凭证复印，并在复印件上注明投标项目的项目编号、项目名称、投标单位联系人和联系电话等信息，传真至对应的招标中心。招标中心据此开通标书下载权限。投标人过后到招标单位财务部门索要收款收据。

(4) 标书发售：投标人成功购标后，自行下载招标文件和投标文件模板。

7. 投标单位提问截止时间：2016 年 04 月 05 日 18：00 分。

8. 投标截止时间：2016 年 04 月 06 日 18：00 分，投标人应于投标截止时间前在铭泰集团电子交易平台成功递交所有电子投标文件。

9. 开标时间：2016 年 04 月 07 日 10：00 分。

10. 开标地点：集团开标室，地址：集团总部。

11. 投标过程中如有疑问可与纳尔卡国际赛车运动（北京）有限公司张明伟联系，电话：010 - 82334882 - 8813，手机：18901070058，电子邮件：zhangmingwei@ narcar. cn。

投诉受理：铭泰集团采购监督部门　电话：0991 - 2365012

纳尔卡国际赛车运动（北京）有限公司

2016 年 3 月 21 日

（中国招标网 . http：//www. bidchance. com/calggnew/2016/03/29/13923330. html）

3. 经纪运作

经纪运作是指体育赛事主办方、体育赛事组委会等体育赛事转播权拥有者与经纪公司合作开发体育赛事转播权，一般有居间、行纪、代理三种形式。

（四） 体育赛事转播权开发的意义

1. 增加体育赛事收入

随着社会对体育赛事的关注度日益增高，体育赛事转播合约金额也不断提高，所以体育赛事转播权开发已经成为许多大型体育赛事的重要收入来源，尤其是对于市场开发程度较好的体育赛事来说，也逐渐形成了多家媒体机构联合起来共同购买体育赛事转播权的趋势。

2. 推广体育赛事品牌

体育赛事转播通过电视、网络等转播载体传播体育赛事图像、声音等信息，能够扩大体育赛事的传播范围，提升体育赛事的知名度，从而有利于体育赛事品牌的建设和推广。

3. 促进体育赛事市场开发

体育赛事转播通过新闻报道、集锦播放、实况转播等形式大量传播体育赛事具象的信息，将会获得社会众多关注度，有利于扩大体育赛事的影响范围，从而吸引更多观众观看和参与体育赛事及其相关活动、更多企业赞助体育赛事和与体育赛事组委会合作，促进体育赛事市场开发。

二、体育赛事特许产品开发

体育赛事特许产品开发是大型体育赛事收入的重要来源，也逐渐成为体育赛事市场开发的新亮点。如 2008 年北京奥运会特许经营商有 67 家，特许经营收入达到 7000 万美元。①

（一） 体育赛事特许产品的概念

体育赛事特许产品，是指体育赛事主办方、体育赛事组委会等体育赛事特许权拥有者在收取特许经营费后授权特许企业设计、生产和销售带有体育赛事专门标志（名称、标志、会徽、口号、理念等）的产品。特许企业一般包括设计、生产体育赛事特许产品的生产商和售卖体育赛事特许产品的代理商、批发商和零售商等销售商。

（二） 体育赛事特许产品的类型

一般地，体育赛事特许产品有以下三种类型：

1. 标志产品

标志产品是指经许可直接使用体育赛事专门标志（名称、标志、会徽、口号、理念等）及标志专用造型设计开发并可上市销售的产品，如工艺品、服装及配饰、贵金属制品、日用品、玩具、文具、文体用品、胸章及非贵金属、珠宝首饰、邮品、吉祥物等。

2. 专用产品

专用产品是指经许可使用体育赛事专门标志（名称、标志、会徽、口号、理念等），以“XXX 体育赛事专用产品”形式进行宣传推广，在同类产品中具有排他性和唯一性的产品。

3. 推荐产品

推荐产品是指经许可使用体育赛事专门标志（名称、标志、会徽、口号、理念等），以“XXX 体育赛事推荐产品”形式进行宣传推广的产品，在同类产品中不具有排他性和唯一性。②

---

① 范海霞. 北京奥运会特许经营计划实施情况及对策研究［D］. 上海：华东师范大学，2009：21.

② 刘清早. 体育赛事市场开发［M］. 上海：复旦大学出版社，2013：104.

（三） 体育赛事特许产品开发的过程

体育赛事特许产品开发一般遵循以下过程：

1. 体育赛事基本分析

体育赛事主办方、体育赛事组委会等体育赛事特许权拥有者首先要对所举办的体育赛事基本情况进行分析，包括体育赛事主办方、体育赛事组委会自身实力、需求和目标，及体育赛事的规模、特征、周期性、受众等内容，从而确定体育赛事特许产品开发的主题，为体育赛事特许产品的设计奠定基础。

2. 特许产品规划设计

根据所确定的体育赛事产品开发的主题，体育赛事主办方、体育赛事组委会等体育赛事特许权拥有者需要规划和设计体育赛事特许产品，通常有体育赛事特许权拥有者自行规划设计、交由专业产品设计提供方规划设计、授权体育赛事特许产品生产商规划设计等方式。体育赛事特许产品规划设计的内容包括体育赛事特许产品的外观、结构、种类、材质、生产成本等。同时，体育赛事特许产品的规划设计一定要遵守相关法律规定和行政法规。

奥林匹克标志保护条例

第一条 为了加强对奥林匹克标志的保护，保障奥林匹克标志权利人的合法权益，维护奥林匹克运动的尊严，制定本条例。

第二条 本条例所称奥林匹克标志，是指：

（一）国际奥林匹克委员会的奥林匹克五环图案标志、奥林匹克旗、奥林匹克格言、奥林匹克徽记、奥林匹克会歌；

（二）奥林匹克、奥林匹亚、奥林匹克运动会及其简称等专有名称；

（三）中国奥林匹克委员会的名称、徽记、标志；

（四）北京2008年奥林匹克运动会申办委员会的名称、徽记、标志；

（五）第29届奥林匹克运动会组织委员会的名称、徽记，第29届奥林匹克运动会的吉祥物、会歌、口号，“北京2008”、第29届奥林匹克运动会及其简称等标志；

（六）《奥林匹克宪章》和《第29届奥林匹克运动会主办城市合同》中规定的其他与第29届奥林匹克运动会有关的标志。

第三条 本条例所称奥林匹克标志权利人，是指国际奥林匹克委员会、中国奥林匹克委员会和第29届奥林匹克运动会组织委员会。

国际奥林匹克委员会、中国奥林匹克委员会和第29届奥林匹克运动会组织委员会之间的权利划分，依照《奥林匹克宪章》和《第29届奥林匹克运动会主办城市合同》确定。

第四条　奥林匹克标志权利人依照本条例对奥林匹克标志享有专有权。

未经奥林匹克标志权利人许可，任何人不得为商业目的（含潜在商业目的，下同）使用奥林匹克标志。

第五条　本条例所称为商业目的使用，是指以营利为目的，以下列方式利用奥林匹克标志：

（一）将奥林匹克标志用于商品、商品包装或者容器及商品交易文书上；

（二）将奥林匹克标志用于服务项目中；

（三）将奥林匹克标志用于广告宣传、商业展览、营业性演出及其他商业活动中；

（四）销售、进口、出口含有奥林匹克标志的商品；

（五）制造或者销售奥林匹克标志；

（六）可能使人认为行为人与奥林匹克标志权利人之间有赞助或者其他支持关系而使用奥林匹克标志的其他行为。

第六条　国务院工商行政管理部门依据本条例的规定，负责全国的奥林匹克标志保护工作。

县级以上地方工商行政管理部门依据本条例的规定，负责本行政区域内的奥林匹克标志保护工作。

第七条　奥林匹克标志权利人应将奥林匹克标志报国务院工商行政管理部门备案，由国务院工商行政管理部门公告。

第八条　取得奥林匹克标志权利人许可，为商业目的使用奥林匹克标志的，应同奥林匹克标志权利人订立使用许可合同。其中，使用本条例第二条第（一）项、第（二）项规定的奥林匹克标志的，应同国际奥林匹克委员会及其授权或者批准的机构订立合同；使用本条例第二条第（三）项规定的奥林匹克标志的，应同中国奥林匹克委员会订立合同；使用本条例第二条第（四）项、第（五）项、第（六）项规定的奥林匹克标志的，在2008年12月31日以前，应同第29届奥林匹克运动会组织委员会订立合同。奥林匹克标志权利人应将使用许可合同报国务院工商行政管理部门备案。

依照前款规定订立使用许可合同的，被许可人只得在合同约定的地域范围、期间内使用奥林匹克标志。

第九条　本条例施行前已经依法使用奥林匹克标志的，可以在原有范围内继续使用。

第十条　未经奥林匹克标志权利人许可，为商业目的擅自使用奥林匹克标志，即侵犯奥林匹克标志专有权，引起纠纷的，由当事人协商解决；不愿协商或者协商不成的，奥林匹克标志权利人或者利害关系人可以向人民法院提起诉讼，也可以请求工商行政管理部门处理。工商行政管理部门处理时，认定侵权行为成立的，责令立即停止侵权行为，没收、销毁侵权商品和专门用于制造侵权商品或者为商业目的擅自制造奥林匹克标志的工具，有违法所得的，没收违法所得，可以并处违法所得5倍以下的罚款；没有违法所得的，可以并处5万元以下的罚款。当事人对处理决定不服的，可以自收到处理通知之日起15日内依照《中华人民共和国行政诉讼法》向人民法院提起诉讼；侵权人期满不起诉又不履行的，工商行政管理部门可以申请人民法院强制执行。进行处理的工商行政管理部门应当事人的请求，可以就侵犯奥林匹克标志专有权的赔偿数额进行调解；调解不成的，当事人可以依照《中华人民共和国民事诉讼法》向人民法院提起诉讼。

利用奥林匹克标志进行诈骗等活动，触犯刑律的，依照刑法关于诈骗罪或者其他罪的规定，依法追究刑事责任。

第十一条 对侵犯奥林匹克标志专有权的行为，工商行政管理部门有权依法查处。

工商行政管理部门根据已经取得的违法嫌疑证据或者举报，对涉嫌侵犯奥林匹克标志专有权的行为进行查处时，可以行使下列职权：

（一）询问有关当事人，调查与侵犯奥林匹克标志专有权有关的情况；

（二）查阅、复制与侵权活动有关的合同、发票、账簿及其他有关资料；

（三）对当事人涉嫌侵犯奥林匹克标志专有权活动的场所实施现场检查；

（四）检查与侵权活动有关的物品；对有证据证明是侵犯奥林匹克标志专有权的物品，予以查封或者扣押。

工商行政管理部门依法行使前款规定的职权时，当事人应当予以协助、配合，不得拒绝、阻挠。

第十二条 进出口货物涉嫌侵犯奥林匹克标志专有权的，由海关参照《中华人民共和国海关法》和《中华人民共和国知识产权海关保护条例》规定的权限和程序查处。

第十三条 侵犯奥林匹克标志专有权的赔偿数额，按照权利人因被侵权所受到的损失或者侵权人因侵权所获得的利益确定，包括为制止侵权行为所支付的合理开支；被侵权人的损失或者侵权人获得的利益难以确定的，参照该奥林匹克标志许可使用费合理确定。

销售不知道是侵犯奥林匹克标志专有权的商品，能证明该商品是自己合法取得并说明提供者的，不承担赔偿责任。

第十四条 奥林匹克标志除依照本条例受到保护外，还可以依照《中华人民共和国著作权法》《中华人民共和国商标法》《中华人民共和国专利法》《特殊标志管理条例》等法律、行政法规的规定获得保护。

第十五条 本条例自 2002 年 4 月 1 日起施行。

（中国政府网 . http：//www. gov. cn/gongbao/content/2002/content_ 61948. htm）

3. 特许产品市场分析和规划

体育赛事主办方、体育赛事组委会等体育赛事特许权拥有者通常会自行或者与体育赛事特许产品生产商共同进行体育赛事特许产品的市场分析，包括目标市场划分、市场需求预测（需求层次和需求量）、体育赛事特许产品的生命周期等内容。进行市场分析之后，还要以此制定体育赛事特许产品的市场规划，包括体育赛事特许产品的生产规划、销售网络规划、销售市场布局，同时确定体育赛事特许产品生产商和销售商的招募方案和合作细则。

4. 特许产品生产商招募

通过市场分析和规划确定可行性和可行的操作方案后，体育赛事主办方、体育赛事组委会等体育赛事特许权拥有者（招标人）通常会通过公开招标的方式邀请企业（潜在投标人）参加投标，并依照法定程序和评标标准来确定体育赛事特许产品生产商（中标人）。一般地，不同种类的体育赛事特许产品需要招募不同的生产商。在生产商生产体育赛事特许产品的过程中，体育赛事特许权拥有者必须要对各体育赛事特许产品生产商进行监管，保证所生产的体育赛事特许产品符合体育赛事特许权拥有者的要求。

5. 特许产品销售商招募

在招募体育赛事特许产品生产商的同时，体育赛事主办方、体育赛事组委会等体育赛事特许权拥有者一般也会以公开招标的方式招募体育赛事特许产品的代理商、批发商和零售商等销售商。在举办国际大型体育赛事时，如奥运会、亚运会等，体育赛事特许权拥有者还会设立体育赛事特许产品自营店。体育赛事特许权拥有者应该对体育赛事销售商和自营店进行统一管理，需要保证各销售渠道所销售产品的一致性，并且要对销售价格进行严格控制。

6. 特许产品宣传推广

宣传推广工作通常会贯穿在整个体育赛事特许产品开发的过程中，体育赛事主办方、体育赛事组委会等体育赛事特许权拥有者要与体育赛事特许产品生产商和销售商共同制定体育赛事特许产品宣传推广计划和实施方案，并相互配合共同进行宣传推广工作，重点体现体育赛事特许产品的设计理念、文化内涵、视觉识别系统等内容，以刺激购买。

第四节 体育赛事主题活动营销

主题活动是体育赛事营销的一种重要方式，在对体育赛事主题活动进行策划时，应首先分析、明确主题活动的目标，再进行具体的活动策划和活动实施。之后的活动实施时都应该以确定的主题活动目标为基础开展活动，以确保得到预期的效果。

一、体育赛事主题活动的概念

刘清早在《体育赛事主题活动运作管理》中将体育赛事主题活动定义为，在体育赛事作为特殊事件运作过程中，围绕体育赛事组织的并有明确主题的体育活动、体育组织活动、社会体育活动、文化活动、经济活动以及其他相关的活动。

考虑到体育赛事主题活动目标、形式、内容的丰富性，我们将体育赛事主题活动定义为：根据特定目标设定主题的、围绕体育赛事开展的活动。

二、体育赛事主题活动的分类

（一）按主题活动的目标划分

根据主题活动的不同目标，可大致将体育赛事主题活动分为营销主导型、传播主导型和综合型。

1. 营销主导型

指以实现相关产品销售与推广为主、以赛事宣传为辅开展的主题活动。这类主题活动的服务对象一般是赛事的赞助商、供应商、广告商、媒体等，以实现这些合作单位的宣传、营销、推广，最终实现商品及服务的销售。

2. 传播主导型

指以赛事宣传推广为主、以实现相关产品销售与推广为辅的主题活动。赛事推广目标包括推广运动健康理念、推广赛事相关体育项目、宣传赛事品牌、宣传赛事主办城市历史文化等。

3. 综合型

综合型主题活动兼具营销主导型、传播主导型活动的特点，既做了营销活动，又传播了赛事品牌，此类活动相对较大，涵盖的活动内容较多。

（二）按主题活动举办时间划分

根据体育赛事主题活动的举办时间，将体育赛事主题活动分为赛前、赛中、赛后三个阶段。这三个阶段体现的是体育赛事在时间维度的跨越，主题活动在这不同三个阶段举行，也有其各自的意义。

1. 赛前主题活动

赛前主题活动的主要目的有为赛事接下来的工作造势、提高人们对该项体育赛事的关注程度、扩大该项体育赛事的影响力等。这些活动有：火炬传递仪式、赛事启动仪式、赛前签约仪式、赛前的新闻发布会、赛事标识的征集活动、赛事资源的发布会、赞助商的推广活动、公关活动等。

2. 赛中主题活动

赛中主题活动是在比赛开始之后的活动，这些活动的主要目的是活跃体育赛事气氛，表彰运动员取得的优异成绩，为赞助商提供营销活动。如赛事的开闭幕式、颁奖仪式、赞助商的推广活动、体育用品博览会等。

3. 赛后主题活动

赛后主题活动的主要目的是继续维持广大群众对赛事的热情，延续赛事对各个方面的影响，以及对该体育项目的参与群体加以扩大。如赛事成果展览活动、主题文艺演出、社区体育主题活动、知识讲座等。

（三） 按主题活动的规模划分

根据赛事规模、主题、活动内容、形式、时长、参与人数、成本等，可以分为大型、中型、小型等不同规模的主题活动。主题活动的规模与活动影响力有直接关系。值得注意的是，体育赛事中通常使用不同规模大小活动的搭配组合，开展某一共同主题的系列活动。

1. 小型主题活动

该类活动持续时间较短，参与人数少，成本较小，适用小型体育赛事，如组委会会议、小型文化活动、简短的开闭幕式等。

2. 大型主题活动

该类活动涉及的领域广，持续时间较长，覆盖人群众多，具有多方面综合效益，如大型体育赛事的开闭幕式、欢迎招待会、群众体育活动、市场开发活动等。

三、体育赛事主题活动的管理

体育赛事主题活动的管理，主要包括三个阶段：计划阶段、组织与实施阶段及控制阶段。

（一） 体育赛事主题活动的计划

体育赛事主题活动的计划，是举办主题活动的首要工作，其工作内容包括：主题活动目标的确定，主题活动的背景与条件分析，主题活动形式、时间和地点的选择，主题活动主题和参与者的确定。

1. 确定主题活动目标

在确定主题活动目标时，要先明确组织的目标和赛事的目标，然后根据这两个目标来制定主题活动的具体目标。组织目标和赛事目标不同，相应的主题活动目标也会不同，因此主题活动的目标可能包括但不限于：提高赛事知名度与影响力，增加赛事的精彩程度，传播赛事主办地的形象，实现赞助商权益，提高观众对体育赛事的热情等。

2. 主题活动的背景与条件分析

一项主题活动的顺利举行，与其所处的背景和组织现有的条件息息相关。

主题活动的背景主要包括：

（1）举办地的社会文化因素，如当地风俗习惯、特色文化、人口偏好等；

（2）赛事观众的人口统计因素，如观众的性别分布、年龄结构、收入分布等；

（3）赛事本身的项目及其特征，不同运动项目的比赛特征不同。

主题活动的条件主要包括：

（1）赛事组织者拥有的资源

赛事组织者拥有的资源可以分为有形资源和无形资源。有形资源是指能看得见、摸得着并且能量化的资源，主要包括：财务资源、组织资源、实物资源和技术资源；无形资源是指赛事组织者通过不断积累而来的资源，主要包括：人力资源、创新资源、声誉资源等。

（2）赛事组织者具有的能力

即组织内员工具有的、有目的地综合运用资源以完成一项或多项任务的特质，通常体现在具体的领域当中，如营销能力、管理能力、沟通能力等。

3. 选择主题活动形式、时间和地点

通过分析主题活动的目标、背景与条件，我们就可以明确主题活动的各项情况，在各类主题活动中选择具体的活动形式。主题活动的时间和地点的选择，也依不同的主题活动目标及形式有所不同。主题活动举办的时间可以是赛前、赛中和赛后，地点可以是赛场中，也可以是赛场外。应根据组织和赛事的具体情况进行选择和确定。

4. 确定主题活动的组织主体与参与者

主题活动的组织主体是指掌握活动举办权力，承担活动举办责任，决定活动举办方向和进程的有关组织和人员。主题活动不同，组织主体可能也会有所不同，因此组织主体可能包括但不限于：赛事组委会、当地政府与社会组织、赞助商等。

主题活动的参与者是指以非组织者的身份加入到主题活动中的人群，是主题活动的客体。主题活动不同，参与者也可能会有所不同，因此参与者可能包括但不限于：赛事现场观众、赛事转播观众、当地政府与社会组织、赞助商、赛事相关专家学者等。

（二）体育赛事主题活动的组织与实施

体育赛事主题活动的组织与实施阶段是举行体育赛事主题活动的核心阶段，直接决定主题活动的结果与影响。其工作内容主要包括主题活动的筹备和主题活动的现场组织。

1. 主题活动的筹备

主题活动的筹备过程，实质上是计划阶段的延续，也是活动现场的预备。依不同的主题活动形式，筹备阶段的工作内容也各不相同，因此，筹备阶段的工作一般包括但不限于：组建活动执行团队，并明确分工；编制活动总体工作方案；制定活动内容与议程；依据活动形式与内容，开展人员、场地、设备、物资等方面的准备工作；编制具体活动流程表；举行活动前期演练等。

2. 主题活动的现场组织

主题活动的现场组织过程，就是将计划和筹备阶段的内容付诸实践的过程。依不同的主题活动形式，现场组织阶段的工作内容也各不相同，因此，现场组织阶段的工作一般包括但不限于：执行团队于活动当天提前到达现场，进行全面检查；各相关团队严格按照活动流程表，在各自的岗位上做好现场服务与保障工作，并保证一定的机动性，以应对特殊情况的发生；活动结束后引导参与者离场，并做好撤场、清场工作。

（三）体育赛事主题活动的控制

体育赛事主题活动的整个过程都需要进行有效的控制，这一阶段的任务是评估活动目标并保证实际工作和活动目标保持一致。当活动在执行时，如果偏离了原先的目标，就需要进行校正。因此体育赛事主题活动的控制主要有主题活动进度控制、主题活动的成本控制、主题活动变更控制、活动范围变更控制等。

1. 主题活动进度控制

主题活动进度控制是指随着时间的推移不断对主题活动的进度进行检查监控与调整。在主题活动的执行过程中，由于各种干扰因素的存在，实际进度与计划进度常常产生偏差，采取相应的措施调整实际工作或计划，使主题活动的实施与计划相符，继续按其计划进行下去。但在其他干扰继续存在的条件下，又会产生新的偏差，这就需要再次进行调整，整个进度控制就是围绕检查、监控、调整三项工作展开。

控制进度的主要方法有：关键工作持续时间的调整，非关键工作持续时间的调整，改变某些工作逻辑，增减工作项目，资源调整，重新编订计划等。

2. 主题活动成本控制

体育赛事主题活动的成本控制主要是指在主题活动实施过程中，对活动费用支出的检查与纠正。成本控制通过对主题活动实施过程中的实际支出与计划活动支出费用进行比较，查找出偏差值，在分析偏差产生原因的基础之上，对将来的费用进行预测，采取措施进行纠正，以保证主题活动成本控制目标的实现。

成本控制的方法有：减少不必要的支出，减少活动环节，减少人员，活动内容或形式调整等。

3. 主题活动变更控制

在体育赛事主题活动的实施过程中，由于活动环境的不确定性，使得活动可能并不能如计划所愿顺利进行，活动常遇到一些不可抗力，影响活动进行甚至直接影响活动效果。

活动变更控制应依据三项原则，一是保持活动考察体系与变更活动相一致，二是相应的变更活动应体现出相应的结果，三是保证变更活动的整体一致性。

4. 活动范围变更控制

活动范围变更控制是指活动范围发生变化时，对其采取的检查和纠偏。活动范围变更控制的目的是使活动实施朝着既定目标发展，避免出现超支、超时和质量下降等问题。

活动范围变更的原因有很多，通常包括：活动主体提出新的要求，活动实施过程中的社会环境变化，活动范围规划中有错误，以及活动实施方提出的要求等。活动范围变更控制可以遵循以下几个步骤，首先，当活动范围必须变更时，首先，确认变更范围发生的变化；其次，对变更后的范围进行管理；最后，对影响变更范围的因素施加一些外力，以保证范围变更后，活动能朝着有利于活动目标实现的方向发展。

第五节　体育赛事市场开发合同

一、体育赛事市场开发合同的概念和类型

（一）体育赛事市场开发合同的概念

根据《中华人民共和国合同法》第2条，合同是平等主体的自然人、法人、其他组织之间设立、变更、终止民事权利义务关系的协议。[①] 体育赛事市场开发合同是体育赛事组委会就体育赛事市场开发事宜与各类不同主体所签订的合同。

（二）体育赛事市场开发合同的类型

体育赛事市场开发合同包括与票务公司签订的门票委托销售合同、与赞助商签订的赞助合同、与体育赛事特许产品生产和销售企业签订的特许经营合同、与电视媒体和网络媒体签订的电视/网络转播合同、与捐赠人签订的社会捐赠合同、与体育经纪人签订的市场开发经纪合同等。

1. 体育赛事门票委托销售合同

体育赛事门票委托销售合同，是指体育赛事组委会与票务公司就体育赛事门票销售有关事宜所签订的销售合同，合同内容主要包括票务公司门票销售区域、销售时间范围及体育赛事组委会报酬支付数量及方式等。

2. 体育赛事赞助合同

体育赛事赞助合同，是指体育赛事组委会与赞助商就体育赛事资源使用和回报所签订的合同，主要确定赞助商的赞助金额和（或）服务范围、相对应的赞助商权益回报细则等。体育赛事赞助合同是赞助商权益的重要法律保障。通常体育赛事组委会会划分赞助商等级，一般有冠名赞助商、合作伙伴、供应商等级别，所以体育赛事赞助合同一般有冠名赞助商合同、合作伙伴合同、供应商合同等，在合同中要明确根据递减级别所设置的递减的权益回报。

3. 体育赛事特许经营合同

体育赛事特许经营合同是体育赛事组委会与特许产品生产和销售企业所签订的合同，一般会涉及特许产品的设计、生产和销售等事宜。体育赛事特许产品一般包括服装、饰品、吉祥物、纪念章（币）、纪念邮票等，所以体育赛事特许经营合同一般有服装特许经营合同、饰品特许经营合同、吉祥物特许经营合同、纪念章（币）特许经营合同、纪念邮

① 中国政府网 . http：//www. gov. cn/banshi/2005 －07/11/content_ 13695. htm.

票特许经营合同等类型。

4. 体育赛事电视/网络转播合同

体育赛事电视/网络转播合同是体育赛事组委会与电视媒体/网络媒体所签订的合同，明确电视/网络等公共信号制作及版权归属问题，合同内容主要涉及体育赛事电视/网络转播形式、区域、时间及费用支付等内容。

5. 体育赛事社会捐赠合同

体育赛事社会捐赠合同是体育赛事组委会与捐赠人所签订的合同，主要明确捐赠人所获得的权益回报，合同内容涉及捐赠形式、支付方式、捐赠双方的权利和义务等。

6. 体育赛事市场开发经纪合同

体育赛事市场开发经纪合同是指体育赛事组委会与体育经纪人就体育赛事市场开发的委托代理事宜所签订的合同，合同内容会明确代理事项、代理区域、代理期限、佣金比例等。

二、体育赛事市场开发合同的特征

（一）双务有偿合同

体育赛事市场开发合同都是双务有偿合同。双务合同是双方当事人互负义务的合同。有偿合同都是双务合同，没有例外，因为有偿合同存在对价。有偿合同是真正（典型）的双务合同。有偿合同是交易关系，是双方财产的交换，是对价的交换。在我国，许多人习惯将有偿合同称为双务有偿合同。①

（二）合同主体多样

体育赛事市场开发合同涉及体育赛事市场开发一系列不同事项，因各类不同事项所签订的体育赛事市场开发合同的类型就会不同，其主体也就当然不同，所以体育赛事市场开发合同的主体呈现多样性的特征。体育赛事市场开发合同的主体一般分别是体育赛事组委会和不同类型的企业、组织等。同时，要注意主体适格是体育赛事市场开发合同有效成立的前提条件，即体育赛事市场开发合同的主体要具备与其在合同中权利义务相对应的资质和资格。

（三）合同内容丰富

体育赛事市场开发合同的内容是合同主体之间按照有关法律和行政规定而约定的权利和义务的具体内容，是体育赛事市场开发合同主体享受有关权利和承担对应义务的法律依据。体育赛事市场开发合同的内容呈现出丰富性的特征，这种丰富性主要体现为不同类型的体育赛事市场开发合同所约定的各合同主体之间的权利义务关系不同。如在体育赛事赞

① 隋彭生．合同法要义［M］．北京：中国政法大学出版社，2003：29－30.

助合同中，赞助商通过支付费用和（或）提供服务，获得体育赛事无形资产一定的使用权和（或）利用体育赛事相关资源进行宣传推广的权益，以提升赞助商品牌形象；体育赛事组委会通过开发体育赛事无形资产等资源，获得相应的费用和（或）服务，保证体育赛事的成功举办及增加体育赛事收益。

（四）法律适用广泛

体育赛事市场开发合同的法律适用范围体现广泛性特征，体育赛事市场开发合同的法律适用范围主要包括以下四个方面：第一，体育赛事市场开发合同适用《中华人民共和国民法通则》和《中华人民共和国合同法》；第二，体育赛事市场开发合同适用《中华人民共和国体育法》与国务院颁布的相关行政法规，如《公共文化体育设施条例》和《奥林匹克标志保护条例》；第三，体育赛事市场开发合同适用国家体育总局及其与其他部门联合颁布的规章制度，如《全国体育竞赛管理办法（试行）》《全国运动会、全国城市运动会申办办法》《健身气功管理办法》《全国运动员注册与交流管理办法（试行）》《体育总局关于推进体育赛事审批制度改革的若干意见》《在华举办国际体育赛事审批事项改革方案》《全国性单项体育协会竞技体育重要赛事名录》《全国航空体育竞赛活动管理办法》等；第四，体育赛事市场开发合同适用地方政府颁布的相关地方法规，如《北京市体育竞赛管理办法》《陕西省体育竞赛管理办法》等。

三、体育赛事市场开发合同撰写

合同作为一种民事法律行为，是合同主体意思一致的表述，依法成立的体育赛事市场开发合同具有法律约束力，受法律保护。因此，在撰写体育赛事市场开发合同这种法律文书时，一定要辨清其主要构件并合乎相关撰写要求。

（一）体育赛事市场开发合同的主要构件

体育赛事市场开发合同的主要构件一般包括以下四个部分：

1. 约首部分

体育赛事市场开发合同的约首部分一般包括合同名称，合同编号，合同主体的名称、地址、联系电话、传真、邮政编码等内容。大型体育赛事市场开发合同会以封面的形式来呈现约首部分。

2. 基本条款

基本条款是体育赛事市场开发合同的核心内容，是合同主体协商一致的意思表示。一般包括以下内容：

（1）开篇

开篇主要是对体育赛事市场开发合同的基本内容作概括说明，并表示合同主体对该体育赛事市场开发合同基本内容的一致认同。

（2）定义与解释

定义与解释主要是对于在体育赛事市场开发合同中出现的相关名词、称谓等事项的解释。

（3）合同主体的权利和义务

合同主体的权利和义务是对签订合同的双方或多方的权利和义务的明确表示。合同主体的权利和义务是必要条款。

（4）区域限制

区域限制，是指对所有合同主体或一方合同主体开展约定的业务的明确表示。区域限制是体育赛事市场开发经纪合同等合同的必要条款。

（5）费用的支付及方式/服务的提供及方式

所有合同主体或一方合同主体需要支付费用或提供服务时，需要有专门条款对费用数目及支付方式或服务内容及提供方式进行明确说明，即费用的支付及方式/服务的提供及方式。费用的支付及方式/服务的提供及方式是体育赛事赞助合同等合同的必要条款。

（6）利润分配

合同主体之间涉及利润分配时，需要设置专门条款对利润分配方式及比例进行明确说明。利润分配是体育赛事特许经营合同的必要条款。

（7）保密条款

保密条款是对要求合同主体对技术专利等需要保密的事项所作的规定。

（8）有效期和终止

有效期和终止是指对体育赛事市场开发合同的生效期、有效期和终止方式等的明确说明。有效期和终止方式是必要条款。

（9）陈述与保证

陈述与保证是合同主体对于和体育赛事市场开发合同有关的事项的情况说明。

（10）违约责任

违约责任是对合同主体不能履行合同、不完全履行合同时所应该承担的责任。违约责任是必要条款。

（11）遵守法律

遵守法律条款是合同主体对于体育赛事市场开发合同的内容遵守相关法律法规，及在体育赛事市场开发合同内容违反相关法律法规时必须进行修改所作的承诺。

（12）不可抗力

不可抗力是免责条款，是对体育赛事市场开发合同签订时不能预见、无法避免和控制的客观情况的描述，包括自然灾害、政府行为、异常事件等。

（13）合同的变更、解除、续约

合同的变更、解除、续约，是指合同主体对体育赛事市场开发合同内容变化、消灭体育赛事市场开发合同效力、体育赛事市场开发合同继续签订的条件的明确说明。

(14) 争议解决

争议解决，是指对于因体育赛事市场开发合同或与体育赛事市场开发合同有关的争议的解决方式进行的说明。争议解决是必备条款。

(15) 其他

其他是指对除已经说明的条款之外合同主体所达成一致的其他事项的说明。

3. 约尾部分

约尾部分一般包括合同主体公章、授权代表签字和联系方式、体育赛事市场开发合同的签订日期等内容。

4. 附件

附件是对不便在体育赛事市场开发合同正文中解释但仍需阐述的事项的说明，通常附在体育赛事市场开发合同的正文之后。

（二）体育赛事市场开发合同的撰写要求

1. 遵守相关法律法规

体育赛事市场开发合同的内容和签订程序都不能与我国现行的法律法规相抵触，所以在撰写体育赛事市场开发合同时必须要遵守《中华人民共和国民法通则》《中华人民共和国合同法》《中华人民共和国体育法》等相关法律，国务院颁布的相关行政法规、国家体育总局及其与其他部门联合颁布的规章制度、地方政府颁布的相关地方法规等的相关规定和制度。

2. 坚持平等自愿原则

撰写体育赛事市场开发合同时必须要以合同主体的公平互利为首要条件，一方合同主体不得将自己的意志强加给其他合同主体。同时所撰写的体育赛事市场开发合同的内容要坚持自愿原则，即体育赛事市场开发合同的内容必须符合各合同主体自愿达成的一致意见，既表现在各合同主体之间，因一方合同主体欺诈、胁迫其他合同主体签订的合同无效或者可以撤销，也表现在合同主体和其他人或组织之间，任何个人或组织不得非法干预体育赛事市场开发合同的内容和签订程序。

3. 符合合同书写规范

为了体现体育赛事市场开发合同撰写方的专业性和避免因文字理解出现合同争议，体育赛事市场开发合同的撰写一定要符合一般合同的书写规范，包括：采用封闭型写法和结果性语言；确定合同主体的简称；前后指代保持一致；并列使用“包括”和“但不限于”；采用主动语态；避免重复使用相近词语；不要创造词语；对术语准确定义；善用限制词；禁用口语化词语；采用描述性的方式；用汉语代替符号；准确使用标点符号；文字与阿拉伯数字并用；尽量写短句；克服日常理解与合同用语的差别；进行拼写检查。

四、体育赛事市场开发合同范本示例

体育赛事赞助合同是体育赛事市场开发常用合同，选择其进行示例：

体育赛事赞助合同

甲方：（体育赛事组委会）________________________________

地址：________________________________

邮政编码：________________________________

联系电话：________________________________

传真：________________________________

乙方：（赞助商）________________________________

地址：________________________________

邮政编码：________________________________

联系电话：________________________________

传真：________________________________

经甲乙双方友好协商，根据《中华人民共和国合同法》及有关的法律法规，就乙方赞助____________赛事宜达成协议如下：

第一条 定义与解释

1. ____________（甲方）是具有合法资质，并已经与体育赛事主办方签订了承办合同的体育赛事筹备组织。

2. ____________赛的赞助层级包括____________，其所享有的权益回报根据赞助商所处层级不同而有所区别。

3. ____________赛举办地点为____________；举办时间为______年______月______日至______年______月______日。

第二条 赞助回报

1. 经甲方同意，乙方自愿成为____________赛______（赞助层级），并在本合同有效期内在______（区域限制）享有________________________________等赞助回报权益，具体细则见附件一。

2. 乙方是____________赛的____________（独家/非独家）赞助商，______（享受/不享受）行业排他权。

3. 本合同中未向乙方明确授予的权益由甲方保留。

第三条 赞助费用及支付方式

1. 乙方向甲方支付总额人民币______元（¥______）的赞助费用，具体支付方式如下：

第一期：本合同生效后____个工作日内向甲方支付赞助费用总额的____%，即人民币______元（¥______）；

第二期：________年________月________日或之前向甲方支付赞助费用总额的____%，即人民币______元（¥______）。

2. 甲方账户：

开户行：____

账号：____

3. 甲方应当在每次确认收到所约定的费用后________个工作日内向乙方提供等额正式的收款凭证。

第四条　反隐性市场

1. 甲方制定并执行防范第三方隐性市场活动的相关方案，以保证乙方获得的赞助回报权益的价值。

2. 乙方应积极配合甲方实施反隐性市场活动并提供相关协助，同时乙方保证不从事和/或协助第三方进行任何与________________赛相关的隐性市场活动。

第五条　甲方的权利和义务

1. 甲方有权安排由甲乙双方共同参与的________________等活动。

2. 在乙方享受本合同第二条中所约定的回报权益时，甲方有权对乙方进行监督和指导，对乙方不依照本合同之规定履行合同的有关行为，甲方有权要求乙方进行更正，并由乙方采取补救措施。

3. 甲方向乙方收取本合同第三条中所约定的赞助费用。

4. 甲方必须落实、保障乙方所享受的赞助回报权益，并向乙方提供____等赞助商配套服务。

第六条　乙方的权利和义务

1. 乙方有权在________（区域限制）享受本合同第二条中所约定的赞助回报权益，并向甲方按期支付赞助费用。

2. 乙方有权邀请甲方参与________________等活动。

3. 本合同期满后，乙方拥有成为下期________________赛赞助商的优先谈判权。

4. 乙方在享受赞助回报权利时产生的________________等费用，由乙方全额承担。

5. 未经甲方同意，乙方不得将本合同第二条中所约定的赞助回报权益转赠其他第三方享受。

6. 乙方应切实维护________________赛的声誉。

第七条　违约责任

1. 甲乙双方应认真履行本合同中所约定的义务，任何一方如不能或不完全能按照本合同之约定履行各自义务，违约方应向守约方赔偿由此造成的实际损失，赔偿金不少于人民币________元（¥________）。

2. 如乙方未能按照本合同第三条中所约定的时间向甲方支付规定款项，超过付款期____个工作日后，甲方有权终止本合同，乙方应向甲方支付违约金人民币______元（¥

______）。

3. 如乙方未经甲方同意，将本合同第二条中所约定的赞助回报权益转赠其他第三方享受，甲方有权要求乙方立即与第三方解除关系并向甲方支付违约金人民币______元（￥______）；如乙方拒绝与第三方解除关系，甲方有权解除本合同，同时乙方应当向甲方支付违约金人民币______元（￥______）。

第八条 保证陈述

甲乙双方做出如下陈述和保证：

1. 双方均有权签署本合同并按照本合同之约定认真履行各自义务；

2. 经甲乙双方签署后，本合同中各条款对甲乙双方具有合法、有效的约束力，因破产、清盘等对本合同的履行造成的影响除外。

第九条 有效期和终止

1. 本合同有效期为______年（或月），自甲乙双方签订之日生效，至______年______月______日终止。

2. 如甲乙双方各自义务均按照本合同之约定履行完毕，或合同终止对于甲乙双方没有影响，甲乙双方可协商终止本合同。

3. 在出现下列情况时，甲乙任何一方有权终止本合同：

（1）一方发生重大违约行为，且在守约方发出违约通知的______个工作日内未能纠正；或

（2）一方在本合同中的任何陈述保证被证明存在虚假信息；或

（3）一方通过欺诈、胁迫等方式与另一方签订本合同，经查明属实。

4. 如甲方单方面终止本合同，则甲方应向乙方支付违约金人民币______元（￥______）；如乙方单方面终止本合同，则乙方应向甲方支付违约金人民币______元（￥______）。

第十条 遵守法律

如本合同的任何条款被有效证据证明违反了国家的法律法规或者相关行政法规和一方工业商贸团体的守则、规定等，则甲乙双方必须及时修改本合同相应条款以遵守法律。但是如上述修改使得本合同违背其根本目的，则甲乙双方将一致同意终止本合同。如本合同因本条而终止，款项应支付至终止日的履行程度；已支付的用于将来事项的款项应按比例退还。除明确规定在本合同终止后仍然有效的条款以外，任何一方将不再履行本合同约定的义务，也不再承担本合同约定的责任。

第十一条 不可抗力

1. 如因无法预见、避免和控制的客观情况，包括但不限于风暴、地震、水灾等自然灾害，征收、征用等政府行为，战争、暴乱、罢工、恐怖袭击等社会异常事件，及传染性疾病爆发等，致使任何一方无法履行本合同中约定的义务，该方不应被视为违约，也无需对此承担任何违约责任。

2. 受不可抗力影响的一方应及时将不可抗力事件的性质和可能受到的影响书面通知另一方，且应：

(1) 在不可抗力事件消除后，甲乙双方根据实际情况尽快恢复履行其在本合同中的义务；

(2) 如不可抗力事件对一方产生根本的且无法补救的影响，或不可抗力事件持续时间超过____日，则任何一方可以向另一方书面通知后终止本合同。

第十二条　保密条款

1. 乙方确认并同意对____（组委会保密信息）等相关信息予以保密，仅为履行本合同约定的义务使用保密信息，而不得为任何其他目的。

2. 甲方确认并同意对____（赞助商保密信息）等相关信息予以保密，仅为履行本合同约定的义务使用保密信息，而不得为任何其他目的。

3. 本合同终止后，甲乙双方仍需遵守本保密条款。

第十三条　争议解决

1. 凡因本合同引起或与本合同有关的争议，甲乙双方秉承友好原则协商解决，如协商未果，双方均可选择以下方式解决争议：

(1) 提请________________仲裁委员会；或

(2) 诉讼至________________人民法院。

2. 在仲裁或诉讼过程中，甲乙双方应继续履行本合同中约定的义务，受仲裁或诉讼直接影响而无法履行的义务除外。

第十四条　其　他

1. 甲乙双方所有发出的通知必须是书面的，在亲手送达或在以快递（需要有回执）发出____日后正式生效。

2. 本合同中的标题不构成本合同的实质内容。

3. 本合同正本一式____份，甲乙双方各执____份。

4. 本合同未尽事宜，由甲乙双方另行协商解决。

甲方（公章）	乙方（公章）
授权代表（签字）：____________	授权代表（签字）：____________
电话：________________________	电话：________________________
______年______月______日	______年______月______日

附件一

赞助权益回报

1. 荣誉回报

____

2. 排他权

____

3. 无形资产使用权

____

4. 广告机会

____

5. 个性化推广活动举办权

____

6. 主题活动、推广活动的赞助优先权和参与权

____

7. 识别计划

____

8. 市场开发支持

____

9. 产品展示权

____

10. 接待权益

____

11. 门票和证件

____

13. 参与反隐性市场计划并受到保护

____

14. 其他权益

____

____

案　例

如何把一场决赛门票卖过2亿？

从2013年到2015年，两次亚冠的冠亚军决赛主场的门票销售，都可以看作广州恒大的“营销经典”。任何一项高端顶级赛事落户中国的时候，都可以从中借鉴。

VVIP3900卖的不是票而是视觉盛宴

11月10日，光棍节前一天，广州恒大淘宝俱乐部公布了11月21日主场决战阿联酋阿赫利的门票方案：600元（少量）、1500元、3000元、4000元、6000元、10000元、18000元（VIP）、39000元（VVIP）（限量10张）。

这一串炫目的数字，足以把人们的眼睛晃晕。其中，VIP票价18000元，VVIP票价39000元，在中国足球的字典里，简直就是“抢钱”的意思。但是，VIP和VVIP，从来都不会是面对普通人群。当一顿饭可以花上188880元时候，当一根皮带就可以价值10万元的时候，当腕上的手表价值100万的时候，花费18000元或者39000元看一场一年甚至两年才能一遇的最顶级赛事，真的就是小事一桩。

就像是《大腕》里“只求最贵，不求最好”的潜台词一样，买的不是好与坏，而是一种“感觉”。同样，广州恒大的VIP和VVIP门票，卖的也不是一个座位，而是一种“视觉盛宴”。

坐在VIP和VVIP的位置上，必然会享受到“宾至如归”的顶级服务，必定会接触到其他位置根本不可能领略的稀缺资源，一定会在独特的环境里而心满意足。

看的是一场球，品的是人生百态。

这是“营销的最高境界”：征服的不是购买者的金钱，而是内心。当心意归属已定的时候，金钱就成了“附庸”。所以，广州恒大公布的这个票价方案，一点都不用担心是否能够售出的问题。相反，就像是晋代左思《三都赋》一样，11月21日的亚冠冠亚军决赛门票已是洛阳纸贵。出手晚了，只能饮恨观看电视转播了。

一场决赛门票收入可达2亿元

此前，我们曾经算过一笔账，2009年在鸟巢进行的意大利超级杯，曾经创造过单场比赛7800万左右票房的纪录，这也是在中国境内举行的单场赛事的最高票房收入。但是，这项赛事本身，毕竟没有中国元素。实际上，具有中国元素的单场顶级赛事中，还是由广州恒大创造并保持着纪录：2013年在广州进行的亚冠冠亚军第二回合的比赛，广州恒大单场门票收入达到了6500万元。

2013年广州恒大公布的门票方案是：400元、600元、1000元、1500元、2000元、3000元、5000元、8000元（VIP限量500张）、8000元（VVIP限量20张）。9档票价的票面总和是21500元。

当时，广州的确出现“洛阳纸贵”的盛世。比赛当天，在天河体育场外的很多球迷，还没有购买到球票。

当有持票者走来的时候，一群眼睛闪着绿光的球迷围上来，高声叫价，希望能够用

1.5 倍、2 倍甚至是 3 倍的价格买下持票者手中的门票。场景颇似带我们走进了拍卖会的现场。只不过，火热的程度，远远超过了拍卖会。那时候，全国各地到广州观看冠亚军决赛的球迷，都以能够持有一张现场门票为荣。有人也曾经对 5000 元和 8000 元的 VIP、VVIP 门票价格非常担心，结果球票刚一开卖，这些高端门票就被秒杀。

如今，轮到了 2015 年 11 月 21 日的新门票方案：600 元（少量）、1500 元、3000 元、4000 元、6000 元、10000 元、18000 元（VIP）、39000 元（VVIP）（限量 10 张）。制定这样的价格，广州恒大淘宝俱乐部的营销团队，必定熟读《孙子兵法》，采取的是“上策”。

他们清楚，如果仅仅是卖出一张纸质的门票，会降低“球迷”的尊严，只有卖出他人永远达不到高度的“服务享受”，才能俘虏众心。

于是，根据不同的票价，他们确定了不同的服务层级：凡本场比赛购票球迷均可免费获赠亚冠决赛纪念版球迷服 1 件和亚冠五星助威围巾 1 条。凡购买票价 39000 元（VVIP）的球迷，俱乐部均会在赛前统一安排晚宴并安排专车接送到现场贵宾席观赛。

你以为哥卖的是票，其实哥卖的是“服务”；你以为哥买的是票，其实哥买的是“品质”。于是，一拍即合，必定会再次出现“洛阳纸贵”局面。

11 月 10 日公布的门票方案，8 类票面的价格是 82100 元，是 2013 年的近 4 倍。因为各类票面价值的门票数量差异较大，整体均价应该在 5000 元左右。按照 5 万张的数量，广州恒大 11 月 21 日的门票收入将达到 2 亿元，是 2013 年 6500 万元的 3 倍多。

奇迹，总是眷顾那些有准备的人。

中超应多创造稀缺资源

我们此前分析广州恒大商业帝国的时候就指出过，作为中超的旗帜，在“无恒大，不中超”的态势下，广州恒大所到之处，为其余 15 家俱乐部的主场创造了“金牌球市”。不管是豪强还是保级的球队，只要在主场遇到广州恒大，都会出现“洛阳纸贵”的局面。

这是广州恒大作为中超“稀缺资源”导致的。除了广州恒大自身就是稀缺资源之外，亚冠冠亚军决赛本身更是稀缺资源。如果夺取亚冠冠军，今后又能够把“世俱杯”引入到中国境内举行的话，相信这样的“世界足坛顶级稀缺资源”，更会创造一个球市及门票营销的“神话”。

2016 赛季，中超将至少出现广州恒大、上海上港、河北华夏幸福三家“10.0 俱乐部”，即他们的预算或者投入都会达到 10 亿元。加上中超老牌豪门山东鲁能和北京国安，2016 赛季的中超将更有卖点。

我们希望除了广州恒大之外，其余几家豪强以及中超新贵河北华夏幸福也能争先恐后创造更多的“稀缺资源”，增加更多场次的“金牌球市”。同时，通过顶级的军备竞赛，引进更多世界一流的外援，让进入亚冠冠亚军决赛成为常态，乃至传统。如此，不管是广州恒大还是哪支队伍挺进冠亚军决赛，都会把冠亚军决赛变成“稀缺资源”。最终，把申办和承办“世俱杯”落在实处，让顶级的“足球稀缺资源”列队落户中国。

相信中超的各路豪强早已从广州恒大及 2015 年 9 月份在长沙进行的男篮亚锦赛中受益良多，也相信在中超版权 5 年卖出 80 亿天价之后，每一家中超俱乐部都知道自己应该做些什么。

作为竞技职业体育，中超联赛带给大家的不仅仅是成绩本身，还有如虎添翼的“营销”。而成功的营销又建立在优异的成绩至上，两者相辅相成，缺一不可。因此，我们希望2016赛季能够成为一个新的转折点，在中超和亚冠双线赛场创造更多的稀缺资源，托起中国职业足球的“黄金十年”。

（肖亮志：《许家印和马云惊天大手笔 如何把一场决赛门票卖过2亿?》，互联网+体育公众账号，2015-11-12）

复习思考题

1. 体育赛事赞助商的权益一般有哪些?
2. 体育赛事赞助服务的原则和实施要点是什么?
3. 体育赛事门票的销售渠道和策略主要有哪些?
4. 体育赛事特许产品开发的过程包括什么?
5. 如何对体育赛事主题活动进行管理?
6. 体育赛事市场开发合同的主要特征和构件是什么?

第七章　体育赛事的媒体推广

本章导语

体育赛事媒体推广是扩大赛事影响、树立赛事品牌的重要环节，面对传统媒体的中流砥柱和新媒体的崛起，善于利用二者的优点进行媒体宣传推广是新时代的赛事组织方需要学会的重要技能。本章主要包括体育赛事合作媒体的选择、体育赛事媒体推广的要求和预期效果、体育赛事的网络推广等内容。

第一节　体育赛事合作媒体的选择

一、新媒体的特性

新媒体在体育赛事传播中扮演着越来越重要的角色，这得益于它的特性。

（一）信息革命的产物

和蒸汽机、发电机相似，新媒体是在时代经济、科技大发展的背景下诞生的。它依托于数字技术和计算机科技，以互联网为运作平台，进行线上的互动性传播。

（二）多媒体特征

新媒体拥有文字、图片、声音、视频等多种传播方式，融合了报纸、广播、电视等传播媒介的特征，打破了传统媒介的界限，进行超越时空限制的传播。

（三）互动性网络社区

新媒体用户可以通过微博、论坛、贴吧等各种网络社区来充分表达自己的想法，与新媒体进行即时的沟通，一改以往被动接受信息的状态，成为信息的创造者。

二、新媒体成为第一选择

（一）新媒体时代的到来

随着科技的突飞猛进，新媒体渐渐崛起并成为体育赛事传播中不可忽视和替代的重要力量。据工信部网站消息，中国互联网络信息中心（CNNIC）报告显示，截至2010年底，我国网民规模达到4.57亿人，较2009年底增加了7330万人，互联网普及率攀升至34.3%，较2009年提高了5.4个百分点。2011年1月13日，美国调研机构Royal Ping-dom发布报告并指出：截至2010年6月，全球网民数量为19.7亿，其中，亚洲最多为8.251亿，欧洲为4.751亿，北美为2.6621亿。博客数量为1.52亿个；截至2010年12月底，全球网站数量为2.55亿个。① 而截至2014年6月，我国手机网民达5.27亿，较2013年底净增了2699万人，网民中使用手机上网的人群占比进一步提升，由2013年的

① 顾才铭．共享社区：新媒体时代体育赛事推广模式选择——兼谈青奥会的推广［J］．浙江体育科学，2014，3：40-44.

81.0%提升至83.4%，手机网民规模首次超越传统PC网民规模。

网站、论坛、微博、手机APP等纷纷出现，吸引了大量的客户群，对广播、报纸、电视等传统媒体形成相当大的冲击，改变了大众对体育赛事的收视习惯，对体育赛事的传播和互动产生了深远的影响。电视已经不再是收看体育赛事的主要途径，以电脑和手机为载体的网络直播满足了受众随时随地同步看比赛的需求，而微博、弹幕和BBS等网络社区则满足了受众交流反馈的需求。同时，由于网络具有更宽广的自由度，更便捷的资源获取途径，吸引着越来越多的人成为新媒体用户，这种种表现宣示着新媒体时代已经到来。

（二）新媒体的优越性

新事物具有旧事物无法比拟的优越性，新媒体就是21世纪出现的新事物，它具有传统媒体无法拥有的优越性。

1. 新媒体超越时空限制，二十四小时不间断提供最新信息

新媒体是以数字技术和网络技术作为基础、以手机和电脑作为载体来提供信息的一种传播方式。受众有获取信息的需要时，只需要利用手机或电脑接入互联网，搜索关键词就可以获得即时消息。不同于电视的线性传播，互联网拥有海量的资源，不论发布时间的长短，只要有人将信息上传，利用新媒体就可以获得。这给体育赛事的报道传播提供了极其有利的条件，在电视不转播的比赛的情况下，可以观看网络直播，在错过了电视直播的情况下，依然可以上网观看比赛视频。所以说新媒体打破了传统媒体时空固定的特点，移动新媒体的使用为广大体育爱好者提供了极其便利的收看新方式。

2. 新媒体改变了传统媒体单向传播，交互式传播方式给予受众更多自主权

传统媒体的新闻传播方式是“传播者—受众”的单向传播，受众只能在规定时间看到传播者制作好的、希望或可以被受众看到的内容，而受众的心声无法传递至传播者的耳中，他们真正想要看哪些比赛、想要看什么样的比赛，以及怎样看比赛都无法被传统媒体的控制者所知晓。然而，微博、论坛还有近两年兴起的弹幕等，给新媒体用户创造了新的反馈交流信息的途径，使受众掌握了一部分的自主权。例如，在体育比赛的进行过程中，新浪微博的用户把关键词用“#”符号框出，创造微话题，利于看比赛的网友搜索相关信息，同时也可以发表自己对比赛的看法，有利于体育赛事话题的制造和赛事的宣传。

3. 新媒体的可移动性和可携带性给大众提供更便利的使用条件

新媒体主要以电脑、手机为载体，二者体积较小、重量较轻，方便随身携带。在无法坐在电视机前收看比赛的时候，受众可以用电脑和手机随时随地看直播。火车上、地铁上、甚至公交车上都能看到用手机或电脑看比赛的人。新媒体抢占的是受众非固定的、零碎的时间，对于忙碌的现代人来说，很难有整段的时间在电视机前完整地观看比赛，也很难有耐心读完报纸上的长篇大论，而新媒体却能把信息标题化、图片化、碎片化，填满受众零碎的时间段。

（三）新媒体作为体育赛事媒体推广手段的案例——2008年奥运会

2008年北京奥运会是新媒体深入参与体育赛事的元年，这届奥运会上，国际奥委会首次对新媒体进行开放，新媒体第一次被央视作为独立转播机构而赋予新媒体奥运赛事转播权，通过互联网、移动终端等平台，与电视一起转播奥运赛事。北京、上海、广州、深圳等全国30个大中城市的5万多辆公交车上安装了CCTV移动传媒的车载电视终端，奥运会期间数亿乘客通过车载终端收看到奥运相关报道。腾讯在赛前和赛后第一时间向6亿多的用户推送QQ迷你网页和腾讯的奥运频道。新浪网则在关注度较高的比赛或中国选手夺冠后设置弹窗，及时向在线的网友传播最新赛况。

三、传统媒体不可替代

（一）传统媒体的主导地位

随着电子科技和网络科技的进步，手机和电脑的普及率越来越高，但是不可否认的是，电视等传统媒体依然占据着传播的主导地位。据由NGB总体专家委员会编制的《中国下一代广播电视网（NGB）自主创新战略研究报告》显示，中国广播电视综合覆盖率已经超过96.95%，成为世界上覆盖人口最多、公众信息传送量最大，有线、无线、卫星等多种现代技术手段并用的广播电视网络。在偏远地区和欠发达地区，手机和电脑的普及率较低，广播电视依然是人们获取外界信息的最主要途径。

除此之外，看电视不仅是获得信息的需要，更成为了日常生活的习惯而深深地融入到传统文化中。在忙碌的工作结束后，家人坐在一起看电视仿佛成为了约定俗成的规矩，而大多数中老年人更是每天定时守在电视机前收看《新闻联播》，一家人一起看春节晚会更是融在春节习俗中不可更改的习惯。每逢奥运会、世界杯、世锦赛等重大体育赛事，三五亲朋好友相约一起看电视直播已经成为大众娱乐、交流的习惯方式。

（二）传统媒体宣传推广的优越性

1. 传统媒体传播覆盖面广，受众基数大、分布广

我国目前共出版报纸1926种，日均读者数约2.31亿；全国广播听众接近12.02亿，全国电视观众数量达到11.15亿人。这些数据充分表明，传统媒体极宽的覆盖面、庞大的受众群体是新媒体无法比拟的，这得益于几十年来政府对于这些传播媒介的大力建设，不仅仅是政策和技术上的支持，政府在物质上也给予了很多帮助，例如，“农村家电下乡”等一系列政策倾斜，对于电视的普及率和更新率都具有很大的促进作用。传统媒体的用户群不仅分布广，而且由于我国人口基数大的原因，受众群基数也极其庞大。通过传统媒体收听收看体育赛事仍然是广大人民群众最主要的方式。

2. 传统媒体资源垄断，具有权威性，受众忠诚度较高

经过几十年甚至上百年的积累，同时又有政府的资金支持，传统媒体掌握着大量的信息资源。特别是中央电视台、中央广播电台以及党报拥有极其丰富的新闻源，在某些领域处于垄断状态，如在奥运会、世界杯等国际赛事的转播权上，央视有着垄断权。广播电视是党和政府的喉舌，起着上传下达的作用，播报的新闻内容具有较高的权威性，代表着党和政府的政治立场。受众对于发布权威性、严肃性新闻内容的媒体具有较高的忠诚度，如一提到体育赛事转播，绝大部分的受众第一选择都是 CCTV5。这种惯性思维和方式在短期内很难被改变，这些都是传统媒体独特的优越性。

3. 传统媒体拥有庞大的资金、技术支持，集中的优秀人才和较高的节目制作水准

传统媒体在政府的支持下，运行和制作经费由财政直接拨款，物质上的满足给予媒体人更放松的创作环境和更精良的制作追求。除此之外，传统媒体使用的都是国内最先进的广播电视制作技术，带给受众全新的视觉、听觉感受。拥有如此雄厚资源和发展空间的传统媒体是全国优秀的媒体人的第一选择，久而久之，良性循环使传统媒体更加壮大。

（三）传统媒体在体育赛事推广中的应用——以巴西世界杯为例

四年一届的国际足联世界杯是全球知名度最高、含金量最高的足球比赛，每次比赛已经成为全球足球迷的大联欢。在中国，只有中央电视台拥有 64 场比赛的独家转播权，想要看到世界杯上各个国家精彩的比赛，CCTV 是唯一渠道。

在 2014 年巴西世界杯期间，央视全天二十四小时播出世界杯节目，除了直播比赛，更多的是精心制作的相关世界杯的娱乐、解说、探密等节目。其中，CCTV5 的主打栏目是《豪门盛宴》，这档节目由张斌担任主持，每期都会邀请不同的明星嘉宾前来共同讨论有关世界杯的话题。在节目中，主持人会总结刚结束比赛的两支球队的表现，回顾它们在历届世界杯上的输赢，也会邀请专业运动员和专业评论员分析赛场上的战术和技巧，并分析下一场比赛的看点，甚至大胆预测比分和名次。除了讨论赛场上的表现，央视还制作了许多具有趣味性的视频，介绍巴西的自然风光和风土人情，梳理各个球队发展的历史脉络，分析几支传统足球强队的“恩怨情仇”，以及循环播放本届和历届世界杯上的精彩进球等。这些节目拓宽了世界杯的外延，让世界杯不仅仅是一场场挥汗如雨的比赛，而是生动有趣的历史文化。央视也很好地享受和承担了一家独大的权利和义务，为广大受众奉献出了喜闻乐见的精彩节目。

四、新媒体和传统媒体相辅相成

（一）新媒体和传统媒体优劣互补

1. 传统媒体利用新媒体拓宽其内容销售渠道

传统媒体凭借其丰富的人力、物力和技术资源，其制作的节目水准较高，但是由于播放和销售渠道过窄，容易造成受众和广告商的流失。新媒体的栏目形式虽然新奇多样，但是栏目内容质量和可信度不高，很难在受众群中广泛传播引起共鸣。所以，传统媒体与新媒体合作，把即时性的新闻和优秀的栏目放在新媒体中播出，利用其广泛的传播途径来实现节目价值的最大化。例如，CCTV 在 2009 年 12 月成立了中国网络电视台（CNTV），其充分发挥电视平台和网络平台的双平台的优势，建设成为我国具有公信力和权威性的网络视频互动传播平台，充分利用体育赛事独家版权和原创资源，全程直播国内、国际重要赛事，为广大网友呈现以24小时线性直播为核心，以海量体育视频、赛事图文资讯、赛事数据服务、网络社区互动、移动终端交互等为辅助功能的体育视频互动社区。

2. 新媒体利用传统媒体的内容资源提高其权威性和点击量

新媒体的传播渠道较多、方式新颖，受众群体庞大，但是由于新媒体发展时间较短、运行制作不够成熟，缺乏质量上乘的栏目，在受众群中的权威度和可信度较低。当新媒体拥有了传统媒体的节目内容资源，相当于拥有了权威性的话语权，再加上灵活多样的呈现形式，制作成集趣味性、知识性、新闻性为一体的栏目，点击量自然而然呈增长趋势。例如，CNTV在央视作为资源基础的情况下，其体育频道下有直播、点播、策划，囊括了NBA、CBA、欧冠、意甲、英超等世界上最受关注的体育赛事，CNTV中的体育赛事频道（CCTV5+）于2013年8月上线，为广大体育爱好者提供了更便利和更人性化的条件。

（二）新媒体和传统媒体的融合是必然趋势

媒介融合是现代社会媒介发展的必然趋势。新媒体和传统媒体是完全不同的两种媒介，它们的互相借鉴与合作可以称之为媒介融合。美国新闻学会媒介研究中心主任Andrew Nachison给出的“融合媒介”的定义是：印刷的、音频的、视频的、互动性数字媒体组织之间的战略的、操作的、文化的联盟。他强调的“媒介融合”更多是指各个媒介之间的合作和联盟。①

报纸、广播、电视和互联网的逐一诞生，就是媒介的发展史，在一个世纪的发展过程中，没有某种媒介消亡，也没有某种媒介完全取代了另一种媒介。它们在内容上、渠道上、市场上慢慢地互相渗透，取长补短的同时又保持自己的独特性。报纸在努力提高发行量的同时也在推广电子报，不仅力求与时俱进，而且更注重历史纪念和收藏价值；广播在改进收听质量的同时向专业化、细分化发展，音乐台、新闻台、交通台等各个不同电台极大地满足了不同人群的收听需要。电视在提高节目制作水平吸引受众的同时加强网络平台和客户端的建设，打破线性传播和时空限制。

随着科技的进步，新媒介的出现是时代发展的结果，生活方式的变化让受众接受信息的容量和方式也随之改变。传统媒体与新媒体的融合是当今媒介发展的必然趋势，也是顺应社会发展的表现。

（三）新媒体和传统媒体的融合——以伦敦奥运会为例

在2012年伦敦奥运会期间，腾讯不仅通过自身的网络产品如QQ、QQ空间、腾讯网和自动弹出的迷你首页等预告和发布奥运赛事赛果以及相关新闻和视频，还与《体坛周报》达成了独家合作战略协议。

《体坛周报》拥有强大的采编团队和体育赛事专业评论员，由于纸媒的制作印刷周期较长，其对比赛的解读和挖掘到的奥运会背后的故事等都在第一时间发布到腾讯网络平台

---

① 蔡雯．新闻传播的变化融合了什么？——从美国新闻传播的变化谈起新闻战线［J］．中国记者，2005，9：57-59.

上，其浏览量和转载量远远超过了报纸的发行量。而网友们的观点和看法通过网络留言和讨论又及时地被反馈给《体坛周报》的一线工作人员。采编受众喜爱的话题和内容，增加与受众的互动，让《体坛周报》在报道伦敦奥运会成绩和收益上大大领先于国内其他报纸。《体坛周报》总编辑李烨辉在腾讯奥运战略发布会上接受采访时说："《体坛周报》的伦敦奥运会报道将会因为与腾讯的合作而改变。在整个奥运报道的项目上，肯定跟我们以前是不一样了，因为以前我们的一些内容，在纸媒上面不是很好呈现的这些内容，这些即时性的消息，现在我们可以通过腾讯这个平台，可以非常及时发布出去，包括一些很好的新闻点，我们都可以通过微博进行发布。"①

第二节　体育赛事媒体推广的要求和预期效果

一、体育赛事媒体推广的要求

（一）加大宣传力度，扩大覆盖面

1. 利用广播电视媒体达到宣传覆盖面的最大化

广播电视是目前国内覆盖率最广的媒介，要举办全民关注的体育赛事，必须很好地利用广播电视的宣传能力。在广播方面，由于传播的线性特征，所以要重复播报有关体育赛事的相关信息。可以在固定的时间段里统一播报赛事预告和总结，如整点播报，或者在收听率较高的栏目开始前或结束后安排插播。推出体育赛事的特别节目，邀请著名运动员、评论员和明星一起聊赛场上和生活中的趣事，增加节目的趣味性和亮点，有利于提高收听率，拥有朗朗上口的主题曲或者是宣传语可以达到事半功倍的宣传效果。同时，要注重与听众的互动，可以在节目中增加接听热心听众来电等环节，使听众的声音能够传达出去。

在电视媒体方面，体育赛事举办的前期，拍摄和播放赛事宣传片，预告和解读将要举办的体育赛事，让更多的人知道并产生兴趣，才能为接下来的了解甚至喜欢做好铺垫。在体育赛事举办期间，提高直播画面清晰度、进行合理的镜头切换、邀请优秀的解说员和评论员是最基本也是最重要的事情。与此同时，制作体育赛事特别节目是常用的宣传手段，例如比赛的精彩瞬间集锦、某位运动员的职业生涯回顾及深入挖掘比赛背后的故事等，这些都是观众喜闻乐见的节目内容。体育赛事结束后，电视台要进行整个赛事的总结和点评，可以邀请在本届赛事中最受瞩目的明星运动员来分享他的故事，并展望下一届赛事。

2. 利用新媒体丰富体育赛事内容，增强互动性和趣味性

新媒体由于不受时空限制的得天独厚的条件，在体育赛事媒体推广中起着不可替代的

① 关蓉．媒介融合背景下腾讯2012年伦敦奥运会报道分析［D］．北京：北京体育大学，2013.

作用。新媒体善于把大量的信息肢解成一个个标题和片段，方便用户在短时间内了解到最重要或最感兴趣的信息。在体育赛事前期宣传阶段，利用网页弹窗、手机 APP 消息推送、微博热门话题等方式炒热体育赛事的话题度。在赛事举办期间，各大门户网站可以把赛事相关信息置顶，推送精心制作的图文和视频，举行有奖参与活动等。例如，2014 年巴西世界杯期间，网易新闻客户端发起了集齐球星卡兑换奖品的活动。充分发挥新媒体的交互性功能，勾起全民参与的兴趣并与网友随时互动，可以制造一些颇受关注或者极具趣味性的话题，利用网络评论、转载等方式广泛传播。

（二） 加深推广程度， 增强互动性

1. 充分发挥新媒体的交互性，激发大众了解的兴趣

当今社会是眼球经济的时代，吸引了大众的注意力，体育赛事的举办就成功了一半。据 CNNIC 第 35 次调查报告显示，截至 2014 年 12 月，我国网民规模达 6.49 亿，手机网民规模达 5.57 亿。[①] 新媒体市场庞大而宣传成本又相对低廉，重要的是制造和炒作话题的能力。各大纸媒、广播电台和电视台都注册了微博官方帐号，体育赛事主办方可以联合授权媒体，通过微博发起带“#”的话题、举办微博访谈、发布小视频和动态图、转发关注抽奖等方式提高话题热度，增加阅读量和转发量，与网友热情互动，激发他们的好奇心并最终转化为忠实受众。

2. 举办丰富的线下活动，提高群众实际参与度

虽然网络和电视的普及率相当高，但是不得不承认，有部分人群还是无法覆盖到。除了在网络社区策划宣传，在实际生活中提高群众的参与度也同样重要。为了配合体育赛事的宣传，赛事举办地的单位、学校和社区可以组织同类型的比赛，让当地人能真正地参与到体育中来，培养他们对此类赛事的兴趣。还可以举办各种形式的体育赛事知识问答，获胜者赢得门票和纪念品，有利于普及体育赛事相关知识，宣传该类体育赛事文化。

3. 广泛招募志愿者，推广赛事文化

重大体育赛事的举办通常需要数以千计甚至万计的工作人员，招募赛事志愿者不仅可以大大降低举办体育赛事的成本，而且可以扩大体育赛事在年轻的普通群众中的影响力，是一举两得的事情。体育赛事志愿者目标人群最好为所在城市的在校大学生，一是因为大学生数量较多且素质较高，方便招募和培训；二是因为大学生空余时间较多且住宿问题可以自行解决，招募成本较低；三是因为大学生是社会中的知识分子和活跃分子，有利于对体育赛事的宣传和积极影响的产生。

除了招募志愿者，使体育赛事的优秀文化形象深入人心才是最成功的宣传。为了达到这样的宣传效果，首先需要树立举办城市的美好形象。张贴海报、绘制壁画、在城市主要建筑物和市中心设立标志物等方法，可以有效地呈现出积极向上、充满活力的城市形象。除此之外，需要更多地对外交流，如邀请名人来观赛，或者邀请著名艺术家设计吉祥物，建设造型独特、具有历史文化内涵的体育馆等，充分赋予体育赛事丰富的故事和文化背

---

① 中国互联网络信息中心 CNNIC. 中国互联网网络发展状况统计报告［R］. 2014.

景，这样才能成功举办一场令人难忘的体育赛事。

（三）准确市场定位，利用明星效应

1. 准确定位受众，锁定目标市场

体育赛事的成功举办离不开准确的市场定位，举办体育赛事之前要做好科学的市场调查，需要充分了解已经开发的市场和潜在市场，加大开发力度。如中国网球公开赛，举办方则需要寻找和招募对网球赛事感兴趣或者与网球行业相关的企业作为赞助商。若举办综合性体育赛事，则赞助商的招募和选择范围更广，除了体育制造业和体育服务业中的企业，实力雄厚的交通运输业、能源行业、通信行业和食品行业中的企业等都是重点考虑的对象。

2. 善于进行赛事包装，利用明星效应扩大赛事影响力

体育赛事的成功举办需要赛事主办方在赛事准备期间做好市场开发，赛事组委会要与各大媒体建立良好的合作关系，把赛事打造成独一无二并极具观赏性的盛大赛事。邀请明星为赛事代言或者作为赛事嘉宾可以有效的提高赛事的知名度和影响力。

例如，已经有65年历史的NBA全明星赛（All Star Weekend），这是美国职业篮球界一年一度的视听盛宴，是球星和球迷的狂欢节。入选全明星赛的球星有初出茅庐的希望之星、处于职业生涯巅峰状态的巨星、即将退役具有传奇色彩的老将甚至还有球技非凡的跨界明星。这些极具个人魅力的明星们齐聚一堂，加上扣篮大赛、技巧赛等技术与观赏性合二为一的比赛内容，受到全世界媒体和观众瞩目。2016年的NBA全明星赛由于华裔明星吴亦凡的加入，在中国引发了高度关注。

3. 打造赛事的品牌，让品牌形象深入人心

体育赛事品牌的创建，既有利于满足体育消费者的需求，也有利于体育竞赛市场经营企业开拓市场。[①] 世界上品牌建设推广最成功的体育赛事当属奥运会，从火炬传递到五环标志，从世界和平到更快、更高、更强，从雅典的橄榄枝到北京的福娃，无一不彰显着奥运会独特的精神内涵，无一不深深地根植于世界人民心中。

品牌建设的首要考虑因素为独特性，只有拥有独一无二的特性，体育赛事才有存在发展的前景。其次要具有鲜明性，当大众看到此品牌时能够产生特定的联想。赛事的标志、口号、吉祥物和主题曲都不可或缺。最后也是最重要的，体育赛事的品牌一定要建立在丰富的文化内涵之上，这样的品牌才有竞争力，才能在众多体育赛事中脱颖而出。例如，奥运会是在期待世界和平、共同建设美好世界的愿望下产生的，在世界范围内产生了共鸣。

除了体育赛事的商业性，主办方应把公益型和社会效益提到同等战略高度。以体育赛事的名义举办公益活动，邀请贫困山区的孩子来观看比赛，或者组织运动员进行公益拍卖，把所得资金捐献给红十字会等。这些公益活动可以大大提升体育赛事的品牌形象，营造积极向上、勇于承担社会责任的正面形象，有利于品牌推广和建设。

① 姜椿林．体育竞赛的品牌营销策略研究［D］．北京：北京体育大学，2003：7.

二、体育赛事媒体推广的预期效果

（一）赛事知名度提升，受众群不断扩大

1. 提高赛事知名度

体育赛事名称能不能被更多的人熟知是衡量该赛事媒体推广程度最直接最客观的标准之一。让大众知晓体育赛事的名称及大致比赛内容是基础，有了认识的前提才有进一步了解的可能。要牢牢抓住对体育赛事有兴趣的群众，了解他们的兴趣点所在，简洁又充满趣味性地介绍赛事的内容和看点，让他们进一步变成体育赛事忠诚的受众。要加强体育赛事官方网站的建设，首页要设计得简洁大方，重要信息要放在醒目的位置，对于体育赛事的介绍也要突出重点，让人一目了然。同时可以与新媒体合作，开设体育赛事的官方微博帐号，与网友真诚互动。

2. 激发受众的参与热情

受众参与体育赛事的方式有许多种，最轻松简单的一种是在网络社区参与关于体育赛事的讨论，而让受众从家门走向赛场则是相对比较困难的方式。在网络社区上除了评论和转载体育赛事相关内容，举办转发抽奖送门票或纪念品、参与讨论赢得与明星运动员见面的机会等都是点燃受众的热情的手段。

举办丰富多彩的线下活动能让受众更深入地了解体育赛事，激发他们的热情。例如，新浪体育在2015—2016年英超开赛之前，发起了“寻找英超解说员”的活动。在全国一线城市开设报名点，重点在大学校园里推广宣传，开展扫描报名并赠送礼品。先在各个城市进行海选，优胜者到北京进行决赛比拼，最后的冠军将获得与著名解说员詹俊一起解说英超赛事的机会。这样的活动不仅让英超爱好者热血沸腾，而且让之前不了解英超的群众增强了对英超的认识，产生了兴趣。

3. 提高收视率和点击率

媒体推广部门需要准确把握网友的兴趣和爱好，其中，要把握好媒体发布信息的时间。一般来讲，早晨的新闻推送大约在8点至9点间，这个时候白领刚到公司还没有开始一天的工作，会习惯性地浏览昨天发生的大事件。中午12点到13点间的新闻点击量会比较高，在经历了一上午的工作和学习，受众需要在午休时刻放松一下。而晚间19点至20点则是新闻浏览量和转载量的高峰期，结束了忙碌的一天，受众回到家后选择自己喜爱的方式来打发晚饭前后的时间。

同时，优秀的媒体宣传推广的内容也可以起到事半功倍的效果。体育赛事的新媒体宣传需要抓住用户的需求和心理，发布一条有趣的赛场动态图可能比一条严肃的教练声明获得更多的点击量和转载量。

（二）赞助商数量更多、级别更高

1. 赞助商是体育赛事得以举办的基础

国内的体育赛事基本分为政府主导型、市场主导型和政府市场协作型，除了完完全全

的政府主导型，其他类型的体育赛事都必须依靠市场来进行运作，都必须获得赞助才能维持运行。研究表明，赞助的体育赛事是否有利于企业产品的推广是影响体育商业赛事企业赞助的主要因素，其次是体育赛事的级别是否能引起大众消费者的关注。[①] 体育赛事的质量越高、影响力越大、吸引的受众群体越多则更有利于企业产品的宣传推广。所以，吸引更多的赞助商，最主要的方法是努力提高体育赛事的质量和影响力。

2. 吸引数量更多、级别更高的赞助商

体育赛事营销作为一种软广告，常常能巧妙地借助体育比赛制造新闻，产生持久和振奋人心的宣传效应。由于软广告并不单独出现，因而商业性及功利性不像硬广告那么明显，因此人们普遍对体育赛事赞助商不像对广告商一般具有反感和抵触的情绪，反而达到较好的品牌推广效果。[②] 所以，赞助体育赛事是可以获得更大回报的宣传方式，对企业的吸引力非同小可。

不同级别的体育赛事吸引不同级别的赞助商，一般来讲，体育赛事的类型、规模与赞助商企业的类型和规模是相一致的。北京奥运会共有赞助企业 63 家，包括联想、可口可乐在内的顶级赞助商至少花费 6500 万美元才能获得这一资格；包括大众汽车、中国银行、中国移动等 2008 年北京奥运会合作伙伴的赞助门槛近 3 亿元人民币；伊利、海尔、青岛啤酒、恒源祥等 2008 年北京奥运会赞助商的起步价为 1. 3 亿元人民币；长城葡萄酒、金龙鱼等 2008 年北京奥运会独家供应商门槛费为 4100 万元人民币；奥康皮具、立白等奥运会普通供应商的入选门槛为 1600 万元人民币。[③] 是否能吸引数量多、级别高的赞助商是衡量体育赛事成功与否的标准之一，也是体育赛事媒体推广所追求的目标之一。

（三）获得良好的、持续的经济效益和社会效益

1. 获得良好的经济效益是体育赛事媒体推广的主要目标

经济因素是决定是否举办体育赛事的重要因素。建设体育场馆、修建配套基础设施、招募工作人员、为运动队提供食宿等，举办体育赛事需要巨大的经济开支，而如果赛事无法达到收支平衡，则会造成严重的后果。例如，奥运史上的“蒙特利尔陷阱”，1976 年加拿大蒙特利尔奥运会出现了 10 亿多美元的巨额赤字，所有纳税人共同偿还这笔债务，直到 20 世纪末才全部还清。不仅严重打击了世界各国申办奥运会的热情，而且更直接地导致奥林匹克运动的萎缩甚至倒退，直接导致当年准备申办 1984 年奥运会的国家纷纷退出。“蒙特利尔陷阱”让奥林匹克运动陷入前所未有的危机和挑战，万分危急的时刻，萨马兰奇进行了大刀阔斧的改革，最终才力挽狂澜使国际奥林匹克渐渐复苏。2008 年北京奥运会，这届在家门口举办的奥运会通过多方面的运作，投入成本大约 193. 4 亿元，最终收益 205 亿元，实现了 10 多亿的直接利润额，不仅使北京的城市规划和硬件设施得到了巨大改善，还实现了经济效益的提升。[④]

---

① 朱文雁. 赞助商选择与体育赛事竞争［J］. 武汉体育学院学报，2009，12：35 – 40.

② 周同文. 大型体育赛事非官方赞助商体育营销策略研究［D］. 成都：成都体育学院，2010.

③ 张艳艳，张炳发. 浅谈体育营销［J］. 山东纺织经济，2008，2.

④ 张咏. 北京奥运盈利超 10 亿［N］. 中国青年报，2009 – 6 – 23.

2. 获得持久的社会效益是体育赛事媒体推广的追求

体育赛事的社会效益往往是间接的、隐性的、持久的，相对于经济效益，它对整个社会影响面更广、影响程度更深、持续时间更长。体育赛事的举办对于改善交通、通信等基础设施，提升城市形象，提高治安管理，增加城市第三产业比重，创造就业机会，提高城市人口素质和生活质量等方面具有明显的正面功能。

大型体育赛事的举办对改善城市社会软环境的作用是非常巨大的，而二级指标城市形象在社会软环境中可谓是重中之重，权重高达0.7151。大型体育赛事前声势浩大的推广活动和众多媒体大规模的报道，会极大提升赛事举办城市的知名度。同时也促进了城市之间的交往与文化的交流，以及城市之间建设品位的提升，这都为举办城市塑造与提升城市形象提供了很好的机会。①

第三节　体育赛事的网络推广

一、体育赛事网络推广的含义及其重要性

（一）体育赛事网络推广的含义

体育赛事网络推广主要是指以体育赛事资源为基础，以互联网为平台，主要从体育赛事受众的需求出发，通过数字信息传播和网络媒体交互，实现体育赛事的整体推广战略目标。体育赛事网络推广的主要载体有官方网站、新媒体营销、网络广告、电子邮件、搜索引擎等。

（二）体育赛事网络推广的重要性

体育赛事和网络的结合是一种积极的行为方式，通过网络形成对受众的冲击力和吸引力，为体育赛事带来更多的关注者和赞助商，从而提升体育赛事的经济效益。体育赛事网络推广的重要性主要体现在以下方面：

1. 扩大体育赛事信息传播范围

网络信息的传播是不受时间和空间的限制的，体育赛事信息和广告可以通过网络不断传播至世界各地的体育赛事受众，扩大体育赛事的知名度和影响力。只要具备连接网络所需的硬件和软件，任何人在任何地方都可以基于网络获取体育赛事相关信息。

2. 具有无可比拟的交互性特征

体育赛事网络推广大部分工作是以网络媒体为平台进行的，交互性是网络媒体最大的

① 翟廉芬. 大型体育赛事对举办城市社会效益的评价研究［D］. 南京师范大学，2008.

特征和优势，网络媒体的信息传播方式是体育赛事和体育赛事受众之间的双向传播，不同于传统媒体的体育赛事向体育赛事受众的单向传播。因此体育赛事受众可以选择获取其认为有价值的信息，而体育赛事也可以随时获得体育赛事受众的反馈。

3. 增强体育赛事推广的针对性

体育赛事的受众和网络的受众重叠部分较多，一般都具有充满活力、受教育程度较高、购买力较强等特征，而这部分群体也是许多潜在赞助商的目标受众，所以体育赛事网络推广有助于信息有效定向传播，增强体育赛事推广的针对性。并且可以通过流量统计计算体育赛事信息和广告的浏览量，统计推广时间和地域分布，从而评定网络推广效果，修正推广策略。

4. 提升体育赛事推广的灵活性

传统推广改变既定计划往往需要付出较大代价，而网络推广能够根据需要随时修正，从而提升体育赛事推广的灵活性，及时根据变化采取新的决策。并且，通过网络传播体育赛事相关信息、推广体育赛事的成本较低，可以大量复制相关信息借助多渠道传播，最大化利用资源。

二、体育赛事官方网站的建设与运营

官方网站是体育赛事在互联网上的形象展示，建设官方网站是开展体育赛事网络推广的重要环节。一般地，体育赛事会通过官方网站实现赛事资讯发布，运动员注册、报名和审查，赞助商和合作单位招募，志愿者招募等。总体来讲，除了联赛以外，其他体育赛事的官方网站的存效时间较短，即使对于像奥运会这样的世界顶级体育赛事而言，如果从申办成功就开始建设官方网站，勉强来说存效时间也只有 8 年。体育赛事的官方网站通常会交给网站制作服务公司建设和技术维护，体育赛事组委会新闻宣传部或其他相关部门负责具体内容填充。一般地，体育赛事官方网站的建设和运营包括如下内容：

（一）网站规划

网站规划，是指在体育赛事官方网站建设之前，体育赛事组委会要根据实际需要进行分析，提出通过官方网站想要达到的效果和实现的功能，并且整理成需求列表，交付至网站制作服务公司。网站规划通常涉及以下内容：

1. 网站定位

网站定位就是要确定体育赛事官方网站建设的目的，需要确定网站用户、网站功能、网站内容等。通常体育赛事官方网站的用户是运动员、裁判员、观众、潜在赞助商等体育赛事关注者；网站功能包括形象展示、信息发布、商务合作等；网站内容应该是主题分明、结构合理、逻辑清晰的，并能够为体育赛事关注者提供产品的服务，涉及体育赛事资讯、运动员（队）信息、体育赛事赞助商展示等。

2. 内容收集

在确定网站定位后，就要收集现有体育赛事的相关资料并进行整理，以填充体育赛事官方网站的内容。一方面是当前体育赛事资讯、组织机构信息、运动员（队）信息等的积累，另一方面是搜索整理赞助商、媒体报道等内容。

3. 栏目设置

栏目设置就是要确定体育赛事官方网站的逻辑布局，首先要根据体育赛事的性质和需求确定官方网站必备的栏目，然后要明确各栏目应该包含的内容。如中国足球协会超级联赛官方网站（csl. sports. cn）的栏目有：首页，最新消息，赛果·数据，俱乐部资料，十年甲 A，中超论坛。

（二） 网站设计

网站设计主要是指对体育赛事官方网站视觉方面进行设计，通过艺术手法表现网站规划中的具体内容。网站设计通常涉及以下内容：

1. 网站标志设计

网站标志，即网站 Logo，是体育赛事官方网站的象征符号，也是体育赛事官方网站的特征和内涵的集中体现。一般情况下，体育赛事官方网站的标志和体育赛事的标志是统一的，如北京马拉松官方网站的标志就是北京马拉松的标志。

2. 网站风格设计

网站风格是用户对体育赛事官方网站的整体形象的综合的、抽象的感受，因此极有必要统一体育赛事官方网站的风格，特别注意保持体育赛事官方网站的色彩、文字、版面布局、浏览方式等的一致性。

3. 导航栏设计

导航栏的作用是保证体育赛事官方网站各栏目的清晰呈现，导航栏链接到栏目具体内容，并根据位置不同可分为横排导航栏和竖排导航栏两种形式。体育赛事官方网站的导航栏在网页中的位置一般比较固定，风格也应该是一致的。

（三） 站点建设

网站规划和网站设计相当于是体育赛事官方网站的策划阶段，在策划案敲定后就要进行实际操作，即站点建设。站点建设通常涉及以下内容：

1. IP 地址申请和域名注册

IP 地址（Internet Protocol Address）是指互联网协议地址，是体育赛事官方网站区别于其他网站的、唯一的特殊标示，由于 IP 地址是 32 位二进制数的，不便于记忆，所以要申请注册一个唯一的、便于记忆的和 IP 地址对应的域名。域名注册对于体育赛事官方网站来说是至关重要的，域名可以说就是体育赛事在网络上的地址，通常选用和体育赛事相关的字母、数字或字母和数字的结合体作为体育赛事官方网站的域名，如 2008 年北京奥运会的官方网站域名为 www. beijing2008. cn。并且体育赛事官方网站的域名还是体育赛事的无形资产，是具有市场价值的。

2. ISP 服务选择

ISP（Internet Service Provider）是指互联网服务提供商，由于自建独立站点的成本较高，通常体育赛事会选择由 ISP 提供的虚拟主机租用或服务器托管的服务。虚拟主机是指由在互联网上运行的服务器划分出的多个虚拟的服务器。服务器托管，即主机托管，是指将自购的服务器托管至 ISP 服务商的 IDC（互联网数据中心）。

3. 网页制作

网页是体育赛事官方网站的表现形式，网页制作是体育赛事官方网站建设的重要环节。网页制作一定要以网站规划和网站设计中的具体要求为基础。专用的网页制作工具主要有 Netscape、Dreamweaver、FrontPage、HotDog Professional 等。网页制作技术通常有前端页面开发和后台数据库开发。

4. 网站测试

网站测试是在体育赛事官方网站的全部网页都制作完成后所进行的一系列检测工作，主要是为了保证体育赛事官方网站的正常浏览和功能的正常体现。通常包括性能测试、安全性测试、功能测试、优化测试、兼容性测试等。

（四） 网站推广

在通过网站测试后，就可以将体育赛事官方网站的全部网页上传服务器，供用户访问，发挥体育赛事官方网站的基本作用。紧接着就要进行下一项重要工作，即网站推广，因为不进行推广体育赛事官方网站一般不会有较大的访问量，那么就不能达到体育赛事组委会预期设想的效果。网站推广方法一般有搜索引擎推广方法、电子邮件推广方法、资源合作推广方法、信息发布推广方法、网络广告推广方法等，同时要注意和行业、协会网站进行合作，建立友情链接。

（五） 网站管理和维护

在体育赛事官方网站建设完成后，就要不断对体育赛事官方网站进行管理和维护，以保证体育赛事官方网站的正常运行。体育赛事官方网站管理和维护一般包括安全管理、性能管理、内容管理等，其中安全管理、性能管理及内容管理中的技术支持由制作体育赛事官方网站的网站制作服务公司进行；内容管理中的内容更新由体育赛事组委会新闻宣传部等相关部门进行，不断更新网站内容包括赛事新闻、体育赛事赞助商全部展示等。同时要根据实际需要和变化逐步完善体育赛事官方网站的功能。

三、体育赛事的微博推广和微信推广

（一） 体育赛事的微博推广

体育赛事的微博推广，是指以微博为推广平台，通过发布体育赛事相关信息、组织“微话题”、策划“微活动”等方式吸引微博用户关注体育赛事，从而树立体育赛事良好的品牌形象，达到体育赛事推广的目的。体育赛事的微博推广的特点有成本低、见效快、覆盖广、便捷性、互动性等。

体育赛事的微博推广的策略一般有以下几个方面：

1. 建立微博矩阵

体育赛事的微博推广的微博矩阵包括内部矩阵和外部矩阵。内部矩阵是指负责体育赛事微博推广的相关部门，一般是体育赛事组委会新闻宣传部，通常会建立“1+N 微博矩阵模式”，即以体育赛事官方微博为主平台，以体育赛事志愿者微博、球迷联合会微博、俱乐部或运动队微博等体育赛事其他相关微博为辅助平台。外部矩阵是指体育赛事的微博推广还要注重与体育赛事主管行政机构、赞助商、媒体和记者、体育明星等其他主体的官方微博的关系管理，与其建立良好的合作关系，促进外部矩阵的官方微博对内部矩阵所发布的微博的转发和评论。从而促进体育赛事与微博用户的广维度沟通，塑造体育赛事在微博平台上的整体良好形象，同时能够增强体育赛事微博推广的影响力，扩大体育赛事相关的微博内容的覆盖度，实现一对多再对多的传播效果。

2. 发布官方信息

体育赛事官方微博及相关微博的官方性主要通过微博认证的方式来体现，从而提升体育赛事推广的可信度，体现体育赛事官方微博及相关微博是代表体育赛事官方组织发声的权威形象。体育赛事官方微博及相关微博主要发布的信息包括体育赛事的资讯、体育赛事赞助商的展示、微博活动、体育赛事相关名人信息、俱乐部或运动队信息、体育赛事相关活动信息、体育赛事门票信息、体育赛事相关主管行政机构信息、同系列体育赛事相关信息、体育赛事志愿者信息、温馨提示等，通常有文字、图片、视频等多种多样的形式，同时一定要注意所发布信息的实用性和准确性。

3. 传播热点话题

在体育赛事的微博推广中往往要创造并传播大量的体育赛事相关的热点话题，促成微博用户广泛讨论热点话题的形势和场面，以吸引微博用户关注体育赛事的官方微博和相关微博进而关注体育赛事，并引起媒体、潜在赞助商、社会团体等的注意。热点话题的表现形式一般是“#话题#”，如中国网球公开赛新浪官方微博@中网 ChinaOpen 发布的热点话题“#2015 中网#”，同时一定要注意热点话题的连贯性。

4. 开展互动活动

为了保持体育赛事微博推广的主动性，体育赛事官方微博和体育赛事相关微博通常会开展许多双向沟通的互动活动，吸引兴趣人群，提升活跃度和传播力，增强微博用户对体育赛事的关注粘度，关键是要获得体育赛事关注者的反馈信息。体育赛事微博互动活动的形式多样，一般会设置相应奖励以吸引微博用户参加，如体育赛事口号、标志有奖征集和评选等。

（二）体育赛事的微信推广

体育赛事的微信推广，是指体育赛事组委会新闻宣传部或其他相关部门通常利用微信公众平台，传递体育赛事新闻报道及相关信息，与体育赛事关注者交流互动，从而强化体育赛事的品牌力和扩大体育赛事的影响力。体育赛事的微信推广有互动性、个性化等特点。体育赛事一般基于微信公众平台订阅号提供赛事资讯和信息，基于微信公众平台服务号提供体育赛事相关服务。

美国政治学家哈罗德·D. 拉斯韦尔（Lasswell, Harlod D.）于1948年在《传播在社会中的结构与功能》一文中提出5W传播模式，即：Who（传播者——控制分析）、Says What（内容——内容分析）、In Which Channel（渠道——媒介分析）、To Whom（受众——受众分析）、With What Effect（效果——效果分析）。运用5W传播模式分析体育赛事的微信推广，如下：

1. Who（传播者——控制分析）

传播者就是体育赛事微信推广的实施主体，通常是体育赛事组委会新闻宣传部或其外包团队（如公关公司），负责体育赛事相关信息的收集、整理并通过微信向公众传播。但是每个微信用户都可以通过朋友圈等形式发布和共享体育赛事相关信息，这种点对点和点对面的传播方式使得这些微信用户也成为了体育赛事信息传播的平台，扮演者辅助传播者的角色。因为微信的最主要特点就是用户真实身份的社交平台，具有极强的亲密性和粘性。同时，体育赛事微信推广的实施主体还要对发布的信息进行控制，尤其注意控制微信用户发布的有关体育赛事不真实的或负面的信息。

2. Says What（内容——内容分析）

体育赛事微信推广所传播的内容极具丰富性，涉及文字、语音、图片、视频等各种形式，包括运动员、竞赛项目、竞赛场馆、竞赛成绩、衍生活动、工作人员、趣闻轶事等各类主题。体育赛事微信推广实施主体一定要设计合理的内容传播方案，注重传播内容的真实性和原创性，并且尽量保持独家性，兼具专业性和娱乐性。同时，体育赛事非赛期的微信营销也不容忽视，可以考虑相关线上活动来保持体育赛事微信推广的活跃度和积极性。

3. In Which Channel（渠道——媒介分析）

微信营销的主要硬件载体是移动端的电子设备，如手机、平板电脑等。目前电信运营商的网络铺设和无线网络连接技术的应用，使得智能移动设备大范围普及。因此，每一个微信用户都是体育赛事微信推广潜在的传播媒介和渠道，体育赛事微信推广实施主体应该开展“转发有奖”等各类微信活动来刺激这些微信用户，拓展各类传播渠道，从而扩大传播的深度和广度。

4. To Whom（受众——受众分析）

体育赛事微信推广的受众就是通过微信传播的体育赛事相关信息的接收者，也是体育赛事微信推广的传播对象。微信的用户群体会构成一个全方位立体化的社交网络，包含亲密朋友和陌生人群，所以体育赛事微信推广实施主体应该根据不同目的设置目标受众，对受众进行明确分类，促进信息传播，从而制定微信推广方案，增加体育赛事微信公众平台的关注人数、活跃人数及收藏和分享转发的信息数量。

5. With What Effect（效果——效果分析）

效果就是实施体育赛事微信推广所产生的各类反应，是体育赛事微信推广成功与否的主要标准。体育赛事微信推广实施主体为了实现引导受众在体育赛事现场观赛、提高体育赛事知名度、向体育赛事潜在赞助商传播信息等效果。首先，体育赛事微信公众平台必须要做到精准推广，对各类不同人群实行不同微信推广方案，提高信息的曝光度和扩散度；

其次，微信用户更愿意信任和接受熟人所发布的信息，体育赛事微信推广实施主体应该注重培养忠实粉丝，提高信息在其朋友圈的转发量。

案例一

中华龙舟大赛媒体推广方案（新媒体部分）

一、新媒体媒体策略

1. 官方网站搭建（CNTV 或华奥星空，由中视体育负责规划）。

2. 新浪作为官方合作媒体，建立专题，并提供核心推广位。

3. 搜狐、腾讯、网易作为重点合作网站，提供报道、推广资源和微博支持。

4. 百度作为独家搜索支持，提供品牌专区和搜索关键字资源。

5. 新浪微博作为官方微博，开展电视微博互动。

6. 手机报给予赛事报道支持。

二、媒介资源（门户网站）

1. 主流门户：CNTV、新浪、搜狐、网易、腾讯。

2. 新闻门户：新华网、人民网、中新网、凤凰网、MSN 中国、千龙网。

三、赛事传播监测

1. 传播日报汇总：第一时间提供各类媒体传播数据和报道截图。

2. 赛事期间舆情简报：赛事关键节点及比赛举办时，制作当日舆情简报，可供运作团队及时掌握外部舆论动态，预警负面倾向。

3. 赛事影响力与品牌传播分析报告：传播信息进行整体、深入的分析与研究，厘清赛事传播的脉络和规律，发掘优势、发现问题，评估赛事影响力与品牌传播效果，并提供参考建议。

四、媒体报道资源（网络媒体）

1. 国家新闻类门户：新华网、人民网、CNTV。

2. 综合门户网站：新浪、搜狐、网易、腾讯。

3. 体育专业门户：华奥星空、体坛网。

4. 其他新闻门户：凤凰网、北青网、MSN 中国、千龙网、TOM、雅虎。

5. 视频网站：优酷、土豆、酷6。

案例二

马术世界杯中国联赛新媒体推广方案

一、设置媒体推广部

媒体推广部是赛事媒体运作的主要部口，负责全部的媒体推广工作，在媒体推广部设有媒体推广总经理，是媒体推广部的最高负责人，负责媒体推广的总体策划、官方合作媒体、重要媒体的维护与对接、赞助商联络及人力资源管理工作、在推广工作中根据部口需要制定总体推广预算。

媒体助理：主要负责日常平面媒体、网络媒体、新媒体的拓展与维护工作，以及赛中的媒体服务工作和围绕媒体开展的系列工作。

国际媒体助理：主要负责户外媒体的拓展与对接工作

新闻宣传助理：主要负责新闻编辑工作；官网、官方微博、官方微信的推送与维护工作；

技术助理：主要负责官方网站、微博、微信等的开发与网站维护工作。

二、媒体推广目标

赛前的推广目称主要是与媒体建立合作关系，同时对赛事进行铺垫宣传，扩大赛事的媒体传播，从而实现受众对于赛事的高关注度，为赛中做好充分准备。

（一）赛前具体目标：

1. 建立媒体联盟
2. 搭建媒体平台
3. 宣传赛事信息
4. 举办新闻发布会
5. 确定官方媒体阵营
6. 建立官方网站、微博、APP、微信

（二）赛中具体目标

1. 确保直播和新闻报道
2. 出色完成媒体服务
3. 打造新闻亮点和媒体事件

（三）赛后媒体推广目标

1. 确保赛后持续报道
2. 与媒体保持联系
3. 评估赛事媒体价值

三、媒体开发

与媒体主动联系沟通是媒体助理在赛前的重要工作，通过向媒体介绍赛事情况及影响力，从而与媒体洽谈，建立良好的合作关系，才能够顺利在赛前宣传和赛中报道中实现品牌推广，并将双方的协议以书面的方式进行体现。

媒体选择除了集中在平面媒体、电视媒体、网络媒体、广播媒体上，还应该注重加强与网络垂直媒体和户外媒体的合作。

四、搭建官方平台

马术世界杯中国联赛2013年开起始注重官方平台的搭建，建立了官方网站、官方微博，并且利用自媒体的发展开设了官方微信，有了中国赛区的正规平台和权威窗口，为赛事的宣传奠定了基础，同时国际化的水准严格规范官方平台的运营，具有重要意义。

官方微信和APP借助手机媒体的平台向受众推送信息，形成官方二维码，并在网站进行宣传，受众可通过二维码关注“微报”，官方媒体部不仅每日推送赛事信息，并且向受众普及马术知识和观赛常识，发送赛事国际赛事照片等。通过微信和APP的互动，利用手机媒体的强大优势，使目标受众不断增多，关注人群涉及范围不断广泛，挖掘了许多大众资源参与到赛事互动中。

在微博中开展了互动有奖竞猜活动，同时，推广部在9月底发出“谁是下一个华天”的话题讨论，引发舆论进行热议，同时，通过微博开展有奖竞猜活动，起到了良好的宣传效果，微博粉丝不断增加，明显扩大了受众群。

五、赛后持续报道期媒体推广及效果分析

1. 官方平台的赛事总结

2. 确认合作媒体的持续报道

3. 编写媒体传播报告

复习思考题

1. 新媒体有哪些构成要素?
2. 列举传统媒体和新媒体的优劣势。
3. 新媒体推广有哪些要求?
4. 微博、微信推广的方法有哪些?

第八章　体育展示

本章导语

体育展示是体育赛事中一个非常重要的环节，随着各大体育赛事的蓬勃发展，体育展示正借助体育赛场这个舞台，巧妙地将文化与体育精神结合在一起，在各大体育赛事中发挥着重要的作用。本章主要包括体育展示发展的历程与功能、体育展示的构成与运行等内容。

第一节　体育展示发展的历程与功能

一、体育展示的定义

体育展示是在竞赛组织工作中出现并逐步发展的新生的概念，是竞赛服务中一个重要环节，在《国际奥委会技术手册》中，被称为“奥运会（残奥会）的脸面和形象”。①，从1996年第26届亚特兰大奥林匹克运动会开始，体育展示被系统地引入奥运会组织工作并在2000年奥运会开始形成完整的概念。

体育展示的英文是“sport presentation”，其实在早些时候体育展示还曾经用过display，venue presentation，sport production。其中文释义分别是“陈列”“赛场展现”“体育生产”②。不管是称呼的演绎，还是体育展示本身的发展，“体育展示”是随着科学技术的进步、文化内容的丰富、计划组织工作的规范化，从而得到逐步体系化，最后才发展成为竞赛组织中必不可少的一部分。

国际奥委会（IOC）技术手册中有关“体育展示的说明”：“体育展示是指向现场观众和电视观众展示体育的方式或者是通过现场的播报员、解说员、音乐、现场大屏幕、计分屏、各类表演（啦啦队、吉祥物和文艺表演）以及灯光组成，将赛场包装为类似于舞台的表现形式。体育展示包括了竞赛展示和文化展示，是一种复杂的活动，是一项系统工程。”③ 体育展示要在赛前、赛中和赛后，调动协调一切可用资源来完成展示内容，不仅需要先进的技术支持、专业的技术人员，更离不开科学的操作流程、多工种的紧密合作。可见，体育展示一方面服务于竞赛，一方面服务于观众，在保证竞赛顺利进行的前提下，通过视频、音频和表演的形式，向观众提供竞赛信息，营造良好比赛氛围，调动观赛情绪，并通过独特的娱乐活动展示文化信息。

二、体育展示的起源与发展

（一）体育展示的起源

体育展示的起源与奥林匹克运动的发展事物相关，奥林匹克从它诞生的那一刻起，便作为世界文化传播的重要载体，成为各民族文化展示的窗口。每举办一届奥运会时，各民

---

① 国际奥委会技术手册（IOC Technical Manuals），2005，6.

② 赵苏妙，李征．奥运会体育展示与北京奥运会体育展示对策的研究［J］．北京体育大学学报，2007，30.

③ 徐文海．从北京奥运会看体育展示系统的发展——兼论体育展示与智能化系统的关系［J］．智能建筑与城市信息，2008，5.

族文化交汇融合，各国也利用这样的时机，向全世界人民展示本民族独特的文化。

1896 年，在雅典举行的第一届现代奥运会开幕仪式上，一曲古希腊歌曲《萨马拉斯颂歌》将希腊古老文明注入奥运会。1964 年的东京奥运会，日本将电子产品、寿司等日本文化代表元素通过奥运会展示给全世界，借此将日本寿司推广到 144 个国家和地区。1984 年，第 23 届奥运会在洛杉矶举行，开幕仪式上，美国通过表演向全世界人民展示美国自由民主、开拓进取的民族精神。

由此可见，在最初的奥运盛会中，由于科学技术尚不发达，手段、形式较为单一，但各国已经开始采用各种文化艺术方式来展示本国民族文化特色，为之后体育展示的正式提出与发展奠定了基础。

（二） 体育展示的正式提出与发展

随着科学技术的发展，新媒体出现使更多观众可以通过媒体转播收看奥运会和各类文艺活动，越来越多的人可以通过媒体转播领略奥运现场带来的文化盛宴，奥运会不再仅仅是体育盛会，而是成了国家向全世界展示本国文化的的传播载体。

1995 年，在游泳、篮球、足球等比赛中，西方国家已经有人开始从事体育展示工作，此后体育展示工作逐渐成为体育赛事中的主要组成部分。1996 年，亚特兰大的第 26 届奥运会，“体育展示”理念首次在官方报告中出现。体育展示正式在奥运会组织工作中出现，标志着“体育展示”的正式提出，但该届奥运会组委会并没有设置负责体育展示工作的职能部门，也没有专门的预算。

1998 年长野冬奥会，奥组委将该届奥运会的体育展示工作交由具有国际赛事体育展示经验的演出公司负责，从利用音乐加强娱乐气氛、增强观众与运动员的现场互动、突出日本民族文化等方面展开，有效传播了日本本土文化。

2000 年悉尼奥组委从人力、财力方面大力支持体育展示工作，将体育展示体现在比赛场馆的赛前演出、颁奖仪式和馆内视听效果上，通过体育展示工作，提高观众的观赛体验，展示悉尼的多元文化。值得一提的是，该届奥运会的体育展示工作人员会每天制作当天赛事的精彩镜头集锦，在各个比赛场馆播放，同时被推向了电视机屏幕，从此以后，奥运会也才有了精彩镜头集锦这一传统。体育展示也因此获得了巨大的成功，被更多的人所认同，成为赛事组织中不可缺少的一部分。

2002 年盐湖城冬奥会，体育展示内容紧靠项目本身，面向场馆的观众，不仅录制大量场馆中欢迎观众入场的短片，更邀请了演员、明星运动员等知名人士参与录制欢迎短片。此外，还创造性地将场馆内包括观众、运动员、表演者、摄像师和比赛设施等在内的所有相关元素，在现场大屏幕上适时展现，提高了观众参与的热情。

体育展示从正式提出，到专业团队的介入、高科技手段的借助、展示内容的多样化，经历了一个逐步发展的过程，日渐展示出其不可或缺的价值。

（三） 体育展示的成熟阶段

体育展示部门最开始仅是竞赛部的一个分支机构，到了 2004 年雅典奥运会，从竞赛部分离出来，与颁奖仪式部门一起组成体育展示与颁奖仪式部，自此成为独立的职能部门。到了2008年的北京奥运会，体育展示与颁奖仪式部已经被确定为五大核心部门之一。在此阶段，由于电视制作水平、信息技术的提高，舞台演出手段、方式的多样化，体育展示进入到了成熟、完美的阶段。

2004年雅典奥运会的体育展示团队根据来自不同国家运动员和观赛者的文化差异，通过选择来源于不同国家、不同时期、类型各异的音乐，极大限度地满足运动员和观赛者的需求。此外，每个赛场都安排有DJ音乐管理人员，依据赛场变化播放与赛场氛围相符合的音乐，成为该届奥运会体育展示的一大创新亮点。

2006年都灵冬奥会，体育展示团队充分利用外部资源，与其他各部门通力合作，利用各种视听元素、艺术表演与比赛完美结合，增强了观众对奥林匹克运动的热情，并充分展示了意大利独特的民族文化。

2008年北京奥运会吸引着全世界人民的目光，体育展示利用奥林匹克运动会这个充满魔力的舞台，向世界呈现了中华民族五千年的灿烂文化及优秀的民族精神。该届奥运会的体育展示内容分为视频、音频、现场表演三大部分，仅展示视频内容制作就有1300条，从摄像、编辑、主持到播放，“人文奥运”的理念贯穿整个过程。在音频制作上，针对38个项目的不同特点，制作了特色音乐库，平均每个项目有5000到8000的音乐储备，开创性地将各种风格的音乐带到了各个比赛现场。同时，在曲棍球、网球、田径、足球等比赛项目现场，更是引入了武术、啦啦操、杂技等现场表演，突破了往届奥运会只有少数比赛项目有现场表演的状况。

2012年，伦敦奥运会不仅打造了伦敦奥运会专属体育展示音乐库来满足不同项目不同场馆的需求，还邀请大量音乐艺术家在比赛过程中进行现场表演。

从2004到2012年，体育展示借助科技力量，向着高水平飞速发展，其展现的内容、方式、手段愈加丰富，在展现主办国文化特色，传播奥林匹克精神方面起着越来越大的作用。实际上，在美国NBA、NFL等赛事中，体育展示的发展相当成熟，然而在我国，却是到了2008年北京奥运会后才引入，此后各类型赛事竞相运用体育展示，虽然相比较奥运会而言，没有足够专业的团队和相应的财力支持，起步发展不尽人意，但是，通过体育展示平台对城市、地区文化进行传播，体育展示的独特影响力获得各类体育赛事的认同和重视。

三、体育展示的功能

体育展示之所以受到奥委会及各项赛事的重视，这与它通过赛场为平台来展示国家、城市文化风貌有很大关系。一方面，大型体育赛事不仅仅是一种单纯的体育技能展示，更是精神文化、科学技术、经济实力等多方面的交流融合与展现；另一方面，体育比赛是运动员与观众共同参与的盛会，运动员是主角，观众是参与者，而音乐、视频、灯光、表演等内容都是为了烘托气氛、促进交流与互动。依据体育展示在体育赛事中所起的作用，对其功能做如下细分：

（一） 文化功能

1. 展示举办地文化，塑造举办地形象

体育展示团队通常会借助赛事的特殊影响力和传播力，通过多种手段在赛场上向现场观众、运动员和教练员展示和传播地方文化。如北京奥运会赛场体育展示通过竞赛中的文艺表演，穿插带有中国符号的表演，通过中国传统服饰、道具、舞姿、音乐及表演者的精神风貌等，展现强烈的中国风情，突出中华民族悠久的历史和民族文化传统。

2. 展现体育精神，融合多元文化

体育展示将体育运动与体育精神融为一体，紧密结合文化艺术的表现形式，在赛场为观众、运动员营造了一个和谐、绚丽多彩的赛场。风格各异的音乐、差异性的地区语言、不同款式的服装、造型多样的舞蹈设计，精彩的表演让观众心潮澎湃，富有人情味的细节安排让观众与运动员深刻感受赛场的人文关怀。体育精神在这里得到宣扬，多元的文化在这里得到融合与交流。

（二） 竞赛功能

1. 服务观众

体育展示服务观众的功能，包括赛前、赛中、赛后服务。赛前服务，主要通过大屏幕、广播提醒观众入场须知、对号入座、禁止吸烟等，创建文明赛场；赛中服务，是通过为观众准备比赛项目的体育知识、观赛礼仪等资料，展示给观众，通过得体的解说，让观众听得懂、看得懂比赛，满足观看的需求并积极参与到比赛中去；赛后服务，主要是引导观众安全离场等。

2. 提高竞赛观赏性

在过去没有引入体育展示的赛场中，裁判员将运动成绩汇总之后交给现场播音员，然后由播音员将成绩念给观众，内容单调。而引入体育展示的比赛现场，比赛元素更加丰富，通过赛前、赛中、赛后各种互动和现场表演，让观赛者获得美的享受，吸引注意力，引导观众中途不离场，有效保障比赛顺利进行的流畅性。

随着科技的发展，赛事理念的提升，当今的体育赛事展现给观众的不单纯是人体运动的美感，而更多的是凭借赛场上声、光、电技术的巧妙运用，在比赛中融入更多元素，使得现场竞赛更具观赏性，并使观众将观赏竞赛的美感享受得以延长，增强了竞赛的吸引力。

3. 调节赛场气氛

良好的体育展示能通过视频、音乐、播音等手段调动赛场观众情绪，也能通过在比赛间歇安排互动活动，吸引观众欣赏、享受比赛。激发观众感受现场紧张刺激的比赛气氛，消除不良情绪，增强互动。

（三） 商业营销

体育展示是“跨界”传播的载体，它使体育竞赛跃升到体育文化传播的层面。赛事组

织者通过宏观控制，体育展示团队具体执行，实现赞助商对观众的侧面影响，从而完成体育展示的商业营销功能。

上个月月底，在葡萄牙里斯本卢斯球场（Estadio da Luz），有 6.5 万名球迷正在等待着本菲卡队（Benfica）和里斯本竞技队（Sporting Lisbon）之间的比赛。然而在比赛开始之际，突然出现了 8 位阿联酋航空的空姐，来到球场中央、围成一圈后，现场的喇叭开始播“安全须知”！这是什么状况?!

她们把整场球赛当作一趟旅程，以演示乘机安全须知的方式为观众演示赛前安全须知。

“欢迎您乘坐阿联酋航空前往本菲卡足球俱乐部，您的热情对我们尤为重要。”

“因此，请您注意以下事项，该航班有 32 道门，6.5 万名乘客，两个球门，总飞行时间为 90 分钟，中转时间为 45 分钟，当中停靠 15 分钟，我们请求您把包放在脚下，以便欢呼。”

今年五月，阿联酋航空（Emirates Airlines）与本菲卡队签署了一份为期三年的赞助合约，这才有了这次足球场上的大型“阿联酋航空”宣传演示。阿联航空巧妙地将乏味的飞行安全须知，转化成一场与足球场环境非常切合的品牌形象展示，除了现场的 6.5 万名观众之外，影片上线不到 24 小时，在 Youtube 等平台的观看次数就已经超过 600 万。

（http：//toutiao. com《霸气侧漏！阿联酋航空让 8 个空姐空降足球场》头条号/禹唐体育，2015 - 11 - 19）

这是体育展示在商业营销方面一个非常成功的典型案例。

在“注意力经济”时代背景下，体育赛事的社会影响力扩张迅速，呈现在赛事期间的体育展示可起到聚集社会注意力的效应。体育展示作为体育赛事的衍生品，在商业营销中将会起到越来越重要的作用。

第二节　体育展示的构成与运行

一、体育展示的特殊性

体育展示服务于竞赛，服务于竞赛现场的观众和运动员，依据每个项目的特点设置具体的展示内容，通过视频、音频和现场表演来烘托现场气氛，它与竞赛活动、文化活动紧密相连，又不同于单一的竞赛活动、文化活动，具有自身的特殊性，要做好体育展示工作，必须对其特殊性有充分的了解与认识。

（一）依附性

体育展示依托于赛事而存在，它的存在首先是为了保障体育竞赛的顺利进行，辅助竞赛。体育展示中的文化活动和表演是为了营造赛场氛围，提高运动员竞技状态，引导观众观赛，不同于一般的文化表演活动，脱离了竞赛，这些文化表演活动便失去了体育展示本身应具备的功能与价值。

因此，体育展示具有依附性，服务于竞赛，伴随赛事活动而存在。

（二）独特性

国际奥组委技术手册中没有规定体育展示的具体内容与形式，在各大体育赛事中，体育展示也具有很大的创新发展空间，展示内容不拘一格。首先，不同赛事举办地依据不同的民族文化特色设置体育展示内容，风格各异；其次，不同的体育项目体育展示内容各有差异；最后，不同的赛段体育展示的内容与风格各有不同。

因此，体育展示依据不同的时间、空间、氛围，实现的内容与方式截然不同，具有独特性。

（三）复杂性

体育展示的表现形式多样、内容丰富，体育展示团队通过从视、听觉多方面入手精心设计编排，使竞赛、文化和高科技完美融为一体。首先，体育展示包括视频、音频、现场表演等表现形式，因此在体育展示团队里有导演、播报、音响、摄像、视频编辑、文字编辑等多个工种；其次，体育展示工作程序精细而复杂，不仅要播放各项比赛的现场音乐、间歇音乐、颁奖音乐，进行现场语音播报，还要提供运动员、教练员、裁判、比分、成绩等赛场信息。不仅如此，体育展示人员还要依据现场观众的状态，调动观众情绪，引导观赛，还不能影响运动员正常比赛、裁判执法。

整个体育展示工作过程衔接紧张，配合紧密，内容复杂繁琐且精细，是一个复杂的系统工程。

（四）赛时性

体育展示依附于体育竞赛而存在，具有赛时性，一般在比赛前、比赛中、比赛后展现。如 2008 年北京奥运会赛场的赛前展示活动是在赛前两小时开始的，通过视频播放展现奥运文化的节目，赛中活动则一般是围绕整场比赛穿插进行的，赛后活动一般包括了颁奖仪式等。有赛前互动、赛中互动、赛后互动等，包括各种现场表演。

二、体育展示的组成

体育展示包括竞赛展示和文化展示等。

（一） 竞赛展示

竞赛展示是指按照国际单项体育联合会规则和竞赛规程规定的赛前仪式、电子记分屏的显示、与体育竞赛直接相关的现场广播和比赛信息。例如，竞赛期间电子显示屏和电视机屏幕上所显示的图文，标记，参赛运动员的姓名、号码、国籍，各类比赛信息及颁奖仪式等。[①]

（二） 文化展示

文化展示指侧重于加强观众与赛场的互动，比赛前后及间隙时进行的文化娱乐活动，以及借助视频、音乐、表演等形式营造体育赛事文化氛围，展示举办地文化。[②] 例如，赛场间隙对观众的镜头捕捉、运动员比赛精彩瞬间回放、举办城市风貌宣传片放送等。

三、体育展示的表现形式

体育展示的表现形式包括视频、音频和现场表演等。

（一） 视频

奥运会中的视频包括在所有竞赛场馆的现场大屏幕，公布其他赛场和奥运会的各类综合信息；播放奥运会之前各项比赛和本场比赛的精彩镜头集锦；制作播放各国著名运动员的奥运会感言；介绍比赛项目规则和历史的动画短片。[③] 一般地，视频包括计分屏上显示的图文、标记等各类综合信息，比赛精彩回放、获奖感言和动画短片、观众精彩镜头捕捉等。

体育展示的现场视频具有时效性，满足了观众从不同方位同步欣赏比赛的需求，而且视频通过真实全面记录比赛，使观众得到一种与运动员同场竞技的观赛体验。体育展示视频应用，不仅让观众更好地欣赏比赛的精彩画面，更加体现现代科技在赛事中的运用。

北京奥运会赛场总共制作了20大类、2600分钟动画、1300条视频内容，传统经典类、制作气氛类和场馆服务类公共记分牌内容总计6700余条。视频展示活动在赛前两小时开始，每一个竞赛场馆内部的显示屏和计分屏上播放福娃动画，内容与当天比赛项目相符；还播出各种视频节目，除各项目通用的北京奥运会基本介绍外，还向观众介绍比赛项目的基本知识和运动名将、明星。

（周梅．北京奥运会赛场体育展示的理论与实践研究［M］．北京：北京体育大学，2008）

① 张君安．浅谈奥运会体育展示［J］．科技信息，2009，10.

② 张君安．浅谈奥运会体育展示［J］．科技信息，2009，10.

③ 赵苏妙，李征．奥运会体育展示与北京奥运会体育展示对策的研究［J］．北京体育大学学报，2007，30.

（二）音频

音频，是指场馆内播放的音乐，由播音和音乐两部分组成。内容包括比赛项目介绍、运动员/裁判员介绍、信息通报；比赛开场/入场/退场音乐、颁奖仪式音乐等。在不对运动员比赛节奏造成干扰的前提下，适当的音乐可使观众在欣赏紧张刺激比赛的同时，获得精神上的享受。

1. 播音

现场播音，是指在比赛现场由播报员通过事先准备好的播音内容和现场即兴的播音，向运动员和观众提供信息，包括项目介绍、运动员/裁判员简介等。事先准备好的播音内容称之为固定播报，根据比赛结果和场馆出现的最新消息的播音，称之为即时性播报。

2. 音乐

现场音乐，是指比赛现场用到的各种音乐。一般按照体育赛场各种需求进行分类，不同时段、不同项目、不同赛段、运动员在赛场上不同的表现，体育展示团队都会储备不同的音乐等候使用，由此可见，体育展示工作团队工作之复杂与精细。

音乐，如颁奖仪式和非颁奖仪式用到的音乐、棒球比赛中安打和本垒打的音乐、跆拳道赛场赛前和赛中的音乐，依照情绪轻柔的和激昂的音乐等。

（三）现场表演

现场表演，是指某些比赛项目在比赛中（主要是开场、退场和间歇期），在比赛现场（一般为 FOP 内）为了烘托赛场气氛进行的短小精悍、富于鼓动性、符合比赛项目要求和特点的表演活动，是最容易使现场气氛热烈和表现主办方文化特点的方式之一，也是体现体育赛事组织工作有特色、高水平的重要载体。[①] 包括舞蹈、啦啦操、武术、吉祥物、杂技和现场互动表演等。现场表演可以使观众获得与在电视机前观赛完全不一样的观赛体验，深切感受到在现场观赛的乐趣。

四、体育展示的筹备与运行

体育展示依照工作进程大致可以分为赛前筹备和赛时运行两个阶段。一般在赛前具体制作流程单、项目模板、播报脚本等，在赛时严格依据流程单和模板进行工作。

（一）赛前筹备

1. 明确目标，制定总体工作方案和计划。第一，制定总体方案，包括人员招募、团队建设、人员培训、音频/视频制作、现场表演等；第二，明确赛时各要素、运行程序、责任方、组织架构、实现方式等内容，并确定职责范围；第三，明确客户群体及其服务水

① 徐文海．从北京奥运会看体育展示系统的发展——兼论体育展示与智能化系统的关系［J］．智能建筑与城市信息，2008，5.

平、资源需求，以及相关单位的整合机制及存在的风险等。

2. 组建团队，开展专业培训。

3. 策划并制定现场表演具体方案。

4. 建立音频、视频等资料库。

（二） 赛时运行

赛时运行要求建立完善的赛事运行体系，以场馆团队为基础运行，分工明确，责任落实到各人，并确保所有场次的体育展示工作严格遵循竞赛要求和项目规则。

1. 比赛开始前两到三小时，集合准备各项系统确认工作。此时主要任务是检测通讯联络系统，并确认音乐播放和现场播报工作。文字编辑确认播报内容并检查文字信息资料，播报员核对当日参赛运动员信息资料并进行模拟练习，音响师对音频系统进行检查。

2. 比赛开始前一小时到10分钟，播报信息，调动观众情绪，运动员入场介绍。此时播报员会进行现场播报，包括场内须知、天气预报、项目介绍、比赛日程、场馆介绍等内容。同时调动观众情绪，帮助观众热身。在比赛开始时，播报运动员、教练员、裁判员等介绍。

3. 比赛开始，各项系统紧密配合，主要由大屏幕展示比赛信息，并适当插播音乐，在比赛暂停、替换和中场休息时，进行特殊音乐插播和现场表演等。

4. 比赛结束，进入颁奖仪式阶段。在颁奖仪式开始前与各岗位的体育展示工作人员确认准备就绪，并由音响师对现场音乐播放进行控制；颁奖仪式开始后，播报员向观众播报获奖运动员名字，若是国际赛事有时还要播放获奖运动员（队）国家国歌。

案　例

为青奥打造“赛场盛宴”组900人体育展示团队

为了让南京青奥会的精彩赛事得到充分展示，青奥组委组成了900人的体育展示工作团队，为青奥会打造“赛场盛宴”。青奥会体育展示主要包括现场播报和音、视频呈现及现场表演环节，用来烘托气氛，激发观众热情，让赛场呈现舞台化的效果。

南京元素：加入《茉莉花》和南京风光

音乐作为体育展示中的一项重要元素，届时将会以特殊的形式呈现给观众。音乐类型的选择以项目传统或特点为前提，所有的音乐编排都会根据项目进行适当调整。具有南京和江苏地方特色的音乐也将在赛场响起。如名曲《茉莉花》将在金牛湖赛场播放。

体育展示视频片的类别主要有5类，第一类叫宣传片，包括体育展示的总片头，主题宣传片，主题MV；第二类是形象包装片；第三类是竞赛项目包装，包括每个项目的开头、颁奖仪式、小项目片头等；第四类是项目介绍视频片，每个项目的介绍片、还有砾砾小课堂、每个项目的历史和文化；第五类是项目特色类，每日集锦、气氛引导，规则介绍等。在这些视频中，将加入不少南京风光介绍等各种南京元素，向世界各地运动员、观众展示南京。

时尚创意：西班牙 PP 表演队助阵，还有飞行员演砳砳

现场表演是青奥会体育展示环节的另一大亮点，可能会采用“刚柔并济”的手法，故意制造反差。例如，将水袖舞、彩带舞这类柔美的表演安排在对抗性强的体育赛事中，让观众在观看了激烈运动之余暂时放松身心。

据介绍，青奥会体育展示还请来了西班牙 PP 表演队为沙滩排球项目进行特色表演。

吉祥物砳砳也进行了全新“包装”。体育展示工作团队常务副主任仲爱频告诉记者，“我们请来了奥运会、亚运会吉祥物的培训组对砳砳进行专门培训。”据悉，砳砳的扮演者选择了信息工程学院的学生和南航飞行学院的飞行员，他们将表演一些让大家意想不到的节目。

此外，青奥会模范运动员刘翔、孙雯等都将亲临赛场，与观众零距离互动。

（http：//sports. sohu. com《为青奥打造“赛场盛宴”组 900 人体育展示团队》搜狐体育，2014 - 07 - 11）

复习思考题

1. 什么是体育展示？体育展示的功能是什么？
2. 体育展示有什么表现形式？结合实际谈一谈你所接触过的体育展示。

第九章　体育赛事的后勤管理

本章导语

体育赛事的后勤管理是指以体育竞赛为核心的体育赛事活动所涉及的竞赛保障、服务保障、安全与控制保障等方面管理的总和。体育赛事的后勤管理工作是体育赛事组织方专业性的重要体现，也在一定程度上反映了举办地的社会发展状况。本章主要包括体育赛事的后勤管理概述、体育赛事的接待服务、体育赛事的交通管理、体育赛事的安保和医疗管理、体育赛事的物资管理等内容。

第一节　体育赛事的后勤管理概述

一、体育赛事的后勤管理的定义与重要性

（一）体育赛事的后勤管理的定义

体育赛事的后勤管理主要是指向运动员、教练员、裁判员、观众、工作人员、重要领导与嘉宾等体育赛事参与人员提供接待、交通、安保、医疗等服务和对体育赛事相关物品、资金的采购、保管、使用等一系列管理活动的总称。后勤管理以资产管理为核心，以提供物质保障和技术保障为手段，以体育赛事活动高效有序运转为目的。体育赛事后勤管理是体育赛事成功举办的关键，也是体育赛事科学管理的要求。

（二）体育赛事的后勤管理的重要性

1. 后勤管理是体育赛事举办的基础

体育赛事的后勤管理为竞赛活动提供了一系列必要的物资和服务，是体育赛事举办的重要基础。后勤管理围绕竞赛活动开展，并与竞赛活动相辅相成且不可或缺。尤其是大型综合性体育赛事，要求运动员具备较高的竞技水平和较强的心理素质，所以需要全身心地准备比赛。后勤管理部门作为体育赛事的重要职能部门，强化管理职能，完善保障机制，提高服务质量，进一步提升后勤工作的水平，帮助运动员及体育赛事相关人员解决基本的需求和问题。

2. 后勤管理是一门科学

体育赛事的后勤管理部门作为一个独立的职能部门，具体工作的开展也需要遵循计划、组织、协调、控制、反馈及再调整等环节。在进行后勤管理的过程中要按照科学管理的要求，根据体育赛事的具体情况合理选择相应的组织结构，分析体育赛事运作过程所涉及的领域，并且需要各方面的密切协作和大力支持，进行有计划的管理。

3. 后勤管理要讲经济效益

体育赛事的后勤管理工作是以资产管理为核心，以提供物质保障和技术保障为手段的活动，因此在管理过程中要讲究经济效益，考虑成本，做到效益最大化。

二、体育赛事的后勤管理的主要内容及注意事项

（一）体育赛事的后勤管理的主要内容

体育赛事的后勤管理的对象是围绕着体育赛事的一些活动的总和，主要包括体育赛事

的接待服务、体育赛事的交通管理、体育赛事的安保和医疗管理、体育赛事的物资管理。这些方面是体育赛事的后勤管理的重要组成部分，在后续几节进行具体说明。

（二） 体育赛事的后勤管理的注意事项

体育赛事的后勤管理是一个动态变化的过程，需要在执行的过程中不断地调整，因此在做好体育赛事的后勤管理时需要多加注意，避免做重复性及无用的工作。

1. 做好前期规划

体育赛事的后勤管理工作具有动态性、复杂性等特点，需要在前期就制定完整的工作规划，根据体育赛事的规模选择合理的组织结构并进行机构设置。在招聘工作人员时也要做到任人唯才，专业领域选用专业人才。同时，配备一定数量的通讯设备，保障在开展工作的过程中信息通畅。

2. 明确责任人，进行实时监管

体育赛事后勤管理的每项工作都要明确责任人，对后勤管理工作进行指导与监管，根据计划严格完成相应的工作任务，环环相扣，这样才能使整个后勤管理工作的体系更加牢固与完善。

3. 制定应急方案

体育赛事的后勤管理不可能在计划的过程中做到面面俱到，总会有一些突发状况的产生，这就需要管理人员在制定计划时充分全面考虑，预测会出现的问题，制定合理的应急预案。合理有效的应急预案在整个后勤管理工作中占据着非常重要的地位，保障体育赛事后勤管理工作的正常开展，有效解决问题。

第二节 体育赛事的接待服务

一、体育赛事的接待服务概述

（一） 体育赛事的接待服务的含义

体育赛事的接待服务，是指为参加、参与赛事的各类相关人员提供住宿、餐饮、交通一系列服务的集合。[①] 一般而言，体育赛事组委会需要为运动员、教练员、裁判员、政府官员、赞助商代表、重要观众等人员提供接待服务。

体育赛事的接待服务是体育赛事后勤管理的重点内容，也在整个体育赛事运作过程中占据着比较重要的地位。体育赛事的主要参与者就是运动员、赞助商及其他相关的人员。

① 刘清早．体育赛事运作管理［M］．北京：人民体育出版社，2006.

体育赛事组委会需要根据体育赛事各类参与人员的情况制定科学合理的接待方案，并且在执行的过程中不断沟通、协调、调整，以提供各类人员较为满意的接待服务。

（二）体育赛事的接待服务的特点

1. 工作的直接对象是人

体育赛事的接待服务主要是对体育赛事各类参与人员的接待，并提供相应的物资、住宿等服务，所以工作的直接对象是人。并且不同的体育赛事参与人员有不同的需求，体育赛事组委会需要充分了解不同人员的需求，为他们提供个性化的服务，提高人员参与体育赛事的满意度。

2. 服务指标可量化

体育赛事的接待服务大多是可以量化的，如车辆安排、房间数量及相应的物资配备等。体育赛事组委会需要制定详细的方案，提供差异化的服务，并以量化指标考核提供接待服务的人员。

3. 接待服务量级较大

体育赛事大多是一次性的活动，尤其是大型体育赛事，运动员和和教练员等大量人员一般会同时到达体育赛场，短期内提供的住宿、交通和物资等数量较大，需要体育赛事组委会提前进行充分的协调和沟通。

4. 易引起媒体的关注

体育赛事的接待服务质量的优劣能够比较直接地通过体育赛事参与人员的情绪反映出来，媒体对体育赛事及参与人员的报道过程中会关注接待服务的质量。良好的接待服务能够为体育赛事树立更多正面的形象，对于体育赛事的积极宣传具有巨大的推动作用。

二、体育赛事的接待服务的流程与内容

（一）体育赛事接待工作的一般步骤

1. 了解接待服务对象的需求

不同体育赛事参与人员的需求不同，体育赛事组委会需要制定接待服务的整体规划，并根据不同人员的需求，合理进行相关物资的采购及安排。如运动员需要体育赛事组委会提供较为安静的住处，食品需要严格把关，不能够掺杂违禁物品；教练员要与运动员相近住宿，方便交流和沟通；媒体、赞助商及其他人员要和运动员安排在不同的区域，防止运动员受到打扰。

2. 根据自身条件制定明确的服务标准

不同规模的体育赛事的预算是不一样的，这也就导致所提供接待服务的标准会有所不同。提供体育赛事的接待服务之前就要将服务的标准告知相关人员，并提供合理的解释和说明，并要积极处理各类问题，避免不必要的抱怨，尤其是做好媒体的工作。在制定具体的接待方案时要听取各方面的诉求，对于不能直接交流的人员需要发函确认，并进行综合

评估。体育赛事组委会必须要满足各类人员最基本的需求，这是避免产生负面情绪的根本。

3. 在接待服务的过程需要进行动态的调整

接待服务是对人的接待，而人员的生理和心理状况是不断变化的，当发生特殊情况时就需要根据实际情况及时做出调整，并且在制定接待服务的方案时就应该根据以前办赛的经历和规律制定相应的应急预案以应对各种突发情况。如在赛前发生运动员未参赛或运动员随行家属数量超出规定的人数，那么就要及时进行住宿安排的调整。另外，竞赛的竞争性可能会导致运动员、教练员、观众等产生过激行为，为体育赛事接待服务工作造成压力，尤其是当运动员取得优异成绩后饮酒导致的酒后过激行为，因此体育赛事组委会需要设定专门的场所供其庆祝，并且与教练员约定运动员须遵守参赛守则。

4. 体育赛事的接待服务的评估

体育赛事结束之后需要整体对体育赛事的接待服务进行系统的评估，在工作过程中使用的一些文档资料要进行备案，完成接待工作的总结报告，为今后开展体育赛事接待服务提供借鉴。

（二） 体育赛事的接待服务的机构设置

科学合理的组织机构设置是开展相应工作的前提，体育赛事接待服务工作也是如此。根据体育赛事接待服务的规模和实际情况进行机构设置，制定不同的部门并且安排相应的人员是非常重要的。对于规模比较小的体育赛事可以设置简单的直线型组织机构，设立一个体育赛事接待的负责人，根据具体任务配备工作人员，直接向负责人汇报工作。直线型组织结构的优点是：结构比较简单，责任分明，命令统一；缺点是：要求负责人通晓多种知识和技能，亲自处理各种业务。而当体育赛事规模较大时，接待服务工作就会比较繁杂，直线型组织结构就会显得不太适用。因此，直线制只适用于规模较小、接待服务对象数量较少的体育赛事接待服务的机构设置。

当体育赛事规模比较大时，负责人的压力就会很大，难以胜任工作，因此改变直线型组织结构，根据不同的接待工作设置不同的职能部门，形成一种职能型组织机构。这种结构要求负责人把体育赛事接待工作的职责和权力交给相关的职能机构，各职能机构就有权在自己职责范围内向下属的工作人员安排接待工作。但是这种组织结构也有其显著的缺点，容易形成多头领导，影响接待工作的效率。

对于大型体育赛事，就需要设置一种比较成熟的组织结构，即直线职能型组织机构，保留直线型和职能型组织结构的优点。因为大型体育赛事的接待服务对象数量很多，需要大量准备住宿、车辆等服务的安排，通过直线职能型组织结构能够实现不同接待服务提供方有效地沟通和交流，形成良性的发展。

（三） 体育赛事的接待服务的主要内容

1. 住宿服务

在体育赛事的接待服务中，住宿服务极为重要。体育赛事组委会需要根据体育赛事的规模、预算，及接待对象的数量、群体和住宿时间等情况来合理地选择酒店。不同参赛队的运动员应该分开安排，重要嘉宾需要单独住宿，要根据酒店的情况和相关规定将住宿的注意事项制成文件分发给每一个人员。

2. 餐饮服务

在提供餐饮服务的过程中需要格外注意，文化、宗教信仰及生活习惯的不同会导致每个人的饮食也有一定的差异性。如信仰清真教的人不食用猪肉，有些人在饮食上会有忌口，需要单独专门制作食物并单独设立用餐区。同时，不同人员的用餐地点和时间也应该有所区别，有些人员是在酒店等固定场所用餐，用餐时间也比较规律，而另外一部分人员因为工作的特殊性导致其用餐地点不固定，这就需要体育赛事组委会安排外送服务。体育赛事组委会需要根据用餐的情况，合理地选择餐饮供应商，可以采用公开招标的形式，全面了解不同的餐饮服务，采用性价比较高的供应商。

3. 接送服务

接送服务主要面向重要嘉宾，需要根据所有重要嘉宾的行程制定详细的接送方案，包括到达时间、离开时间、站点设置、车辆安排等内容。根据人员、人数的不同安排相应规格的车辆。接送服务一定要做好前期准备，在人员到达目的地之前准备好车辆和指示牌，有信息不对等的情况时需要及时沟通。并且要做好备选方案，防止出现车辆超员等情况。将人员送达酒店等住处之前，要确定住处的对接人，并发放酒店等的示意图和手册，便于了解所住宿环境及周边情况。

（四） 交通服务

交通服务主要就是指在整个体育赛事过程中所有车辆服务的总称，包括接送服务中使用的车辆，以及安排运动员及相关人员在赛场和酒店之间的穿梭巴士等。交通服务需要制定出详细的车辆安排表并公示，同时需要与体育赛事举办地的交通、公安等部门协调好，尤其是夜晚出行，可能会出现大巴车在高速行驶等情况，这就需要公安部门的特批文件。

第三节 体育赛事的交通管理

一、体育赛事的交通管理概述

（一） 体育赛事的交通管理的含义

体育赛事交通管理，是指体育赛事组织者为运动员、教练员、裁判员、观众、工作人员、重要领导与嘉宾等体育赛事参与人员安排在体育赛事期间的各种交通用车等相关管理活动的总称。体育赛事的交通管理是通过计划、组织、执行、监控等一系列工作来实现的，体育赛事的交通管理在体育赛事管理中至关重要。

（二）体育赛事城市交通的特点

一般来讲，体育赛事举办的规模与城市的发展情况是正相关的，经济文化较发达的城市往往会举办一些较大型的综合性体育赛事或者单项体育赛事，而这一类的城市人口密集度较高，其交通情况具有如下特点。

1. 机动车辆较多

随着我国经济的快速发展，城市交通的种类和数量也在不断变化，私家车、公交车、出租车、大货车以及客车等数量迅猛增加，给城市交通带来很大的挑战，此外，存在大量机动车驾驶人不遵守交通规则的现象，交通安全意识差，争道抢行，任意停车，妨碍其他车辆行驶。同时，大量非机动车驾驶人在马路上任意穿行，无形中为道路增加不小的负担，很容易造成交通拥挤堵塞，甚至是发生交通事故。并且在体育赛事期间，用车数量的增长使得城市中机动车辆数量到达高峰，考验城市的交通设施。

2. 马路拥挤

道路作为城市建设的基础设施，是人们出行必须使用的公共物品。因此很多城市都会根据城市人口和车辆的变化对道路进行改造。由原来的 2 车道变成 4 车道甚至是 8 车道，但存在种种客观的原因，城市的道路发展状况还是不能够满足现代交通发展的需要。路少车多，道路拥挤始终是现代城市交通发展的一大矛盾。① 另外，许多欠发达的城市道路网络布局不合理、交通信号设施不完善、小摊小贩占用道路等不良现象经常发生，降低了现有道路的利用率。而体育赛事举办期间城市人流量激增，对城市交通的考验也很大，是体育赛事的交通管理的一个难题。

3. 交通设施完善，管理严格

城市在发展过程中，为了应对各类交通问题，政府的交通管理部门开始不断完善交通设施，现场的交通管理也变得非常严格。在城市的主干道及人流密集区发展公共交通，为地上的公交车设置公交车专线，地下交通不断拓展线路，缓解地上交通状况。并且鼓励居民绿色出现，多选择公共交通、自行车等交通工具，尽量减少使用私家车，不仅有助于缓解交通压力，也有助于保护环境。同时交通管理部门对城市的交通状况实施监控，为人们选择规划路况较好的道路出行。这些提升了体育赛事的交通管理的效率。

二、体育赛事的交通管理的内容

体育赛事举办期间的城市交通运行特性与城市日常出行的交通有较大的区别，会给城市交通带来较大的压力。因此在体育赛事举办期间，采取有效措施对城市交通运行进行科学管理是非常有必要的。我国近年来举办的一些大型体育赛事，如北京奥运会、广州亚运

① 赵云龙，范东旭 大型体育赛事期间城市交通管理对策思考——以沈阳全运会为例［C］．中国城市交通规划年会暨学术研讨会，2012.

会、深圳大学生运动会及南京青奥会等，都在体育赛事举办期间对交通进行管理，保证体育赛事的正常运行及市民的日常生活不受影响。体育赛事的交通管理的主要内容有以下几个方面。

（一）政府主导成立交通管理中心

体育赛事组委会的交通管理部门应该与政府的交通管理部门共同成立交通管理中心，全面协调和负责体育赛事举办期间的交通管理，为体育赛事用车提供便利，针对可能出现的情况出台相应的政策。同时要加强交通环境整治，尽量使用清洁能源，减少交通污染，给外来观众、运动员等体育赛事参与者留下良好的印象，提高城市的形象。

（二）进行交通管制，保障道路畅通

根据城市交通的具体情况，交通管理中心对城市交通进行管制，实行单双号限行等政策，减少车流量，提高城市道路交通的使用率，消减城市总体交通需求，为赛时交通提供良好的运行环境。同时在比赛期间，可以实行禁止外地客车和货车进入、本城市中不同吨位的货车限时限区域行驶等措施。

（三）应用智能交通管理系统

在城市交通管理管理过程中，智能交通系统系统起到很重要的作用，包含有闭环管理的数字化交通执法系统、智能化的区域交通信号系统、灵活管控的快速路交通控制系统及公交优先的交通信号控制系统等，它能够实时监控道路状况，自动监测交通事件并向就近的交警报告。应用这些智能交通管理系统能够为出行人员及体育赛事用车提供最新的路况，规划出最合理的路线，如在北京奥运会和广州亚运会等大型体育赛事中均使用智能交通管理系统。

（四）错峰上下班，倡导公共交通出行

由于部分体育赛事的周期较长，在工作日期间上班族和体育赛事用车会共同占用交通资源，导致交通拥挤。为避免公交地铁的客流出现井喷现象，交通管理中心为优先保障赛时交通的前提下与政府部门商量，将事业单位、国企及政府机关的下班时间提前或延后，避开上下班的高峰期，并且倡导一些企业积极配合，制定合理的上下班时间，形成梯度。同时，倡导居民使用公共交通出行，减少公务车、私家车的使用，尤其在北京、上海和广州等大城市。使用公共交通出行就能够为体育赛事的交通管理提供更多便利。

（五）加大违章处罚制度，启动交通维护志愿者行动

在体育赛事举办期间，对不遵守交通规则的车辆进行严惩，并且清理道路两旁的摊点和占用车道的违规车辆，保证道路的通畅。启动交通维护志愿者行动，号召更多的市民参与到赛时交通的管理中。除此之外，交通管理中心可以采取建筑施工管制，保证主干道正常运行、设置体育赛事车辆专用车道、对有体育赛事用车证件的车辆优先享有通过权、观

众凭门票可享受免费班车等服务来缓解城市交通压力。

（六） 合理安排体育赛事用车数量和班次

体育赛事的举办会有许多运动员、嘉宾及体育赛事工作人员的参与，制定出合理有效的赛事用车安排表是十分重要的，因此在安排车辆的过程中要分时段和人群安排不同的车辆。每个运动队或国家使用同一辆车，尽量避免不同运动队或国家搭乘同一辆车；安排酒店到赛场的穿梭巴士，供工作人员及其他人员随时搭乘往返于赛场和工作区域；嘉宾安排轿车专车接送，并且留有备用车辆。在酒店等区域设置公告板，公示当天和第二天的车辆安排。

第四节 体育赛事的安保和医疗管理

一、体育赛事安保管理

（一） 体育赛事安保管理的概念

体育赛事安保管理，是指在体育赛事组织实施的过程中为确保安全所进行的一系列管理活动，具体工作包括竞赛场馆、活动现场等场地的安全保卫和运动员、观众等人员的安全保卫等内容。体育赛事安保管理主要由组委会安全保卫部及外部安保服务团队负责，其必须着重防范和处理各类安全事故，安全保卫工作要做到既能保证竞赛安全，又要与公安机关等机构合理分工和配合。

（二） 体育赛事安保管理的内容

体育赛事安全保卫工作的一般原则是统一领导和分工负责，通常从环境和人员两方面进行安全保卫工作，所以体育赛事安保管理的内容主要包括环境管理和人员管理，具体内容如下：

1. 环境管理

环境管理主要是指对体育赛事所处空间和所需条件的安保管理，包括两方面的内容：

（1）竞赛活动的安保管理

竞赛活动的安保管理要求组委会安全保卫部必须要根据整体竞赛安排布置安全保卫工作，并协调与有关部门和单位之间的关系，将各项任务落实到有关部门和单位。在具体实施过程中还要注重以下五个方面的工作：一是竞赛场地、参赛人员驻地及周围和重要领导、嘉宾的主要行车路线的安全保卫；二是各类证件的制作、发放、使用、收回等管理工作；三是大型体育赛事的开、闭幕式及其他重大活动和射击、跳伞等特殊竞赛项目需按照规定在公安、交通等管理部门备案且审批同意之后，组委会安全保卫部方可按照相关程序办理和实施安全保卫相关手续和措施；四是竞赛场地、参赛人员驻地及周围的安全检查工作，及时处理各类安全隐患；五是天气变化和自然灾害对竞赛活动的恶劣影响。

（2）物资的安保管理

体育赛事相关物资的安保管理的范围主要涉及贵重物品、危险品、竞赛器材及其他活动物料等物品和现金等。组委会安全保卫部首先要对各类物资的数量、特征、保管部门等基本情况做详细了解，并登记成文档，同时要配合物资保管部门做好各类物品和现金的保管工作和严格执行各类物品和现金的使用规定，协助物资保管部门制定、执行物品和现金的安全防范措施，防止损坏和丢失。

2. 人员管理

人员管理主要是指对运动员、教练员、裁判员、观众、工作人员、重要领导和嘉宾等体育赛事参与人员的安保管理。主要工作内容涉及四个方面：一是组委会安全保卫部通常会与组委会其他各部门的领导和各参赛队的领队保持联系，并要求他们负责本部门或本队内的人员安保工作；二是组委会安全保卫部还会针对运动员、教练员、裁判员、观众、工作人员等开展各类安全宣传和教育活动，要求各体育赛事参与人员严格遵守竞赛相关规定和制度，提高各体育赛事参与人员维护体育赛事秩序的自觉性；三是组委会安全保卫部要采取有效措施预防各类人为安全事故，如入场安检，并且对已经发生的人为安全事故及时严肃处理，维护良好秩序；四是对重要嘉宾和领导的安全保卫也是人员的安保管理的重要工作之一，组委会安全保卫部通常会设置专人或团队全方位保卫重要嘉宾和领导的安全。

二、体育赛事医疗管理

（一）体育赛事医疗管理的概念

体育赛事医疗管理，是指通过建立体育赛事医疗卫生保障体系，对各类体育赛事参与人员和竞赛、训练场馆等场所实施的医疗救护、医疗保健、卫生控制、疾病预防等一系列管理活动。体育赛事医疗卫生保障体系通常由组委会医疗卫生部、医疗卫生专职机构和接待单位共同研究建立，并按照不同分工具体实施。

（二）体育赛事医疗管理的内容

医疗卫生工作是体育赛事最基本的保障，通常是组委会医疗卫生部在体育赛事筹备期间负责制定有关方案，并在体育赛事举办期间配合医疗卫生专职机构执行具体工作。一般来讲，体育赛事医疗管理的内容包括以下三方面：

1. 医疗服务管理

医疗服务管理主要包括医疗救护和医疗保健。医疗救护主要是指体育赛事现场急救和医院救治，医疗保健主要是指对特定人群提供与治疗相关的服务。在体育赛事筹备期间组委会医疗卫生部通常会制定医疗服务手册，明确各部门和机构在体育赛事举办期间的具体分工；体育赛事举办时，在各训练场馆和竞赛场馆专门设置医疗服务站，医疗卫生专职机构指派专业医护人员进驻医疗服务站，为运动员、教练员、裁判员、观众、工作人员、领导和嘉宾等体育赛事参与者提供医疗救护和医疗保健，并由其负责急重症病人的救治工作，同时通过多种形式的宣传教育活动提高各类体育赛事参与者的自我保护意识，预防运动损伤和伤病。

2. 卫生保障管理

卫生保障管理包括卫生监督和疾病预防控制。卫生监督主要包括环境卫生监督和饮食卫生监督，疾病预防控制主要是指对各类传染病、中毒事件的预防和控制。组委会医疗卫生部通常会专门制定体育赛事卫生保障方案，要求各训练场馆、竞赛场馆和食宿接待单位符合环境和饮食卫生规定、疾病预防规定，大型体育赛事还有对机场、火车站、码头等公共场所的卫生要求，并对这些场所进行卫生检查和监督，采取有效措施以符合体育赛事卫生保障要求。大型体育赛事还会由当地疾病控制中心和卫生监督所指派专人组建卫生保障团队，进驻体育场馆、食宿接待单位和其他公共场所执行卫生保障任务。对于各类传染病和中毒事件，组委会医疗卫生部要提前制定预防控制方案和应急处理预案，做好疾病监测工作，一旦发生传染病和中毒事件，组委会医疗卫生部要及时采取有效措施，避免扩大疾病波及范围。

3. 兴奋剂检测

全国综合性运动会、全国性单项体育协会主办的竞技体育重要赛事及其他大型体育赛事一般都需要进行运动员兴奋剂检测，组委会医疗卫生部会专设反兴奋剂工作组，或者反兴奋剂专项团队会挂靠在组委会医疗卫生部，组委会医疗卫生部配合执行部分反兴奋剂工作，如2010年广州亚运会时反兴奋剂处就挂靠在广州亚组委医疗卫生部。原则上，兴奋剂检测机构接受赛事组委会的统一领导，但同时具有独立依法工作的权力。一般群众性体育赛事和商业性体育赛事不进行兴奋剂检测。

第五节　体育赛事的物资管理

体育赛事的物资管理主要包括赛事筹备期所需要的竞赛器材、辅助器材、运动员装备、有关竞赛裁判用具的采购，物流配送，以及赛事举办过程中对物资的使用和保管方面等。科学合理的物资预算、充分有效的物资使用与保管是赛事成功举办的重要基础。

一、体育赛事物资管理概述

一般地，体育赛事物资管理是由体育赛事组委会的财务部牵头总体管理，归口部门（组委会相关部门）协助细化管理，使用部门（竞赛场馆运行团队）落实责任管理，后勤保障部与归口部门签订物资使用责任书，归口部门与使用部门签订物资使用责任书，建立物资三级管理责任制体系，采用分区管理、分类管理、归口管理的物资管理方式，形成统一管理下各负其责的管理机制。

（一） 分区管理

根据物资实地管理需要，组委会实行以场馆为基本责任单位的物资分区管理，场馆负责人对物资的安全负首要责任。场馆内采用签约责任制的方式，各使用部门经理对场馆主任负责，各场馆主任签订本部门物资使用责任书；各使用部门指定专人负责本部门的物资管理，后勤保障部门统一追踪和监督管理场馆内所有的物资，牵头执行物资回收程序；场馆归口管理部门配合后勤保障部门追踪场馆内物资。

（二） 分类管理

根据物资使用管理和赛后回收处置的需要，相关部门需要对比赛物资实行分类管理，将全部物资划分为耐用性和消耗性两类，耐用性物资主要指固定资产和虽未达到固定资产标准但具有回收价值的物资；消耗性物资主要指低值易耗品。对于耐用性物资后勤保障部实施全程追踪管理；对于消耗性物资，要加强使用管理和监督。

（三） 归口管理

组委会根据物资类别和专业管理的需要，划分为通用物资管理、专用物资管理、特殊物资管理。

1. 通用物资归口管理

这类物资一般由多个部门使用，具有较强的通用性，具体包括办公类耗材、技术设备、临时设施、家具电器、纪念品等五类。

2. 专用物资归口管理

这类物资一般由个别部门专用，不具有通用性特点，具体包括体育器材、医疗器材、服装、景观物资、开/闭幕式物资、安检器材、交通专用物资等。

3. 特殊物资归口管理

这类物资一般需要特殊仓储条件或有特别的使用限制规定，具体包括食品、药品及卫生耗材、奖牌、鲜花、比赛用枪支弹药等，由归口业务部门负责保管使用，后勤保障部不进行追踪管理。

二、体育赛事物资管理的内容

（一） 物资采购

赛事管理者要明确赛事物资所需种类以及数量，并对所需要的物资进行分类以方便之后的物资存放和管理，在赛事筹备阶段，制定合理的所需物资预算，联系体育器材、比赛用具厂商以及运动员装备厂商采购，或吸引赞助商提供比赛物资类赞助。

1. 采购计划及流程

组委会各部门拟定所需物资计划书→后勤保障部门编写汇总物资采购计划→市场开发部研究商业赞助→财务部门进行资金计划预算审核→组委会执行局领导审批→物资部门与各部门共同制定采购方案与合同→物资部门与各部门按程序对货物资料与货物进行验收→物资部门按程序发放。

2. 采购方法

（1）各部门需要的主要物资应按组委会规定的采购流程办理。

（2）专项竞赛器材和场地器材主要与指定厂商实行合同采购。

（3）零散物品经组委会执行局领导审批后，由后勤保障部门或办公室统一采购。

（4）所有物资采购都要先与市场开发部门协商，尽量走企业赞助的渠道。

本着勤俭办赛事的指导思想，物资采购应坚持同种物资比质量，同等质量比价格，同等价格比服务，同等服务比信誉，先比后买原则。

（二）物资验收

1. 建立由组委会各部门、相关专业人员和物资管理部门组成的货物验收工作组，负责对每一批货物进行验收，并出具验收报告和留存相关资料备档。

2. 物资部门接到货物到货通知后，负责组织验收工作，对货物质量与合同手续要认真审查。

3. 按照协议技术和合同严格验收物资。

4. 对验收质量不合格的比赛物资器材，需做退货处理的，应按物资采购合同退货，零散采购不合格产品应在3日内退货。后勤保障部门要及时向组委会执行局领导报告不合格物资情况。

（三）物资的仓储和发放

1. 入库

（1）采购物资抵库时，仓库管理人员必须按照已核准的《送货单》或订单等相关材料办理入库，并仔细审核物资的品名、规格、型号、数量及外包装是否完好无损，防止包装损坏物资变质等隐患入库。

（2）仓库管理人员根据采购发票填写《物资入库单》，分类建立物资库存账目。

（3）对于单、货不符和质量不合格的物资不得接受，物资管理部门要及时上报有关领导，并通知相关业务部门进行检查。

2. 储存

（1）按照物资属性分类置放，标记物资方便寻找使用，注意物资存放的安全，保持干净整洁，无安全隐患。

（2）根据出入库凭单及时登记核算，定期盘点货物存量并与财务部门对账。

（3）比赛结束后，组委会有大量的比赛器材等物资需要存放、保管和盘点，物资保障部门要根据具体情况，提前准备好储物库并责成专人负责此项工作

3. 出库及发放

（1）组委会各部门领取物资时，要填写《物资使用领取单》，单据上必须有部门负责人签字，经后勤保障部门审核后，办理物资领取手续。

（2）仓库管理员根据《物资出库单》办理出库签收手续，并及时登记《物资控制卡》。

（3）物资发放坚持“先进先发、易损先发、有效期短先发”的原则。尽量减少库存量，降低物流成本。

（4）竞赛器材和场地器材接到到货通知单后，可由物流公司或生产厂家将比赛物资定时配送到各比赛场馆，验收小组在比赛场地上直接验货和办理相关手续。

（5）赞助物资由市场开发部先期办理相关手续，随后市场开发部将办理齐备的手续和物资移交给后勤保障部，后勤保障部根据要求发放物资。

物资申请流程如下所示：

使用部门（场馆团队）根据本部门工作需要向归口部门申请物资。

↓

归口部门将所辖使用部门申请信息汇总，经组委会领导批准后，报后勤保障部。

↓

后勤保障部对上报申请信息进行分类处理，并告知归口部门需申请采购部分。

↓

归口部门向财务管理部申请需采购物资。

物资发放流程如下所示：

申请物资到货。

↓

后勤保障部和归口部门共同核验物资数量和质量，并办理物资移交手续，最后报财务管理部。

↓

归口部门与组委会签属《物资保全协议》。

↓

归口部门根据使用部门的申请进行物资分发、调配和相关管理。

（四） 物资的使用

各比赛场馆及各部门都要有一名主要领导负责本单位的物资使用和管理工作，负责人与组委会签订物资保管协议书，是物资分管的第一责任人。

物资使用上坚持谁主管谁负责的原则，组委会各比赛场馆和业务部门对使用的物资负有维护、维修和管理的责任，如有物资损坏和质量问题，要及时报告主管部门或直接与供货单位联系。

物资管理部门根据竞赛日程的安排，随时到各比赛场馆检查物资设备使用和安装调试情况，发现问题及时解决，减少物资消耗过大而带来的经济损失。

（五） 物资的回收及报废

报废物资是指除去消耗品以外的比赛设备、办公用品和电子设备等物资，符合下列条件的物资可申请报废：

物资设备因老化、损坏而不能满足继续使用要求，且无法进行维修再利用的物资；

物资设备虽可以维修，但维修费用较高，且维修成本高于新购置该物品成本。

根据国际单项运动组织对比赛项目规则的修改情况，不得重复使用的体育器材报废程序为：组委会各比赛场馆和各部门将报废物资整理好，填写《报废单》，递交到组委会后勤保障部门，由后勤保障部门和财务等相关部门共同审核整理，将报废报告交送到组委会执行局领导审批。

报废物资主要有两个流向：一是报废物资统一交由组委会指定的物资回收公司；二是场地设备器材统一下拨到有需求的单位或暂时存放起来。

（六） 物资使用保管监督部门

在组委会领导下，成立由后勤保障部门、财务部门和审计监察部门等相关业务部门组成的物资检查小组，对物资配置、采购、使用、维护、维修和报废处理等各个环节上进行监督检查。加强物资管理人员的队伍建设，制定好有关物资管理的各项规章制度。随时接受上级监察审计部门的检查。

三、体育赛事物资管理的制度

（一） 管理标准的制定

为了保障体育赛事的成功顺利进行，需要体育赛事管理组织结合实际工作情况，特制相应的物资管理、使用、存放等规章制度及物资使用申请流程。协调仓库、场馆方面并严格按照规章制度执行，明确各个部分的责任人，并签订相关责任保证书。并设立相应的监督部门，监督物资的管理、使用、存放情况。

（二）物资管理的职责分工

1. 后勤保障部门职责

负责物资的实物管理和制定合理的管理细则，协调各部门物资配备标准；制定物资总体需求计划，统一调配物资；办理所有物资的出入库及物流配送手续，负责库存物资管理和在用耐用性物资追踪管理；建立物资台账，定期与财务部及归口管理部门盘点对账、牵头回收和处置物资。

2. 物资使用部门职责

指定专人负责部门内的物资管理，对本部门在用物资的丢失和损坏负首要责任，部门负责人负领导责任，按照归口管理部门的配备标准和分配计划领用物资，及时办理物资领用手续，配合后勤保障部和物资归口管理部门定期进行物资盘点。

3. 办公室职责

制定组委会办公用物资设备的配备标准，统筹分配办公物资，办理相关物资的出入库手续，负责日常办公设备的维护保养，定期进行物资盘点和清查，配合后勤保障部根据场馆需要，办理相关物资转移到场馆使用的各类手续。

4. 财务部职责

审核物资预算和配备计划，对物资实行分类核算，与后勤保障部及归口管理部门定期进行物资盘点、对账，配合后勤保障部制定回收物资清单。

5. 监察审计部职责

对各部门及其工作人员在物资管理工作中履行职责、廉洁自律情况进行监督。

（三）物资管理程序

物资使用部门根据物资配备标准提出物资需求，归口管理部门审核汇总归口物资需求计划，做到不重项、不漏项；财务部审核归口物资需求预算并组织实施采购。采购前要将物资需求计划报市场开发部，由市场开发部进行先期市场开发。

使用部门按照物资分配计划，持物资领用申请单到归口管理部门办理审批手续后，再到后勤保障部领用物资并办理物资出库手续；归口管理部门如需一次性领用全部物资，应到后勤保障部办理审批手续后办理一次性出库手续，然后按归口物资分配计划发放给使用部门。

（四）赛后物资管理回收

比赛期间零星回收的场馆物资，由后勤保障部办理登记手续后运出场馆。比赛结束后统一回收的场馆物资，根据后勤保障部统一制定的场馆物资回收计划依次进行：

1. 在比赛结束前 24 小时，运出场馆内库存物资，尽量减少场馆物资存量。清空物流综合区，提高物资仓储周转能力。

2. 比赛结束当晚，由后勤保障部收回组委会拥有和控制的物资库房钥匙，并对库房铅封。将容易移动的技术设备、体育设备、医疗设备、零散物资和各种未用完的消耗性物资打包送到物流综合区储存，各相关业务口应积极配合。

3. 回收和归还大型医疗设备、大型体育设备、其他专用设备。

4. 回收和归还租用的赞助商设备、安检设备及其他利益相关的物资。

5. 回收和归还各种家具、临时设施、路障。

6. 回收拆除的工程安装性物资和废品。

案　例

好运北京 2007 体育赛事接待服务工作总结

好运北京 2007 体育赛事接待服务工作于 12 月中旬全部结束。在市政府的统一领导下，接待服务工作组织、协调平稳有序，安全、服务细致周到，赢得了各国地区代表队运动员、裁判员和国际体联官员的一致好评。现将 2007 年好运北京接待服务工作总结如下：

一、住宿接待服务基本情况

好运北京 2007 体育赛事接待服务工作分为两个阶段。第一个阶段为 7、8、9 月份先后赛艇、皮划艇、曲棍球、沙滩排球、棒球、公路自行车、小轮车、射箭等 9 项赛事接待服务；第二阶段为 10 月份的羽毛球赛和 12 月份的艺术体操赛事接待服务。承担接待任务的有朝阳、海淀、石景山、顺义、宣武等区的 22 家星级饭店，负责赛事国际体联官员、裁判员、运动员及外国媒体的住宿、餐饮接待服务。在第一阶段的赛事接待，共接待了 274 支参赛队，赛事客人 4738 人，用房 2894 间套、23480 间夜，供餐 60235 人次。在第二阶段的赛事接待期间，共接待了国内外 9 支参赛运动队，赛事客人 213 人，用房 127 间套、869 间夜，供餐 3812 人次；艺术体操赛事共接待了来自 25 个国家的 159 位客人。接待服务团队 24 小时在接待饭店值守，随时了解接待饭店服务情况和赛事客人的需求，与竞赛、安保、交通、卫生、医疗、NOC 陪同、财务等业务部门协作、密切配合，接待服务工作有序平稳确保比赛的顺利进行。住宿接待饭店根据赛事客人的需求，不断完善服务程序、提高服务效率，努力为赛事客人提供快捷、周到、超值的个性化服务。接待饭店的环境，优质的服务，赢得了各国赛事客人的赞扬，树立了北京饭店业良好的国际形象。

二、主要接待服务工作

（一） 加强组织协调

北京市旅游局对好运北京体育赛事住宿接待服务工作高度重视，按照工作要求，成立了杜江局长、熊玉梅副局长负责的好运北京体育赛事接待工作小组，由饭店餐饮管理处负责具体工作落实。市旅游局积极支持运动服务部工作，统筹协调各区县旅游局开展赛事接待服务工作，确保接待任务完成。北京市旅游局从市、区旅游局选派人员担任各赛事住宿接待服务经理，并拟定了《接待服务经理工作准则》，明确接待服务经理工作职责和信息工作要求。

按照运动会服务部的工作要求，好运北京体育赛事确定由45家星级饭店和社会旅馆承担接待任务。北京市旅游局就接待饭店需要协调的问题，多次召开接待经理会，研究接待工作的落实、协商解决问题的方案，协调公安、卫生部门重点指导解决了个别饭店的保安监控设备、保安人力不足、供电、卫生检疫等问题。针对个别参赛队自行预定酒店的问题，北京市旅游局通知各区县各属地饭店不得擅自与代表团签约，不得接待自行入住的参赛队。

（二）确立工作重点

1. 加强住宿安全和食品安全监管

按照奥组委运动会服务部的工作要求，北京市旅游局根据赛事接待的特殊性，以服务运动员为出发点，在参考运动服务部和局共同制定的《接待服务工作方案》的基础上，制定了有针对性的《接待饭店工作标准》，对接待方案进行细化，进一步明确了接待饭店环境、迎送、入住、客房、餐饮、要客、安保等各环节服务规范和具体工作要求，确保赛事客人住宿接待安全有序。

餐饮服务是接待工作的重点之一。针对食品过敏源问题市旅游局特别要求接待饭店采取相应的服务措施，准备客人禁忌食物调查表，详细了解每位客人的饮食习惯和个人食物过敏源，餐台上的菜签都有烹饪原料的标注，保证客人用餐安全。北京市旅游局要求接待饭店对食品进货渠道和进货环节实行严格控制，按指定供货渠道进货，专人验货。严格执行赛事组委会的有关规定，要求供货单位专人专车送货，对购入食品原料索证索票率达到100%，严把进货质量关。对餐厅所有食品及酒水饮料进行严格的质量控制，依据所进食品保质期的长短，相对集中购进食品，保证食品的质量和安全。

2. 提供个性化服务

各接待饭店认真按照《接待饭店工作标准》的要求落实各项服务。接待饭店与公安、消防、卫生、交通等相关服务专业部门联合举行了前期的服务和应急演练，检验准备工作和专项服务的衔接。接待服务工作在星级饭店规范化服务的基础上，注重细节，讲求实效，做好个性化服务。例如，客房为身材高大的运动员加设床凳；细致观察客人的需求，及时为客人增添健身设备，为客人代购特需的商品；为伤病运动员准备拐杖，调整房间方便出入；为了方便运动员了解比赛信息和运动队日程安排，接待饭店为每个运动员楼层增设了信息栏，同时将运动员楼层的套间布置为会议室，便于教练召开会议等。各饭店根据接待不同国家运动队的情况，按照奥组委模板菜单调整菜肴花色品种，运动员和裁判员对菜品供应非常满意。运动员赛后返回饭店的人数和时间常常不确定，饭店随运动员的需求调整开餐时间，有时一餐要开两次，有时开餐时间要延迟到夜间11点，但不论有什么情况，接待饭店都能保证运动员用好餐。接待饭店把尽可能满足客人的个性需求作为服务工作的重要环节。

（三） 加强接待饭店服务监督检查

在赛事住宿接待工作期间，熊玉梅副局长和接待团队人员深入每家接待饭店现场督导检查接待服务、设施设备和环境布置准备工作的落实情况，重点检查了安全保卫、食品卫生和西餐服务质量，进行了西餐菜品的试餐。并前往各区县和比赛场馆，协调公安、消防、交通、卫生、医疗、市政、外围保障及志愿者队伍等管理服务部门的协作，完备接待饭店与相关部门的工作衔接。

（四） 建立信息渠道

为保证参赛队住宿、餐饮服务，市旅游局在《接待服务经理工作准则》中，提出坚持信息报告制度，明确情况报告是服务接待经理的重要工作内容，要求各赛事接待服务经理必须每日填写《饭店接待服务团队运行日志》和《饭店接待服务团队每日运行报告汇总表》，及时搜集反馈驻地客人对接待饭店服务程序的意见和建议，上报接待服务协调中心和市旅游局饭店处。在赛事接待期间，接待服务经理与场馆的竞赛部、NOC 的负责经理、接机车辆的调度人员保持高度紧密的联系，反复确定各国代表队抵达机场的时间、人数，以及比赛期间参赛队行程安排等，使接待饭店能够及时调整服务安排，满足参赛队的需求。

（五） 对志愿者培训及管理

各接待服务团队对赛事的住宿志愿者的奥运知识和服务技能的培训到位。培训主要内容为：住宿接待服务工作流程、住宿服务常识、礼节礼貌、应知应会等，同时特邀负责体育竞赛、交通服务、安全保卫的负责人讲解竞赛知识、交通服务流程、住地安保事项，请接待饭店介绍酒店概况和服务规范，并对志愿者进行了书面考核。住宿志愿者在工作中纪律严明，工作能力较强，保证了赛事住宿接待服务工作的顺利进行。

实践绿色奥运、科技奥运、人文奥运三大理念对接待服务团队和接待饭店来说，锻炼了队伍，提高了员工的业务技能，也为今后的接待服务工作和 2008 年北京奥运会住宿接待工作积累经验。接待饭店认真总结经验，决心发扬成绩，克服不足，振奋精神，以更加出色的工作，迎接有特色、高水平的奥运会饭店餐饮管理处。

二〇〇七年十二月十八日

复习思考题

1. 体育赛事后勤保障管理包括哪些方面?
2. 体育赛事交通管理有哪些管理措施?
3. 体育赛事的安保和医疗管理的主要内容是什么?
4. 体育赛事的物资管理包括哪些内容?

第十章　体育赛事信息技术应用

本章导语

日渐发展的体育赛事是当今重要的社会文化活动之一，随着现代科技的发展，在体育赛事中引入现代信息技术，对于提高体育赛事的工作成效，提升办赛质量，具有重要的意义。在信息化时代，体育赛事信息技术是体育赛事成功运行的重要支撑，更是体育赛事不可或缺的重要组成部分。本章主要包括体育赛事信息技术应用概况、体育赛事中的新信息技术等内容。

第一节 体育赛事信息技术应用概况

一、体育赛事信息技术应用的发展历程

（一）电子计分系统、终点摄影设备的应用与发展

在1912年斯德哥尔摩奥运会中，奥运会组织者开始考虑借助科技手段进行成绩判断，因此电动计时器和终点摄影设备开始被引入奥运会中，此后计时计分系统技术不断得到改善和提高。1928年阿姆斯特丹奥运会，在决赛中开始应用摄影慢放技术判断电子显示成绩相同的比赛结果顺序。紧接着伴随电视转播的发展，在1968年墨西哥奥运会中，电子计时设备将时间精确度达到了千分之一秒，被称为"跑表、皮尺时代的结束"。1976年蒙特利尔奥运会，观众可以在体育场的记分牌上看到运动员成绩。1992年巴塞罗那奥运会首次推出了能够满足一切项目计时测速和计分需要的"全能运动操作系统"。

（二）广播、电视转播技术的应用与发展

1924年巴黎奥运会上首次进行无线广播直播。1936年柏林奥运会首次进行电视实况转播。1956年墨尔本奥运会尝试性地通过卫星电视进行赛事实况转播。1960年罗马奥运会首次正式进行全球电视转播。1968年墨西哥奥运会首次使用彩色电视技术。1992年巴塞罗那奥运会首次试用高清晰度电视转播。2000年悉尼奥运会全球电视观众达到37亿。

（三）计算机信息系统的应用与发展

在1960年加利福尼亚冬奥会中，使用计算机穿孔卡对比赛结果进行记录；1964年东京奥运会首次将比赛结果存入计算机，则标志着计算机技术正式应用于奥运会。1984年洛杉矶奥运会第一次建立大型信息系统，标志着现代信息技术介入奥运会的组织管理工作中。1992年巴塞罗那奥运会首次建立信息网络系统，提供信息查询服务，并建立局域网，为赛场信息处理工作提供便利。1996亚特兰大奥运会开始引入广域互联网。

（四）信息技术在赛事组织工作中的全面应用

2000年信息技术在悉尼奥运会上全面应用，不仅利用信息技术在人员管理、安保、身份鉴定等方面进行有效管理，还提供了个性化的信息服务，该届奥运会的官方网站页面点击总次数达到了113亿。到了2004年雅典奥运会，数字化信息技术得到了全方位应用。

随着计算机技术的应用普及，网络移动技术在体育赛事领域的融入，社会传播技术的发展改进，在各大体育赛事中引进信息技术，对赛事组织管理工作进行辅助成为必然。

二、体育赛事信息技术应用发展的特点

（一）服务于体育竞赛

从体育赛事信息技术应用的历程，我们首先可以感受到体育赛事信息技术的革新应用，其首要目的是服务于竞赛，维护竞赛的公正性。不论是计时计分系统的出现，还是终点摄影设备的应用，都是借助科技服务于体育竞赛，避免传统裁判方法的错误、误差及不公正的情况发生。

1996 年亚特兰大奥运会竞赛成绩的测试手段深刻体现了现代信息对体育的渗透。女子 100 米决赛，德弗斯和奥蒂两名运动员同时冲过终点，连录相也无法分辨谁是第一，最后电脑显示德弗斯的肩和躯干比奥蒂略微靠前 0.5 厘米。在高科技的裁决下，以半厘米之差分出仲伯。人类的智慧和信息技术的魅力在奥林匹克运动中发挥得淋漓尽致。亚特兰大奥运会男子 100 米冠军克里斯蒂在 2000 年悉尼奥运会上两次犯规后，裁判员罚他出场，克里斯蒂不服，但当电脑显示出他起跑反应为 0.086 秒（在 0.10 秒之内便判抢跑）时，他将跑鞋扔进了垃圾箱，无可奈何地退出了比赛。

（李凤华．竞技体育与信息技术［J］．广州体育学院学报，2004，24（4）：22）

（二）满足观赛需求，扩大赛事影响

从最初广播、电视转播系统在体育赛事转播中的应用，还有后期计算机网络技术，再到目前的移动网络、智能终端的应用，都是借助新科技手段，满足更多观众的观赛需求，同时扩大赛事影响。

（三）安全、稳定为应用前提

任何新科技的引入应用，都要基于赛事安全性和稳定性。从计时计分系统、终点摄像、成绩处理系统、广播电视传播系统，再到组织工作方面使用传统大范围 IP 局域网，将网络分割成不同的奥运系统，都是为了保证整个赛事系统的更加安全、稳定和正常运转。

（四）满足不断增长的组织工作需要，提升组织工作效率

虽然奥运会最初的规模不大，但是，到了 2004 年雅典奥运会，参赛人数已经达到了 1.1 万多名。因此，赛事规模的发展扩大，组织管理对信息技术提出了更高的要求。而体育赛事组织工作效率的提高，办赛成本的降低，恰恰得益于最新发展起来的电子信息系统技术。

1976 年的“蒙特利尔”陷阱使奥运会陷入危机，形成了下届奥运会无人申办的窘境。商界奇材尤伯罗斯力挽狂澜，创造了“洛杉矶奥运会神话”，其成功的原因之一，便是降低成本，提高工作效率，实现此目标的手段便是充分利用了最新发展起来的电子信息系统技术。原计划投入 5 亿美元的洛杉矶奥运会，通过对信息系统的应用，不仅没亏还大赚了 2.5 亿美元，改变了举办奥运会亏本的局面，形成了以后争相举办的局面。

（张立．奥运史中的信息技术应用及其技术特点和发展特征［J］．北京体育大学学报，2006，29（12）：1607－1608）

（五） 不断创新信息服务手段

信息技术在体育赛事中最早的核心应用体现在计时计分系统及成绩综合处理方面，目前信息技术已经融入体育赛事中的身份鉴定、运动员监控、医疗、交通、安全保卫等方面，甚至还能为观众提供无线数据通信、电视数字技术等服务支持，在提升服务方面发挥了越来越重要的作用，创造了巨大价值。

1996 年亚特兰大奥运会、1998 年世界杯足球赛及 2000 年悉尼奥运会均采用了电子身份鉴别技术。它包括电子身份证和身份识别系统。电子身份证上记录有持有者的指纹信息，而作为门禁的身份识别系统能够读取该信息，并与事先存储在数据库中的人员信息进行核对。电子身份鉴别技术提高了竞赛的安全性，同时大幅度地节省了安全保卫人员的投入。

（李凤华．竞技体育与信息技术［J］．广州体育学院学报，2004，24（4）：22）

三、信息技术应用对体育赛事发展的推动

随着体育赛事的蓬勃发展，体育赛事的功能不断丰富，同时，赛事组织的工作量也在逐渐增加，再加之媒介的广泛介入、新媒体的发展，传统的赛事组织工作方式已无法适应目前体育赛事的实际发展需求。信息技术的发展，在体育赛事中的融入，对推动体育赛事的发展有十分重要的意义：

第一，促进赛事管理的全面信息化，提高组织工作效率；

第二，确保赛事数据统计的准确性和公正性，提高裁判执裁的水平；

第三，信息监控系统、身份鉴别技术等技术的应用，提升了赛事的安全性；

第四，多媒体信息技术的应用，增强了赛事的观赏性，提升了赛事的品质；

第五，新媒体的介入，使赛事传播方式多元化；

第六，推动了体育电子商务的发展，提升了赛事的商业价值。

四、体育赛事信息系统

2008 年北京奥运会全面引用了无线宽带、3G 技术、数字电视等数字化信息技术。各大赛事门户网站的建立，将电视广播集成在官方网站页面中，用户可以通过项目、日期、场次等栏目选择比赛视频进行观看，不仅可以通过互联网观看现场直播，还可以在赛后进行有选择的视频观赛。目前，多数体育场馆都逐步实现了 3G、4G 技术的覆盖，实现了方便快捷、实时获取个性化的信息服务，可以让观众在比赛场馆获得前所未有的体验。

一个完整的并且功能齐全的体育赛事信息系统是庞大且复杂的，它包括了基础设备、网络与通信、官方网站、赛事管理系统及赛事成绩系统五大部分。

（一） 基础设备

基础设备，多家（适量）服务商联合提供信息系统所需要的全部设备。[①] 包括服务器、工作站、外围设备、专用设备、数据库、文件管理、存储系统等。

（二） 网络与通信

网络与通信，是为信息系统运行搭建一个稳定、高速、高效的整体网络平台，提供服务和安全保障。包括 4 个分系统：基础网络系统、场馆网络系统、网络安全系统和服务通信系统，其中基础网络系统属于整体信息系统的基础设施，是负责提供信息服务和管理的基础平台。

一般在奥运会等大型体育赛事中，为了确保赛事的信息安全，通常会将网络分为三个网络服务环境，包括竞赛专用网、赛事管理网和互联网服务。竞赛专用网是比赛成绩信息传输的专用网络；赛事管理网是注册制证、赛事管理、视频服务的赛事管理专网；互联网服务设有有线和无线网络服务。

网络安全是网络运行阶段极其重要的内容，信息技术人员应准备好应对措施和解决方案来保障网络的安全。

（三） 官方网站

官方网站是赛事组委会发布官方信息的指定窗口，应根据赛事主管组织提出的要求进行网站建设。官方网站与赛事管理系统密切相关，官方网站的信息发布系统大多建立在承载赛事管理系统的赛事管理网上。

（四） 赛事管理系统

赛事管理系统的功能主要集中在组委会职能管理层面，包括组委会管理系统、人员注册制证系统、技术监控管理系统和赛事指挥调度系统等。

---

① 郁建生，谢松澜，梁雪梅. 大型体育赛事信息系统总体规划［J］. 电信快报，2012，4.

（五） 赛事成绩系统

赛事成绩系统将在竞赛专用网络平台上实现竞赛信息服务，为竞赛的赛程编排、比赛进程控制、成绩处理、信息发布等环节提供完整的竞赛信息服务。① 其中包括竞赛报名系统、计时计分系统、场馆成绩系统、中央成绩系统和信息发布系统等。

竞赛报名系统为网上报名、报名审核等提供服务；计时计分系统负责比赛项目的集成与服务，其运行正常与否关系比赛的成败；场馆成绩系统，承担全部比赛的编排、成绩和仲裁录像；中央成绩系统则承担着奖牌纪录的统计、成绩系统核心管理等内容；信息发布系统提供信息查询、打印分发等服务，同时也是信息发布接口。

目前，体育赛事类型丰富，不同类型、不同级别的体育赛事在信息技术模式上的要求不同，应具体分析后再做出决策。

第二节　体育赛事中的新信息技术

一、射频识别技术（Radio Frequency Identification，RFID）

射频识别技术主要应用在安防领域的门禁系统，是一种非接触式门禁，具有使用方便、感应速度快、感应距离远等特点，适用于人流量大、人员复杂的大型场所出入口控制，2008 年北京奥运会上，RFID 技术在电子门票防伪、食品安全生产/流通溯源、比赛正确判罚和门禁安保系统等多个领域大显身手。

据报道，2008 北京奥运会期间，北京市食品安全办公室共监控奥运餐桌食品 160 余万份，监控奥运会食品原材料近 5000 车次，无一例食品异常，充分展示了健康奥运的精神。

比赛判罚 引领公平奥运

RFID 技术在竞赛活动中的应用可谓首开先河。在众多比赛项目中，胜负之举往往稍纵即逝，给裁判的判罚带来极大的困难，于是，RFID 标签在此有了用武之地。8 月 12 日举行的北京奥运会男子个人佩剑比赛就采用了 RFID 技术，当剑部触到对方身体时即会亮灯，以此来帮助裁判做出正确判罚。

安保系统 引领安全奥运

2008 年北京奥运会中，德国奥林匹克团队的“临时使馆”——德国楼也通过 RFID 身份识别卡和指纹扫描系统对进入人员进行身份识别，充分利用了 RFID 技术在门禁系统中的优势。

① 郁建生，谢松澜，梁雪梅. 大型体育赛事信息系统总体规划［J］. 电信快报，2012，4.

（李利文.2008 北京奥运会 RFID 技术大显身手［J］. 印刷技术，2008，10：21）

二、地理信息技术（Geogrophic Informorrion System，GIS）

大型体育赛事不同于一般体育赛事，由于参加的人数较多、赛事密集，比赛场地分散且分布较广，参赛队伍来自世界各地，因此，要在短时间内，对交通、安全保障、赛事运行等各方面问题有条不紊的安排，对赛事的管理水平要求就很高。

基于 GIS 技术建立的大型体育赛事管理系统，能利用 GIS 系统平台在第一时间反应比赛过程的各种事件，并对各种突发事件做出快速分析和决策。[①] 通过 GIS 系统，可以解决许多体育运行问题，包括：某赛季中特定代表队的行程长度；监控跑步、帆船、自行车等类型赛事的比赛路线；预测赛时天气情况、预测赛时空气状况等。

Web GIS 是 Internet 技术应用于 GIS 开发的产物，Web GIS 具备良好的可扩展性，能够与 Web 中的其他信息服务进行无缝集成，使 GIS 成为供大众使用的工具，灵活多变的 GIS 应用得以进入千家万户。[②]

在 2007 年 1 月 28 日中国长春举办的第六届亚洲冬季运动会上，Web GIS 技术在这一综合性大型体育赛事领域做出了一次较为创新的尝试和应用，完美地演绎了 2008 年北京奥运会的前奏和序曲，赢得了国内外游客的诸多好评。赛会期间，Web GIS 以其强大的功能展示了体育赛会的各类信息，运动员、国内外游客及社会公众能够及时获得运动员信息、赛会场馆信息，尤其是网络电子地图的设计为运动员媒体记者、国内外游客提供了基于电子地图的公众信息服务，将地理信息实时地、更为直观地展现给了公众，以供游客查询动态信息。

（吕强国. 基于 Web GIS 的奥运会体育场馆电子地图的设计与实现［J］. 网络与信息工程.2014，（20）：81 -82）

三、集成电路卡或称智能卡（Integrated Circuit Card，ICC）

大型体育赛事的计算机信息管理系统是赛事组织、运行、指挥、服务的神经中枢，而 ICC 可作为此信息系统人机交互的重要前端接口，用于身份认证、通行控制、数据载录、综合管理、辅助竞赛等。

大型体育赛事由于参会人员证卡涉及面广，且种类繁杂，而 ICC 具有品种多、使用便利、安全防伪性好、一卡多用等特性，因此是大型赛事中最主要、最关键的应用形式。

---

① 李兴仁. 基于 GIS 技术的大型体育赛事信息系统应用探究［J］. 网络与信息工程，2013，24.

② 吕强国. 基于 Web GIS 的奥运会体育场馆电子地图的设计与实现［J］. 网络与信息工程，2014，（20）：81 - 82.

2008 年奥运会，所有参会人员持奥运通卡，参会人员只能凭借所持证卡，在赋予证卡特定权限范围行使权限允许的活动，而且，每片 ICC 都带有制造商在芯片出厂前一次性写入的唯一 ID 识别码，用于防止盗用和冒用，充分显示了 ICC 在大型体育赛事会场管理安全防卫中的巨大价值。

四、网络信息技术

网络通信是信息化社会的重要支柱，不仅包括电话通信，还包括光纤、数据、卫星、无线等现代通信，也包含了广播、电视等信息传播。网络信息技术在体育赛事中的应用，涉及赛事中的人员信息化管理、竞赛安全保障、电子化计分系统、体育信息传播等内容，促进了体育赛事发展的飞跃与繁荣。

北京奥运会在凸显科技奥运的前提下，大力使用互联网传播，促进了奥运与互联网的联姻、强化了奥运传播理念、加速了奥运的科技传播含量。由 CNNIC 万瑞数据调查表明：网民平均采用 2.46 种信息渠道获取奥运相关信息，其中只在互联网上看奥运的约占 13%，比电视的独占性高出 5.69 个百分点。除“赛事直播/转播”和“运动员/专家访谈”外，网民对各项奥运资讯内容的获取，互联网体现出压倒性优势。

（赵云书．北京奥运会互联网传播研究［J］．体育文化导刊，2009，2：130）

五、数字电视

数字电视，是指在电视信号的产生、处理、发射、传输和接收全过程中使用数字信号的电视系统，它具有双向互动、抗干扰能力强、频率资源利用率高等数字信号的所有优点。[①] 目前传播数字电视的方式有多种，包括与传统模拟电视相似的地面（Terrestrial）、有线（Cable）、卫星（Cable）传输方式，也包括由电信运营商所提供的 IPTV（基于互联网协议的电视传输）。我国的数字电视启动于 1999 年，截至 2009 年，我国有线数字电视用户规模达到 5370 万户，发展迅猛。目前，已经开播的包括足球、网球、冰雪运动等内容的付费体育频道有 10 个左右。从国际数据看，体育和电影在数字电视节目中占主导地位，丰富的体育内容是数字电视的重要支柱，是数字电视的主要“卖点”。

由此可见，数字电视不仅拓宽了体育赛事的传播渠道，也满足了体育观众的观赏需求。

① 杨晓宏．国内外数字电视发展现状分析［J］．有线电视技术，2005（15）：9.

六、4G 移动通信技术

4G 是第四代移动通信及其技术的简称，集 3G 与 WLAN 于一体，能够传输高质量的视频图像，且具有传输速率高、时延短和频谱效率等优点。

4G 技术的发展为电视直播领域提供了创新的理念和手段。2014 年南京青奥会成功应用 4G 电视直播传输系统，实现了传统电视媒体可借助现代通信手段实现高清电视信号的实时无线传输。

（一）4G 电视直播传输系统

2013 年 12 月 4 日，国家工业和信息化部正式向中国移动、中国电信和中国联通三家运营商发放了 4G 牌照，标志着我国的 4G 进入实质性推进阶段。4G 技术近年来的稳步发展无疑给电视领域注入了新的活力，4G 电视直播信号传输为传统电视直播提供了创新的理念和手段。

2014 年 8 月，南京举办第二届青年奥林匹克运动会。南京地区建成的 200 多座 4G 基站，全面覆盖比赛场馆、青奥村等场所。同时，最新的移动 4G 即摄即传设备，为 4G 直播提供了技术支撑。

青奥会期间，南京电视台为了更好地完成青奥会转播任务，在卫星车、微波车等进入奥体中心条件受限的情况下，决定使用 4G 电视直播传输系统，对青奥会火炬传递、国际奥组委新闻发布会、开闭幕式观众采访等进行现场直播。

（何立阳 .4G 电视直播传输系统在南京青奥会直播中的应用［J］. 电视工程，2014：6）

（二）手机移动媒体

2008 年，手机媒体和互联网等媒体首次作为独立转播机构与传统媒体一起列入体育赛事转播体系，这是新媒体发展的一个里程碑。随着智能手机技术的发展，4G 通信技术的普及，手机移动媒体发展越来越快，被称为“第五媒体”。

手机媒体在体育赛事传播中有其独特的优势，除了可通过手机短信、彩信订购体育资讯、下载图片之外，在 4G 网络下，更可以实现高速实时观看赛事直播，其便捷性尤为突出。与此同时，伴随着手机终端各类体育 APP 数量的飞速增长，手机的媒体功能、服务功能正在不断地拓宽。

在巴西世界杯期间，央视《我爱世界杯》主持人刘语熙在节目中设置“球衣秀”互动环节，利用央视官方微博或微信进行投票，跟网友互动。这一互动话题吸引了亿万网友的关注，“乌贼刘”的绰号也是家喻户晓。据统计，新浪微博上“乌贼刘”话题条数达到了 3.7 亿。新浪体育“微博预言帝”活动仅开赛期间的参与量就超过 1200 万；微话题

“微观世界杯”的微博阅读量达亿万级次，评论量千万级次。而网易一向秉承“围观即表态、转发即参与”的互动理念，将互动传播视为常态。可见，微博、微信和新闻客户端不仅成为用户获悉大型体育赛事的一手信息来源，还能通过开展各类活动与用户互动体验促进事件二次发酵，实现内容的再造，增加用户的粘度，提升了传播的实际效果。

2014 年巴西世界杯期间，网易新闻客户端全新推出世界杯特别版如《网易能见度》《每日轻松一刻》等，通过个性化定制，为用户推送精彩的赛事报道，同时与球迷进行猜谜游戏和集球星卡活动等趣味性互动，吸引了众多用户参与关注。各门户网站通过微信公共帐号，让用户选择并关注自己感兴趣的赛事新闻，媒体通过公众平台推送的赛事信息到达的都主动选择关注了认证账号的潜在用户，体现了对目标用户的精确定位，是大型体育赛事实现精准传播、提升用户体验的有益尝试。

（李芳. 门户网站大型体育赛事移动化传播逻辑创新［J］. 当代传播. 2015，（6）：104）

现如今人们快节奏的生活，使得通过手机观看体育赛事转播的观众越来越多，他们已经完全可以借助手机查阅赛事信息、阅读赛事新闻、观看赛事直播、发表观赛感受，手机移动媒体起着越来越重要的作用：

第一，手机媒体可以对赛事信息进行精确分类，让观众能以最快的速度获取赛事信息；

第二，手机媒体可使赛事信息随时随地获取，方便快捷；

第三，赛事观众可利用手机观看直播，弥补了不能现场观赛的缺憾；

第四，手机媒体交互性强，可实时交流互动；

第五，手机媒体可满足用户个性化的观赛需求。

案　例

体育赛事信息技术应用

2004 年，第 28 届雅典奥运会。本届奥运会成为有史以来高科技含金量最高的一届奥运会。

（1）它使用了美国科学应用国际公司（SAIC）联手德国西门子共同研发的、规模空前奢华的监控系统“C4I”。该系统是一个高度数字化的神经中枢，借助宽带网络，覆盖了雅典和希腊的主要港口、飞机场及其他赛事协办城市，它包括 12 艘巡逻船、4000 部车辆、9 架直升机、1 架空中飞艇、4 个移动指挥中心，数千台电脑终端、1577 个监视摄像机、报警器、传感器等，总价值超过 3000 万美元，技术水平达到美英情报部门的顶尖水平，能在一秒钟内向奥运会 116 个紧急行动中心提供赛场内外的信息。C4I 设在各地的传感器将采集的大量多媒体数据传给专业服务器，经处理后只将可疑数据提供安保人员分析，提醒安保人员酌情处置。C4I 系统体现了高度智能化、自动化的网络科技发展趋势。

（2）宽带固网、高端无线网络技术也在雅典奥运会得以普及或崭露头角，这种专用于奥运会的无线宽带系统被称为“无线奥林匹克工程”（WOW）。无线网络涵盖了移动电话、智能电话、车载系统、PDA 终端等。使用者可以从公共 WAP 网站获得信息，发送 E－mail，或者交换文件，强大的功能和移动通讯的便利使得移动装置成为一些奥运会赛场工作人员的理想工具。短信、视频点播、移动上网等新型通信服务也给雅典奥运会带来更多看点。

（3）雅典奥运会是第一次启用多个3G 网络的奥运会，在奥林匹克主赛区，3G 网络覆盖率达 100%。

（4）2004 年雅典奥运会期间，欧洲空间局启动名为“奥林匹克瞬间”的计划，为雅典提供卫星定位导航服务（EGNOS），也称“位置服务”（LBS），从而大大改善和加强了雅典奥运会期间的信息服务、安全保卫和交通等方面的工作能力。现代信息技术的综合运用，保证了雅典奥运会从安全检查、信息通讯到其他各环节的顺利进行，也把现代奥运装点得熠熠生辉。

（赵黎．体育信息技术应用与发展［J］．北京体育大学学报，2008，31（2）：146）

复习思考题

1. 体育赛事信息技术应用经历了怎样的发展历程？
2. 一般体育赛事信息系统包括哪些部分？
3. 新技术对体育赛事起着什么样的作用？结合实际谈一谈。

第十一章　体育赛事风险管理

本章导语

由于体育赛事具有一定集中性与竞技性的特点，因此风险性比较突出。本章将风险概念引入体育领域，通过对体育赛事风险及风险管理定义、分类与原则等基本理论进行归纳，总结概括出适合我国体育赛事风险的识别与评估方式，以及如何对赛事风险进行处理和对突发状况进行应对，有助于降低赛事风险，确保赛事顺利成功举办。本章主要包括体育赛事风险管理概述、体育赛事风险识别与评估、体育赛事风险处理等内容。

第一节　体育赛事风险管理概述

随着我国体育的不断发展，国务院发布《关于加快发展体育产业促进体育消费的若干意见》（国发［2014］46 号）明确指出，丰富业余体育赛事，在各地区和机关团体、企事业单位、学校等单位广泛举办各类体育比赛，引导支持体育社会组织举办的商业型体育赛事活动。加上经济的快速增长和人们健康意识的提高，各种商业型体育赛事的日益普及，以及国际体育赛事的不断发展，并且呈现出上升的势头。但各种体育赛事由于它的不确定性及广泛的风险性，这些风险将不利于体育赛事的成功举办，特别是在当前的中国，体育正朝着全民参与、商业化、市场化方向发展，使体育赛事风险事件发生的概率增大，因此体育赛事的风险管理尤为重要。

一、体育赛事风险

（一）风险

19 世纪初，世界经济危机爆发，由于经济危机的破坏性很强，所以各国政府和学者先后展开了大量的关于规避经济危机风险的研究。关于什么是风险，不同的人分别从不同的角度给予了描述。

美国传统词典给风险的定义是：遭受损失、危险的可能性。美国学者海尼斯等人认为“风险意味着损失的可能性”，也有学者认为风险是一切危险的综合体、风险是费用损失与损失相关的不确定性等。风险的产生源于客观世界的不确定性及人们对风险认识的有限性，风险通常难以预测，且实际后果可能不同于预测后果。预期目标与实际情况之间的负偏差通常被称为风险。

综上所述，本书认为：风险是客观存在的，在特定的情况和时期内，发生某一事件的不确定性及其后果的综合。风险的特定含义是指某一事件导致的最终损失的不确定性与后果。风险的大小是指某种损失的预期结果与实际结果之间的差异程度。

（二）体育赛事风险

体育赛事风险是指体育赛事在筹备和举办过程中，赛事主办方所面临的不确定性。①这种不确定性是客观存在的，不以人的意志为转移。例如，天气变化、地震、火灾、意外损毁等自然灾害或者运动员、裁判员比赛迟到，安保问题，球迷骚乱等人为因素的出现会使得赛事主办方在筹备和举办比赛及赛后退场的过程中面临许多不确定因素，极有可能会

① 董杰，刘新立．大型体育赛事的风险管理研究［J］．武汉体育学院学报，2007，(5)：28 – 32.

给赛事举办方带来损失。

（三）体育赛事风险的特点

1. 不可控性

通常体育赛事从前期申办到举办比赛及结束后的一系列收尾工作的整个过程都存在着风险。这种不确定性是不可控制的，人们可以在一定的时间和空间内对发生这样的风险条件范围进行改变，减少风险发生的频率和幅度，但不能完全消除这种危险。

2. 多诱因性

许多因素影响了比赛的成功运作，如各国官员，运动员、裁判员，工作人员、现场观众和其他活动参与者构成的人为因素；政治，经济，文化，环境等大环境因素；以及活动场地及设施、设备等物质因素都可能诱发风险。

3. 不确定性

体育赛事的风险具有不确定性的特点。是否会发生、发生时间、发生地点、发生程度都是不确定的。正是由于风险发生的不确定性，降低风险发生频率减少风险造成的损失，做好风险识别、评估和预防显得尤为重要。

4. 可变性

体育赛事的风险具有可变性，在一定条件下体育赛事的风险是可以转化的，即通过有效的风险识别、风险评估和风险转移是可以防范和规避的。

（四）体育赛事风险的分类

1. 自然风险

自然风险，是指体育赛事举办过程中，因自然界自身在运动过程中出现的异常现象导致体育赛事中断、延误、甚至取消的风险，不以人的意志为转移并且难以抵抗。如自然灾害（地震）、气候条件（恶劣天气）、流行疾病等。

2. 人员风险

参与体育赛事的各方人员，如运动员、教练员、裁判员、管理人员、工作人员、志愿者及现场观众人身意外风险等。

3. 时间风险

赛事运行过程中，由于运动项目时间安排不合理造成一系列连锁反应，进而影响整个赛程发展的风险等。

4. 设备风险

由于体育场馆设施、器材设备自身安全问题造成运动员或他人受伤的风险等。

5. 信息风险

在体育赛事进行过程中，由于信息传递或交流的不准确或中断导致管理人员的决策失误等风险。

6. 组织风险

由于体育赛事组织管理体系、运作流程的缺失或不合理而造成组织混乱等，由此而引发的风险。

7. 财务风险

因供应商或赞助商爽约、协议取消导致不能实现收入的风险；因火灾、爆炸所致设备损害造成的经济损失；知名运动员退赛要求退票的经济损失等。

8. 市场风险

在市场经济体制下，市场各主体由于信息的不对称性和竞争的残酷性令体育赛事的投资主体面对众多的不确定因素而导致的各种风险。

二、体育赛事风险管理

体育赛事风险管理是策划、管理和控制一个体育组织或者机构的资源，可以使由于该组织或机构举行的体育赛事活动造成对他人、社会和它本身造成的人身伤害和财产损失降低到最低限度的过程。① 国外研究者对有关“体育赛事风险管理”概念的理解持不同观点，整合各种观点可以得出，“体育赛事风险管理”的主旨有两点：一是准确预测体育赛事中可能存在的各类风险，二是最大限度地抑制体育赛事中风险的发生或使风险的不利影响降低到最低。

（一） 体育赛事风险管理过程

体育赛事风险管理过程一般包括风险识别、风险评估和风险处理这三个主要环节及涉及整个过程的风险监控。风险识别和风险评估是风险管理的基础，选择恰当的风险处理方法是关键，风险监控有利于组织做出适时的监控和调整。

一般性体育赛事风险识别就是将风险因子要素查找并进行归类，从而确定风险的来源及产生的条件，将风险特征进行描述，最终确定哪些风险事件有可能对比赛造成影响。风险识别的一般方法有德尔菲方法、头脑风暴法、安全检查表法、工作分解结构法和故障树分析法；体育赛事风险评估是通过对赛事整个过程进行不确定性和风险要素的分析，评估和预测风险发生的概率及可能带来的损失程度，从而找出并确定关键风险因子，进而推断赛事整体的风险水平。风险评估一般包括风险可能性评估、风险等级确定和建立科学评估指标体系；体育赛事风险处理就是对赛事风险提出处置意见和办法。体育赛事风险监控，是指在风险管理过程中获取反馈信息，以便为今后赛事的决策提供更符合实际的信息。在风险监控实施过程中，及时发现新出现的及随着赛事运作发生变化的风险，及时进行问题反馈，进而重新进行风险识别、风险估计及风险处理。体育赛事风险管理过程如图 11 – 1 所示。

---

① 张大超，李敏．国外体育风险管理体系的理论研究［J］．体育科学，2009，29（7）：44 – 45.

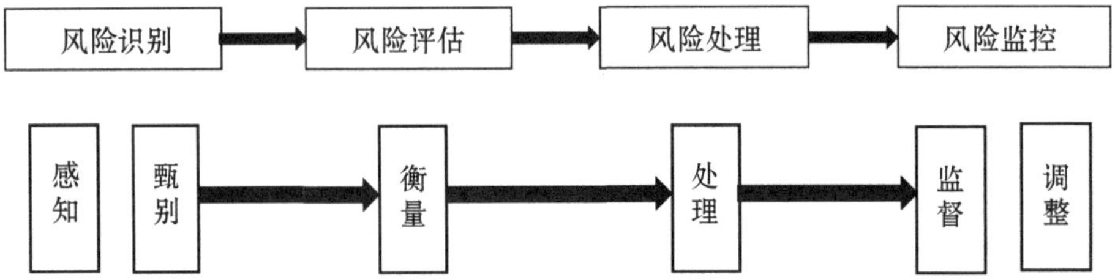

图 11－1　风险管理的过程

（二）体育赛事风险管理原则

1. 强调进行事前管理

在体育赛事风险发生以前制定一系列绩效标准及偏差预警系统以防患未来可能发生的困难。赛事管理人员都要强化风险意识，要充分对风险进行分析，明确风险的危害关系，加强风险识别能力的培养。

2. 数量化佐证以衡量风险程度

为防范体育赛事风险的发生与降低危害程度，必须提高决策水平，制定决策过程中应尽可能地充分考虑影响决策的各种因素，运用科学的决策模型、采用定量计算的方法进行分析和评价，对风险预案进行评估并选择最优方案，使风险的预估、防范、控制和处理趋于合理和有效。

3. 建立健全风险管理监督机制

健全的体育赛事风险管理沟通渠道是信息传递的双向渠道。一方面，一旦危机的苗头出现要第一时间传递到管理机构内部，只有管理机构尽早意识到风险，才能保证有更充足的时间进行风险处理；另一方面，管理机构要把处理信息迅速传递到外部，及时化解风险带来的不良影响。建立完善的预警机制，由主管领导人担任总指挥，对突发事件统一领导、统一指挥，以提高效率。

4. 加强人员管理与效能监督

要加强对体育赛事项目运作管理机构的管理者、组织者、工作人员的管理，防止工作人员由于工作上的失误和偏差给项目带来损害，增加相关人员风险管理的专业化学习，制定周密完备的风险计划与方案，尽力把风险危害降到最低。

第二节　体育赛事风险识别与评估

一、体育赛事风险识别

风险识别是风险管理的基础工作。只有正确识别自身面临的风险才能选择行之有效的方法来处理问题。体育赛事风险识别就是将风险因子要素查找并进行归类，从而确定风险的来源及产生的条件，将风险特征进行描述，最终确定哪些风险事件有可能对比赛造成影响。

（一）识别方法

目前较为成熟的一般性体育赛事风险管理识别方法主要包括：德尔菲法（也称专家意见法）、头脑风暴法、安全检查表法、工作分解结构法、事故树分析法等。

1. 德尔菲法

德尔菲法，是指在决策过程中采用集中众人智慧的方法进行科学预测的风险分析。进行风险识别时，由具有风险管理经验的专家组成专家小组，通过邮件或者信函的形式向专家提供风险资料，由专家依据实际情况提出解决意见，将意见汇总成图表形式，对其归纳分析，通过多次信息反馈至最终形成统一意见。优点是简便易行，可以避免传统会议讨论时产生的随声附和现象，所得结论具有一定的综合性，得出的意见也比较客观。

2. 头脑风暴法

头脑风暴法，是指通过会议的形式，让组织者及参会人员在轻松愉悦的气氛中，通过语言交流的形式让每个人都能无所顾忌地提出自己的观点，产生思想碰撞，引起思维共振，从而做出决策。这种方法能全面地了解风险可能发生的情况，以发现被遗漏或被忽视的风险，提高各部门的协同能力。

3. 安全检查表法

该系统是在全面分析的基础上，以确定可能的风险源，将风险因素用列表形式向专家提问，由专家进行评估审核，衡量风险管理系统或场所的状态是否符合国家要求，进一步提出改进措施的一种方法。

安全检查表法是一种比较简单、易操作的风险识别方法，主要适用于具有相关或类似赛事承办经验的举办单位。第六届东亚运动会柔道比赛馆消防系统安全检查单如表 11－1 所示。

4. 工作分解结构法

工作分解结构法，是指将整个体育赛事系统按照内容、功能或职责等标准进行分解，划分为若干个比较简单、独立的小单元，再从中分析可能存在的风险及潜在的损失。①

可根据不同维度对体育赛事进行工作分解。时间维度可分为赛前、赛中和赛后三个阶段；职责划分维度可分为不同部门。分别从这两个维度进一步划分至保证每个时间点所有单元的分工明确。这种方法的优点是权责明确、一目了然、简单明了，此方法普遍应用于各类国际大型体育赛事。

表 11－1　第六届东亚运动会柔道比赛馆消防系统安全检查单②

序号	检查项目	检查判断结果	意见
1	警报系统是否完好、正常？	是	无
2	防、排烟系统是否完好、正常？	否	修缮
3	防火标志设置是否完好、有效？	是	无
4	消防水源是否通畅、水压充足？	否	整改

5. 故障树分析法

故障树分析法，是一种图形演绎方法，是故障事件在一定条件下发生的逻辑规律。它是用一种特殊的倒立树状逻辑因果关系图，清晰地说明系统是怎样失效的。③

使用这种方法进行风险识别时，能够把故障树与组成系统各部件的故障有机地联系在一起，找到系统的失效状态的全部可能性，从而揭示各种事件之间的因果联系。优点是直观、明了，思路清晰，逻辑推理性强，既可以做定性分析，又可以做定量分析。第九届全国大运会篮球比赛球员迟到比赛延时故障树分析如图 11－2 所示。

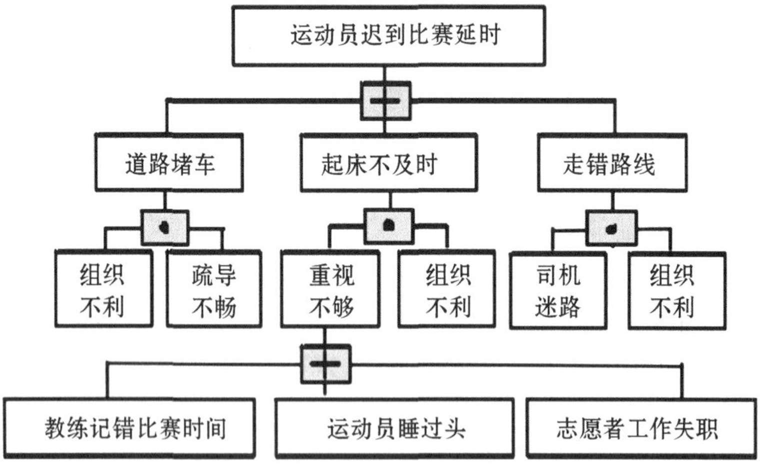

图 11－2　第九届全国大运会篮球比赛球员迟到比赛延时故障树分析图④

① 温阳．大型体育赛事场馆运行风险识别与评估研究［D］．上海：上海体育学院，2012.

② 陈学东，李志平．高校承办大型体育赛事风险管理识别方法研究［J］．湖北体育科技，2015，34（6）：551－552.

③ 魏选平，卞树檀．故障树分析法及其应用［J］．电子产品可靠性与环境试验，2004，3：43－45.

④ 董杰，刘新立．体育赛事的风险管理研究［J］．武汉体育学院学报，2007，5.

注：“+”表示“或”，即下面的事件有一件发生，上一层事件就会发生；“·”表示“与”，即下面连接的事件都发生，上一层事件才会发生。

（二）体育赛事风险识别原则

风险的存在形式是多种多样的，有许多风险是潜在的，存在于组织内外，不易被发现，一旦发生后果会很严重。以上我们总结了风险识别的几种方法，既可以通过历史经验和头脑风暴来判断，也可以通过访谈体育赛事风险管理专家分析风险事故记录找出明显和潜在的风险及其损失规律。由于风险具有可变性，必须时刻关注现场情况、洞悉风险变化，从而保证风险识别的持续性和系统性。在风险识别的过程中我们要遵循以下原则：

1. 系统化原则

要进行全面系统的调查分析，确保最初分析的准确程度。系统分类风险因素，明确其性质、类型及后果。风险识别的准确与否在很大程度上能决定风险评估效果的好坏。

2. 科学化原则

风险识别要运用统计和计算的方法，遵循科学化原则，以得出科学合理的分析结果。风险识别的过程其实也是风险量化的过程。

3. 经济化原则

在经费有限的条件下，应根据实际情况和自身的财务承受能力，来选择效果最佳、经费最省的识别方法。

4. 排除与确认并重原则

风险识别过程中对于肯定可以排除或确认的风险应尽早排除或确认；既不能排除又不能确认的风险应作进一步的分析，及时予以排除或确认；对于肯定不能排除但又不能肯定予以确认的风险按确认考虑。

二、体育赛事风险评估

（一）概念

体育赛事风险评估主要是指应用各种风险分析技术，包括定性、定量方法或两者相结合的方式估计和评价体育赛事中风险发生的概率、风险后果的严重程度及风险影响范围的大小等。①

体育赛事风险评估是风险识别和风险处理之间的纽带，是决策的重要基础。风险评估可以帮助体育赛事管理者准确理解风险，认识风险可能会对赛事造成的影响及风险间可能的连锁反应；帮助赛事管理者制定完备的应急预案，选择适当的风险防范措施可以使成本估算、进度计划安排与安全管理等方面更现实、可靠；有助于强化体育赛事管理者风险意

① 霍德利．体育赛事风险评估与应对策略研究［J］．天津体育学院学报，2011，26（1）：49－53.

识，促进决策水平的提高。

体育赛事风险评估是体育赛事风险管理过程中的重要环节，目的是详细地描述风险特征，尤其是将风险特征量化处理，通过量化的损失或收益做对比，比较风险可能对赛事造成的影响程度，根据影响程度做出决策从而规避风险。一般来讲，体育赛事管理者通过风险评估希望达到以下目标：确定赛事风险后果的严重程度，即量化风险所带来的有形及无形的损失，直接或间接损失；确定赛事举办中各个风险事件的内在联系。在举办体育赛事期间，在表面上看起来不相干的许多风险事件，往往可能是由一个共同的风险因素造成的。如成本过大、比赛时间延误、赛场秩序混乱等都可能是由赛事内部组织管理混乱造成的。

（二） 风险评估层次

根据体育赛事运作系统活动内容及对象不同，可将风险评估分为两大部分：对内运作风险评估和对外运作风险评估。

1. 对内运作风险评估主要是评估体育赛事内部的组织管理活动。如成本过大、赛程及时间安排不合理、志愿者服务质量问题、比赛秩序混乱、裁判不公正等情况。

2. 对外运作风险评估主要是评估体育赛事外部的市场营销活动。如天气状况、安全设施、财务风险等情况。

（三） 风险评估内容

1. 风险存在和发生的时间分析

即体育赛事风险可能发生在赛事举办过程中的哪个阶段或哪个环节上。

2. 风险发生的可能性分析

体育赛事某种风险发生的可能性大小可以用概率表示。概率越大，风险发生的可能性就越大。

3. 风险损失和影响程度分析

分析和评估体育赛事风险可能带来的损失及造成的影响。如某个风险虽然发生概率小，但是一旦发生，将会带来非常严重的后果，那么对它的控制就更应该引起注意，时刻保持高度的警惕性。

4. 风险起因和可控性分析

风险起因研究是为了能够有效地预防和监测风险。而可控性分析指有的风险可以通过周到细致的准备工作来规避或化解，如比赛组织风险是可控的，但是自然灾害风险属于不可控风险。

5. 风险级别的判定

体育赛事的致险因素涉及广泛且程度不一，因此有必要划定风险等级，根据轻重缓急，区别对待，对于那种发生概率大，危害大的风险就要重点关注。

（四）风险评估方法

1. **风险程度评估矩阵法**

体育赛事风险的严重性即风险等级依损失程度而定，可以区分为低风险、中等风险和高风险。构建风险矩阵，横坐标为风险等级，纵坐标为风险可能性，评估矩阵可分为5 * 5 =25 个方块，每个方块代表一定风险事件发生的可能性和等级。风险程度评估矩阵如图11 -3 所示。

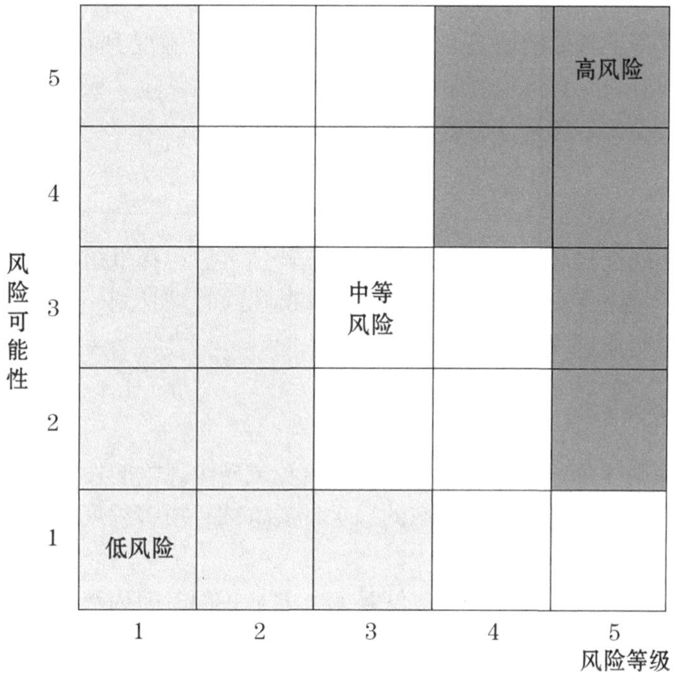

图 11 -3 风险程度评估矩阵图

2. **建立科学评估指标体系**

赛事风险评估体系复杂，根据内容建立相应的一级、二级与三级指标，并进行等级与程度确认，有利于科学化与精细化管理。风险后果一般从经济效益、社会效益与环境效益三个方面进行考量，也可进行指标建立与评定。

3. **情景分析法**

情景分析法是最简单和最常用的风险分析方法，是通过对未来情景的假设来评价风险。风险评估人员应对五个方面一一作答：体育赛事中不希望发生的事件；事件一旦发生会产生什么后果；后果的严重性和对体育赛事可能带来的影响；事件发生的概率大小；事件可能会发生在体育赛事举办的哪个阶段。

第三节　体育赛事风险处理

一、体育赛事风险处理

随着我国体育赛事数量的增多，体育赛事风险管理日益受到赛事组织者的广泛重视。采取什么措施来规避和应对体育赛事实施过程中所存在的风险，成为赛事组织管理者首要考虑的问题，风险妥善处理是体育赛事成功举办的基础。

（一）概念

体育赛事风险处理是对体育赛事风险识别、评估之后，赛事组织者必须根据风险的特征及可能造成的影响进行决策，制定合理、具体的风险管理计划，进行目标管理，以期降低或规避体育赛事运作过程中可能发生的风险。

（二）处理原则

赛前：及时控制体育赛事风险要素，尽量避免或减少风险的发生。

赛中：及时有效地阻止或抑制事态的恶劣发展，减轻损害程度，从而减少赛事经济或其他损失。

赛后：第一时间对风险损失进行经济补偿，在最短的时间内消除直接损失对赛后其他正常运营活动的影响，最大程度减少间接损失。

（三）处理方法

体育赛事风险处理是一项系统、复杂的工程，这里主要介绍四种风险处理方法，分别是：

1. 风险回避法

风险回避法，是指在赛事实施之前，通过系统分析和借鉴以往举办此类型赛事的经验，主动避开风险。可通过两种途径实现回避风险的目的：第一种是在举办此类赛事之前，全面了解此项赛事举办风险的大小，制定详细方案来规避这些已知风险；第二种是由于以往从未举办过此类赛事，担心会遭遇以往从未发现的风险，因而停止举办赛事以规避风险。回避风险是一种消极的手段，为了规避风险，往往要放弃赛事的某些项目或环节，甚至整个赛事，也就意味着放弃与之相应的利益。现代体育赛事实施过程中广泛存在着各种风险，要完全规避也是不可能的。

2. 风险转移法

风险转移法，是指赛事管理者将具有风险的活动有意识地转移给另一些单位或个人承担，以用来控制风险、减少损失。其主要包括两个方面：一是通过购买保险转移。赛事管理者通过购买保险，将赛事举办过程中的风险转移给保险公司承担。这是目前赛事风险应对的最有效的方法，但是我国保险业起步晚，目前存在许多问题。赛事组织者对体育保险的认识也比较肤浅，保险知识较弱。二是非保险的风险转移。将具有风险的项目或活动转移，如赛事组织者担心其某一子项目的建设超出预算，即可外包给其他承包商来转移风险。

3. 风险损失控制法

风险损失控制法，是指赛事组织者通过预测风险的存在，采取相应的应对措施和应急预案使风险不发生或因事故造成的负面影响和损失降到最低。风险损失控制法的程序分为三步：一是预测风险的存在；二是风险产生时的应急处理；三是将损失降到最低的挽救处理。

4. 风险保留承担法

风险保留承担法，是指在赛事实施过程中，某种风险不可避免或者此类风险的收益大于风险带来的损失时，赛事管理者自愿保留承担的方法。风险保留承担法是一种风险应对的财务对策，因为这种承担方式主要是以赛事主办单位的风险自留基金做保障。①

二、体育赛事的突发事件处理

突发事件，是指在体育赛事进行过程中已经发生的，对赛事造成或者可能造成危害，需要立即采取应急处置措施来进行补救，以挽回损失的一类事件。突发事件可能发生在赛事的各个阶段，赛事组织者应该对突发事件做好风险管理的准备。制定行之有效的措施对突发事件进行防范、监督和处理。

对于体育赛事中的突发事件我们应该在第一时间调动各种可利用的资源，采取各种可行的方法，尽可能控制、消除突发事件带来的负面影响，避免产生更大的损失，尤其要注意可能会引发的连锁反应。处理体育赛事突发事件我们应该遵循以下原则：

（一）快速反应原则

体育赛事突发事件一旦发生，很快就会引起社会关注，被媒体和公众口头传播，这时要立即做出正确决策，提出应对措施，第一时间公布突发事件的原由和真相及所采取的各项措施。相较于突发事件带来的直接后果，赛事整体形象与信誉的损坏更为重要。快速反应原则抑制事态的进一步扩大，也有助于获得公众的同情和支持，以减少突发事件的直接和间接损失。

① 罗雪. 体育赛事风险及其识别与应对［J］当代体育科技，2014，19（4）：181－183.

（二） 忠于事实原则

体育赛事突发事件一旦发生，会立刻陷入公众的猜测和怀疑中，特别是大型体育赛事，更容易引发社会各方的热议和普遍关注。当突发事件发生后，体育赛事运作管理机构要保持公开、坦诚的态度，不应该表现出高度防卫的姿态，绝不能撒谎，越是隐瞒真相越会造成更坏的后果。

（三） 立场明确原则

突发事件发生后，体育赛事运作管理机构需要保持一定的灵活性来应付事态的发展变化，但不能在公众和媒体面前闪烁其词或者立场摇摆不定，这样会让公众和媒体认为赛事运作管理机构处理事态不利，甚至以为刻意隐瞒真相。因此，对于赛事突发事件的基本立场必须严格遵守，并且反复强调。

（四） 依法执行原则

体育赛事突发事件的处理需要快速反应、随机应变，根据不同情况采取必要的措施，但是也要强调依法执行，以防出现更多不可控因素。体育赛事运作管理机构必须严格按照法定权限和相关程序采取应对措施。

案　例

女足世界杯临时易地举办

第四届女足世界杯原定于2003年9月23日到10月11日在中国举行。但是由于当时中国正受到“非典”的严重照顾，国际足联在听了国际足联医学委员会的报告之后，通过了易地在美国举办的决议。

为了补偿这场比赛对于中国的损失，中国保留了其主办女足世界杯的权利，并被指定为2007年女子世界杯足球赛的主办国。给予100万美元的补偿，这笔资金将主要用于补偿原先的女足世界杯举办国中国的工作人员的薪水和已经投入到赛事组织的成本。

因为比赛临时改变地点，赛事组织者只有128天的准备时间，林斯表示，由于美国曾经举办过1994年男足世界杯和1999年女足世界杯，被认为能够在如此短的时间内尽快组织好这场世界杯。另外，美国女足的支持者希望这次比赛能够把美国国家女子足球队从当时的不良状态中解救出来。

最终，在2003年9月21日至10月13日，第四届女足世界杯于美国如期举行。

复习思考题

1. 什么是风险、风险管理？
2. 体育赛事风险具有哪些特点？
3. 体育赛事风险分为哪些类型，如何进行风险防范？
4. 论述体育赛事风险管理的基本流程及其要点。
5. 论述风险处理有哪些方法。
6. 如何对体育赛事现场突发事件进行处置。

第十二章　体育赛事收尾与评价

本章导语

当比赛结束后，关于赛事的工作将进入最后的收尾阶段，在这之后体育赛事也将画上圆满的句号。本章主要包括体育赛事的收尾、体育赛事的评价等内容。

第一节　体育赛事的收尾

一、体育赛事相关文档的整理

体育赛事在整个工作过程中，每个阶段都会产生应作为文书档案保存的各种纸质文件材料，随着科技的发展，形成了一些依托电子设备的文书档案，这样在体育赛事文档整理的过程中，应该遵循文档的形成规律，保持文书档案之间的联系性，以便区分不同性质的文书档案，便于保管和利用。

各类体育赛事都应有相应的文书档案管理规定，为查找、交接、整理文书档案等工作提供便利，在制定文书档案管理规定时，应依据我国《体育档案工作管理试行办法》《中华人民共和国归档文件整理规则》及我国《电子文件归档与管理规范》，根据自身实际进行文书档案的整理。

二、体育赛事物资的统计

体育赛事结束后，对于物资的统计是收尾工作中最重要的一个环节。从比赛开始到结束，其中对于物资的需求是必不可少的，因此在比赛中发出的物资，以及在比赛后回收的物资都要进行统计，而且物资统计人员也必须坚持实事求是的态度，全面、准确、及时地汇报物资统计结果。物资统计如表 12－1 所示。

表 12－1　物资统计表

序号	物品名称	规格	数量	经办人	领取人	领取日期	收回日期	备注

三、体育赛事人员的表彰与安排

每个体育赛事的成功举办都离不开各方的努力，除了赛事组织方、志愿者外，来自各个行业的赞助商、供应商、公安消防交通人员都为之提供了力所能及的帮助。因此，表彰与奖励不仅对工作人员的努力做出极大肯定，起到鼓励作用，也能够使赛事组织方与利益相关者保持良好的关系。

表彰与答谢的方式有许多种，工作人员与志愿者在赛事的整个过程中都在认真工作，遵守工作制度，在比赛结束后对他们给予一些特殊的权利，如进入赛场拍照，与参赛队员合影，发放特殊纪念章，在赛事闭幕式的致辞中予以致谢等方式。对于赛事的赞助商、供应商、公安消防交通等支持方，可以组织答谢晚宴，邀请赛事中的明星运动员一同参加，一方面体现答谢的正式性，另一方面答谢晚宴提供了一个轻松愉快的氛围，提供了多方交流的机会。

四、体育赛事的财务报告

财务报告是反映企业财务状况和经营成果的书面文件，包括资产负债表、利润表、现金流量表、所有者权益变动表、附表及会计报表附注和财务情况说明书。[①]

体育赛事的财务报表能够全面系统地揭示体育赛事期间的财务状况、经营成果和现金流量，有利于赛事组织方了解赛事各项工作的财务状况，能够及时发现问题，调整工作内容，提高经济效益，同时也能够为之后赛事的经济预测和重要决策提供依据。

同时财务报告有利于改善体育赛事经营管理，虽然财务报表不能够完全体现一个赛事的成败，但能够提示赛事组织方经营管理的欠缺之处。

一份全面的赛事财务报告能为赞助商提供参考，有利于赞助商、投资者和其他有关各方掌握赛事的财务状况、经营成果，进而分析赛事的等级高低、发展前景、影响程度，为投资、贷款等提供相应的决策依据。

第二节　体育赛事的评价

一、体育赛事评价的概念

评价是人类社会的普遍现象，指的是由于客体的存在和发展对于主题的意义或价值。简单地讲，评价或者评估就是评定或判断价值。[②]

项目评价可分为狭义和广义。狭义上的项目评价是静态的评价，在管理水平不变的前提下，对赛事结果（经济效益与社会效益）的优劣情况进行衡量、判断、评估、建议；而广义上的项目评价是动态的评价，对赛事管理的计划、决策、实施等各环节展开一系列分

① 百度百科：财务报告［EB/OL］. http：//baike. baidu. com/link？ url = kVzyEIUuQtNBmTjnoctNwjbN_ YrfMR6RK1o_ TL1oIrUp87_ OZBxF - T8s1c - aCCzRuiRKk6ml03GYq2PXJhlBkK.

② 何谓体育赛事评估?［J］. 环球体育市场，2008，3：70.

析、评估与反馈。

体育赛事评价就是对体育赛事运作管理全过程进行总结与评定的过程。体育赛事评价是体育赛事管理中重要的组成部分，是保证体育赛事可持续发展和衡量体育赛事运作管理、运作效益与效果的工具。①

二、体育赛事评价的意义

体育赛事的评价工作能给体育赛事组织者专业的指导，使得体育赛事的组织者和经营者对体育赛事各个方面工作效果进行了解和掌握，体育赛事评价可以为赛事组织者和经营者提供一个有效的评测方法，为更好地组织和运营比赛提供依据。

对于赛事本身的评价，是赛事组织在选择赛事、确定可行性，以及规划比赛等方面的前提。

对于赞助商，体育赛事评价的重要性体现在为赞助赛事提供了选择的依据，通过对赛事的评价，赞助商对于赛事能够有更深的了解，一份有分量的体育赛事评价报告，有利于赛事和赞助商双方达成一致的意见，也为赞助商组织更为有效的营销活动提供支持。

对于政府方面，体育赛事评价对体育赛事对城市影响力有较为直观的体现，体育赛事对于城市经济、环境、社会等方面的积极作用不再是模糊的，体育赛事评价在以上诸多方面都将提供详实的数据，更确切地体现体育赛事对城市发展的推动作用。

体育赛事评价同时是重要的史实资料，对于每届比赛的评价，都为将来的体育赛事提供了比较的范例，有利于赛事的不断创新。

三、体育赛事评价的组织过程

体育赛事评价是对体育赛事运作管理全过程进行总结与评定的过程，是衡量体育赛事目标是否达成的重要环节，因此体育赛事评价的工作受到广泛重视，在组织体育赛事评价时应确定其评价的整个流程，主要包括以下几个步骤：

（一）评价团队的组建和评价活动启动

体育赛事评价团队的组建需要多方的合作，同时评价团队的组成也与体育赛事的规模、评价目标、评价对象相关。一般评价团队是由体育赛事主办方、赞助商、政府部门、第三方评价机构等单位的评价人员组成。为保证评价的客观性与真实性，体育赛事评价团队至少由以上两个单位组成，同时根据评价对象的特点，对评价团队进行调整。

（二）确定评价对象

体育赛事的影响面是非常广泛的，涉及的领域较多，因此在确定评价对象时，将评价

① 刘清早．体育赛事运作管理［M］．北京：人民体育出版社，2006.

对象分为“事”和“人”两个大的方面。所谓对事的评价主要是对体育赛事中具体工作情况的评价，而对人的评价主要是对赛事中工作人员和工作团队的绩效评价。在确定具体评价对象后，才能够以评价对象为指导，进行接下来的评价工作。

（三） 收集整理资料

体育赛事评价需要收集多方资料，评价的结果需建立在内容真实、数据可靠的资料基础之上，因此，收集整理资料是体育赛事评价中的重要环节。在这个环节中，首先根据评价对象，确定收集资料的范围和类型；其次，确定在何时、采取何种方法对资料进行收集；第三，从收集到的众多资料中，整理出与评价活动相关的内容，进行分类汇总，供接下来的评价工作使用。

（四） 确定评价内容

对体育赛事的评价主要由赛前评价、赛中评价及赛后评价三部分组成，每一部分由不同的内容构成。

1. 赛前评价

赛前评价的侧重点主要是对于两方面的考察，一是对赛事主办方的考察，二是对赛事本身的考察。

对于赛事主办方的评价，评价内容主要是体育赛事组织方的组织管理水平、筹资方案的合理性、赛事的物资条件、赛事的开发与营销能力。

对于赛事本身的评价，评价内容主要是赛事的选择、赛事将会对社会产生的影响及赛事的可持续等方面。

赛前评价是赛事规划的必要前提，这也决定了在何时何地举行何种比赛，因此赛前评价对整个赛事的顺利举办具有决定性作用。

赛前评价主要内容如图 12 - 1 所示。

2. 赛中评价

赛中评价的目的是考察赛事筹备阶段、营销阶段及赛事举办阶段的管理和决策行为是否与既定目标保持一致，及时发现问题。赛中评价的考察内容，一方面是对该阶段的“事”的评价，即各项工作中的管理和决策情况；另一方面是对该阶段的“人”的评价，即组织团队和个人在上述工作中的绩效状况。

在赛中评价阶段，对“事”的评价内容如下：

对赛事筹备阶段的评价，主要内容是主办方在筹备工作内容上。如比赛设施的建设和准备，相关环境和基础设施的改进，比赛志愿者的招募与培训，以及赛事主办方其他部门的工作安排。

营销阶段的评价主要是考察赛事组织在营销活动方面的工作，是否组织了较为有效的营销活动，媒体报道和宣传，广告投放，以及与赛事相关的文化活动。

赛事的举办阶段是整个赛事内容的体现，也是各方面工作最集中的阶段。在一切工作都进入正轨之时，对赛事举办阶段的评价内容主要集中在组织方对整个赛事的把控，对突发事件的应对方面等。

在赛中评价阶段对组织团队和个人的绩效评价，主要包括人员在以上工作中体现出的素质、工作行为、表现及其工作任务完成情况，以及人员之间的沟通状况等。

赛中评价主要内容如图 12－2 所示。

3. 赛后评价

赛后评价是在比赛结束后对赛事产生的一系列结果进行评价，主要包括赛事本身结果、赛事对社会产生的影响、对经济产生的影响及对环境产生的影响。

对赛事本身的评价，主要内容包括参加赛事的国家数、参赛队水平、赛事等级、赞助商品质、电视（网络）播放场次、赛事网站运营情况、赛事的结果是否与既定目标一致及对财务状况进行分析。

体育赛事社会影响评价，是指赛事对整个社会的宏观影响，如赛事对体育事业的发展、市民素质的提高、体育人才的培养及整个城市凝聚力的提高发挥的作用等。

此外，体育赛事也能对经济产生直接和间接的影响，也要对这些影响进行评价。其中直接的经济影响有政府的税收收入、赛事的运营收入等；间接的经济影响有赛事对观众消费水平的提高，以及对周边服务业收入增长的推动等。

体育赛事环境影响评价，按照事物的两面性，应分为正面的影响与负面的影响。正面影响包括促进城市交流、提高城市形象、活跃体育气氛等；负面影响包括交通拥堵、重大安全事故隐患及一些负面的新闻报道等。

赛后评价主要内容如图 12－3 所示。

（五） 选择评价指标

在确定体育赛事评价的内容之后，就是根据所选定的评价内容来选取评价指标和标准。在科学方法指导下选取的指标，才能成为构造体育赛事评价体系的一环。不同评价内容其指标选取也各有不同，应根据实际情况选取相应指标。

某大型体育赛事与影响城市发展评价指标及权重如表 12－2 所示。

（六） 专项评价与综合评价

评价指标和评价标准确定之后，就可以对体育赛事相关内容进行评价。

首先应进行体育赛事的专项评价，在此过程中，检验决策正确与否，往往是通过评价某个具体层面或具体问题来决定的。体育赛事专项评价工作通常有赛事运营情况评价、赛事对周边经济影响的评价、赛事财务评价等。

体育赛事的综合评价是建立在专项评价的基础之上，专项评价对综合评价具有一定的参考意义。综合评价的目的是最终给出决策可行与否及体育赛事举办的成败优劣评价。

（七） 撰写评价报告

在之前所有工作都完成之后，就是撰写评估报告，评估报告必须真实可靠。报告的内容既包括定性部分，又包括定量部分。定性部分应以事实为依据，定量部分应依靠真实的数据，评价报告的结果须直观而准确地展现出来，避免报告内容泛泛而谈，或出现内容上的错漏。

四、体育赛事评价的原则

（一） 整体性原则

体育赛事的整体性要求体育赛事需要与自然、社会、市场等因素相互配合，因此体育赛事具有只有多方运作配合才能成功的特点。体育赛事评价不能脱离外部环境进行评价，在评价中将财务效益与经济、社会等方面有机结合，得出具有整体性的结论来客观反映赛事的状况。单独地对赛事进行评价则有失客观性，不能全面准确地掌握赛事的真实情况。

（二） 客观性原则

客观性是指体育赛事评价需要遵循客观规律，讲求公正与科学，切不可带有主观随意性。评价人员深入调查，积极获取材料，全面掌握赛事的信息，这些工作都是体育赛事评价客观性的基本要求，也是体育赛事评价的科学性保证。

（三） 定性与定量相结合的原则

为保障体育赛事评估结果能够真实反映实际情况，应坚持定性与定量相结合的原则，不可以脱离数据得出评价结果，也不能只看到数据，忽略其他方面。体育赛事的评价结果需要综合定性和定量这两种方法，切不可抛弃其一。

（四） 持续性原则

体育赛事评价应讲求持续性原则，有些体育赛事会定期举办，如连续对一个赛事进行评价，能够清楚地呈现出该项赛事的举办情况和发展轨迹，为体育赛事的持续健康发展提供参考依据。单独的体育赛事评价只能够体现该项赛事在某时间点的影响，而持续性的评价则为该项体育赛事提供纵向对比。

五、体育赛事评价的方法

体育赛事可以视为一个项目，因此项目评价的方法也适用于体育赛事评价。体育赛事评价主要通过各项指标的权重来体现，而评价体系的权重并没有唯一性。权重的确定需要考虑多方面的因素，如赛事主办方、赞助商、政府等不同方面的需求，以及考虑到各方对赛事政治、经济、社会、文化、娱乐等方面的要求，因此整个体系的权重比例是具有浮动性的。确定指标权重的方法有：

（一）德尔菲法

德尔菲法又称为专家法，其特点在于集中专家的知识和经验，确定各指标的权重，并在不断的反馈和修改中得到比较满意的结果。基本步骤如下：（1）选择专家。这是很重要的一步，选本专业领域中既有实际工作经验又有较深理论修养的专家10～30人，并需征得专家本人的同意。（2）将待定权重的p个指标和有关资料及统一的确定权重的规则发给选定的各位专家，请他们独立地给出各指标的权数值。（3）回收结果并计算各指标权数的均值和标准差。（4）将计算的结果及补充资料返还给各位专家，要求所有的专家在新的基础上确定权数。（5）重复第（3）和第（4）步，直至各指标权数与其均值的离差不超过预先给定的标准为止，也就是各专家的意见基本趋于一致，以此时各指标权数的均值作为该指标的权重。①

（二）层次分析法

该方法是美国运筹学家匹斯堡大学萨蒂于20世纪70年代初，在为美国国防部研究“根据各个工业部门对国家福利的贡献大小而进行电力分配”课题时，应用网络系统理论和多目标综合评价方法提出的一种层次权重决策分析方法。②

运用层次分析法建模，大体上可按下面四个步骤进行：建立递阶层次结构模型；构造出各层次中的所有判断矩阵；层次单排序及一致性检验；层次总排序及一致性检验。

（三）客观赋权法

客观赋权法是指标赋权法中的一种，目前已有的确定指标属性权重的方法可分为：主观赋权法、客观赋权法和主客观赋权法（或称为组合赋权法）三大类；由于客观赋权法要依赖于足够的样本数据和实际的问题域，通用性和可参与性差，计算方法也比较复杂，而且不能体现评判者对不同属性指标的重视程度，有时候定的权重会与属性的实际重要程度相差较大。③

---

① 权重的确定方法［EB/OL］. http：//wenku. baidu. com/link？ url = 74GG5LRC3NTF6N5rihwkYNWk_ hH77 - 59R03eRD6Eq4SeoFKAqfXMWzsaGDNYGvkyBlGFwasEDapgFa3APwyWZ53nmptxE2M2uOG1uwRWo6K.

② 百度百科：层次分析法［EB/OL］. http：//baike. baidu. com/subview/364279/5071768. htm.

③ 百度百科：客观赋权法［EB/OL］. http：//baike. baidu. com/view/6170633. htm.

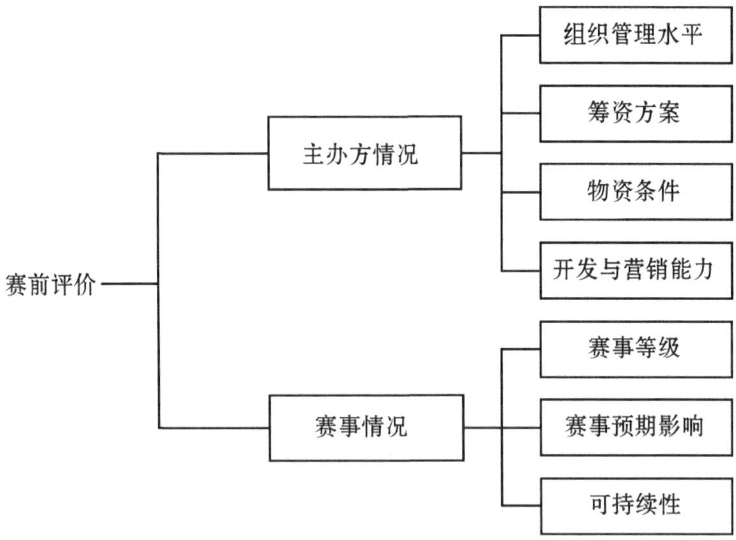

图 12－1　赛前评价主要内容

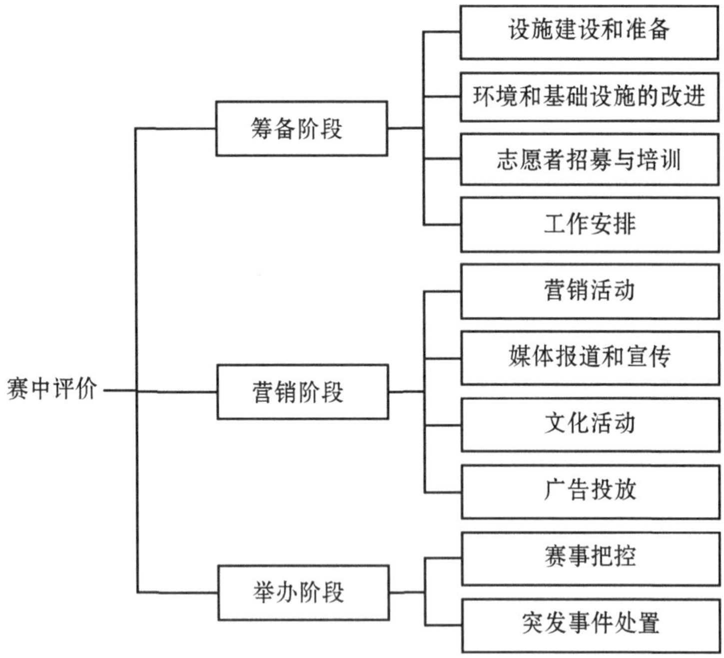

图 12－2　赛中评价主要内容

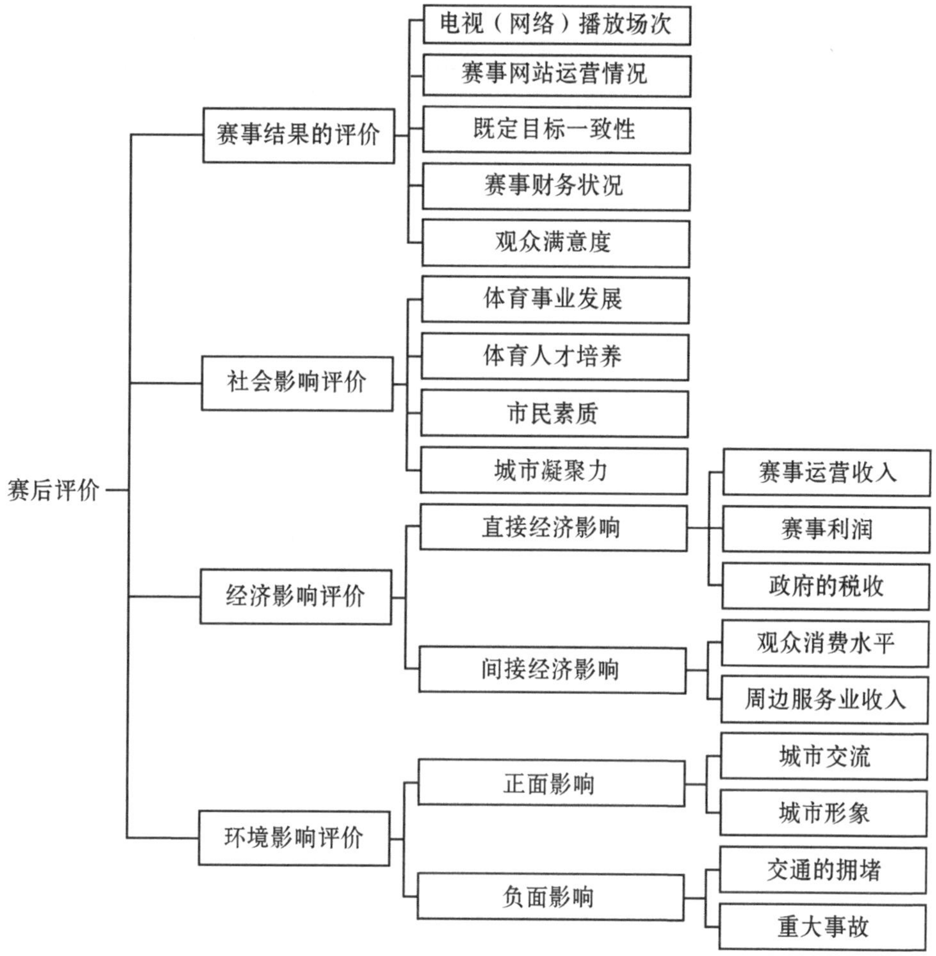

图 12－3　赛后评价主要内容

表 12－2　某大型体育赛事影响城市发展评价指标及权重①

指标体系	一级指标	二级指标	三级指标
大型体育赛事对城市发展的影响 1.0	经济 0.328	经济规模效益 0.198	人均地方财政收入增加值/元　0.344 地均 GDP/亿元　0.260 GDP/亿元　0.396
		经济速度 0.254	GDP 增长率/%　0.208 地均固定资产投资增长率/%　0.295 城市市政建设投资增长率/%　0.497

① 田静，徐成立．型体育赛事影响城市发展评价指标体系的建立及实证分析［J］．上海体育学院学报，2011，3：7－13.

续表

指标体系	一级指标	二级指标	三级指标
		经济结构 0.321	第二产业对 GDP 贡献率/% 0.113 第三产业对 GDP 贡献率/% 0.323 体育产业对 GDP 贡献率/% 0.563
		经济繁荣 0.255	新增就业岗位率/% 0.486 政府税收增长率/% 0.187 房地产开发投资额/亿元 0.327
	社会生活 0.314	生活质量 0.254	人均铺装道路面积/m^2 0.267 人均拥有公共汽车/辆 0.226 人均拥有体育场馆面积/m^2 0.508
		城市形象 0.746	城市旅游人数增加值/人次 0.522 城市综合排名/位次 0.246 居民自豪感价值量/元 0.219
	人口 0.101	人口素质 0.693	体育人口增加值/人 0.271 万人拥有专业科技人员数/人 0.122 居民娱乐、教育文化服务支出比重/% 0.607
		人口结构 0.307	城市化率% 0.204 第三产业从业人口总数/万人 0.796
	生态环境 0.256	环境建设 0.524	市区绿化覆盖率/% 0.750 人均公共绿地面积/m^2 0.250
		环境治理 0.476	生活垃圾无害化处理率/% 0.096 环境噪声达标区覆盖率/% 0.135 工业废水排放达标率/% 0.154 城市污水处理率/% 0.452 环境治理投资占 GDP 比值/% 0.164

复习思考题

1. 结合实际，说明应该如何做好一次赛事的文件整理工作。

2. 某市体育赛事公司将要组织国际滑冰锦标赛中国站的比赛，请结合实际对该项赛事进行赛前评价。